全国高等职业院校名师名家精品系列教材·财务会计类

Accounting Basis

# 会计基础

王媚莎 陈旭生 主编

东北财经大学出版社
Dongbei University of Finance & Economics Press
大连

**图书在版编目（CIP）数据**

会计基础 / 王媚莎，陈旭生主编．—大连：东北财经大学出版社，2020.5（2022.12重印）

（全国高等职业院校名师名家精品系列教材·财务会计类）

ISBN 978-7-5654-3874-5

Ⅰ．会… Ⅱ．①王… ②陈… Ⅲ．会计学-高等职业教育-教材 Ⅳ．F230

中国版本图书馆CIP数据核字（2020）第096856号

东北财经大学出版社出版

（大连市黑石礁尖山街217号 邮政编码 116025）

网 址：http://www.dufep.cn

读者信箱：dufep@dufe.edu.cn

大连天骄彩色印刷有限公司印刷 东北财经大学出版社发行

幅面尺寸：185mm×260mm 字数：317千字 印张：14.75 插页：1

2020年5月第1版 2022年12月第3次印刷

责任编辑：王天华 曲以欢 责任校对：京 玮

封面设计：冀贵收 版式设计：冀贵收

定价：35.00元

教学支持 售后服务 联系电话：（0411）84710309



如有印装质量问题，请联系营销部：（0411）84710711

全国高等职业院校名师名家精品系列教材·财务会计类

# 编委会

# Total Foreword

# 总序

根据2018年11月14日中央全面深化改革委员会第五次会议决定，国务院于2019年1月24日正式发布了《国家职业教育改革实施方案》（即“职教20条”），该方案将教材建设作为促进产教融合校企“双元”育人的重要内容，提出“校企共同研究制订人才培养方案，及时将新技术、新工艺、新规范纳入教学标准和教学内容……遴选认定一大批职业教育在线精品课程，建设一大批校企‘双元’合作开发的国家规划教材，倡导使用新型活页式、工作手册式教材并配套开发信息化资源。每3年修订1次教材，其中专业教材随信息技术发展和产业升级情况及时动态更新”。以国务院文件的形式将职业教育教材建设写进国家级别的“改革实施方案”中，是非常少见的，充分体现了党中央、国务院对职业教育教材建设的高度重视。

与此同时，为更好地发挥广东省改革开放前沿地区在职业教育领域的探索引领作用，全面总结国家示范院校建设以来职业教育课程和教学改革成果并将其凝练成系列教材，广东省职业技术教育学会于2018年11月1日向全省重点高职院校发出了《关于协助出版“全国高等职业院校名师名家精品系列教材”的函》，以“推名家，出名师”为抓手，按照新时代职业教育改革要求编写符合新时代高等职业教育发展需要的高质量教材，得到了深圳职业技术学院、广州番禺职业技术学院、广东轻工职业技术学院、顺德职业技术学院、广东农工商职业技术学院、广东职业技术学院、广东机电职业技术学院和广州城建职业学院等院校的积极响应，全省200多位骨干老师申报了选题，涵盖了机械设计制造、机电设备、计算机、汽车制造、经济贸易、市场营销、财务会计等专业类别。

目前已经列入财务会计类教材出版计划的有：《会计基础》《财经法规与会计职业道德》《成本核算与管理》《管理会计实务》《企业财务会计》《纳税实务》《企业财务管理》《企业财务分析》《会计信息系统应用》《企业内部控制》《Excel财务应用》《ERP沙盘模拟训练》《会计英语》《审计基础与实务》《行业会计比较》等。这些教材在选题策划、内容选定、体例结构、版式设计等方面都做出了新的探索，突出的特色如下：

一是充分体现了新时代职业教育发展改革的思想政治要求。“职教20条”明确指出要“加强党对教育事业的全面领导，全面贯彻党的教育方针，落实中央教育工作领导小组各项要求，保证职业教育改革发展正确方向”。本系列教材的编写充分体现了课程思政改革的基本方向，充分考虑了“为谁培养人”、“培养什么样的人”和“怎样培养人”的问题，在政治方向和政治定位上牢牢把握社会主义核心价值观，以“立德树人”作为教育的根本任务，将专业教育与思想政治教育紧密结合起来，实现“知识传授”和“价值引领”的有机统一。

二是充分体现了国家专业教学标准对课程开设和教学内容选定的指导性要求。教育部正式发布的高职专业教学标准对各专业的专业基础课程、专业核心课程和专业拓展课程名称进行了规范，对专业核心课程的教学内容进行了限定。目前财务会计类已经发布的专业教学标准包括财务管理和会计两个专业，即将发布的包括会计信息管理和审计两个专业。本系列教材在选题和内容确定方面充分考虑了国家标准顶层设计的要求，教材具有较强的普适性和一定的前瞻性。

三是充分体现了新财经背景下财务会计类专业技术技能更新的时代要求。新一代信息技术给财务会计类专业带来了财务云、电子发票、移动支付、数据挖掘、数字签名、电子档案、在线审计、区块链发票、财务专家系统等新的应用，这些应用不仅是工具的更新，更是思维方式的更新，这些更新影响到财务会计职业教育的方方面面。同时，新技术的应用加快了传统财务会计向管理会计转型，本系列教材充分考虑了新技术、新规范、新应用的要求，对教学内容进行了全新的设计，适应了行业发展对财会技术技能人才的新要求。

四是充分体现了职业教育教学模式和教学方法改革的现实要求。当前热点的职业教育教学模式和教学方法改革核心有两个：一是工学结合的一体化教学改革；二是线上线下混合教学改革。前者要求教材体现理论与实践相结合的教学设计，后者要求有可供学生自主学习、泛在学习的配套教学资源。本系列教材的设计采用项目课程形式，借鉴工作过程系统化的课程开发方法，注重了动手能力培养，能够满足“教学做一体化”的课堂教学改革要求。同时，本系列教材按照“一体化设计、结构化课程、颗粒化资源”配备了成套数字化教学资源，能够满足翻转课堂等混合教学的需要，为推进适应职业教育改革要求的新的课堂教学模式和不断改进教学方法提供了条件。

我们设计本系列教材的初衷是希望能够体现“职教20条”的全新理念，希望通过教材推进课程和教学改革，然而由于这套教材数量多、要求高、任务重、责任重大，我们的努力与我们的目标可能还有很大的差距，希望业界专家和广大师生批评指正，以便我们在下一步的修订中不断改进。

**杨则文**

2020年5月于广州番禺

# Preface

# 前言

“基础会计”是教育部组织实施的《面向21世纪高等教育教学内容和课程体系改革计划》会计专业的基础课程，也是学习其他会计课程的基础。本教材面向高职院校会计专业、财务管理专业、税务专业、审计专业及相关经济管理专业的“财务会计基础”课程教学，适用于欲掌握会计学原理及其应用的人员。采用案例教学、实践教学的任务驱动式教学方式，有针对性地学习完整的工业企业基本会计业务核算的应用方案。

2019年，国家有关部门发布了《关于深化增值税改革有关政策的公告》（财政部 税务总局 海关总署公告2019年第39号）、《国务院办公厅关于印发降低社会保险费率综合方案的通知》（国办发〔2019〕13号）等一系列重要文件，并通过“减税降费”降低企业经营负担，为企业转型升级创造良好外部条件，促进企业全面发展。为了保证相关新政策、新法规及时进入高职院校会计专业课堂，在教学中进一步推进“教、学、做一体化”教学模式，提高学生的会计工作能力，作者团队积极深入学校教学公司——广州有诚钰信企业管理咨询公司进行调研，注重会计工作细节，还原会计工作原貌，在获取大量的第一手资料的基础上进行教材的编写。

同时为了适应新技术带来的变革，契合当前最新技术下完成会计实际工作任务所需要的知识、能力、素质目标，以未来就业岗位对会计职业能力要求为依据，学校与广州小鲸融创科技有限公司开展产学研合作，学习过程可结合“智能经管实战教学平台”（http：//www.ftwhale.com/gzcj-intro）使用，更便于学生直观理解和学习，有助于应对科学技术所催生的财务组织和岗位的变革。

本教材是多年从事高职院校教学工作的一线教师教学经验的总结，由广州城建职业学院王媚莎、陈旭生担任主编，谢根玲、刘子婵、金雨佳担任副主编，尹峰、李庭华、申琪、杨晓敏、张徐、杨倩等参与编写。同时，在编写过程中还得到了北京知链科技有限公司的大力支持，在此深表谢意。

本教材内容安排合理，文字简明，注重应用，突出会计技能的训练，能够适应企业管理现代化对会计人员综合素质的要求。由于会计工作一直处在不断的改革变化之中，会计政策的发展更是日新月异，我们还会在今后的工作中搜集最新会计信息，努力完善本教材。虽然编者在教材编写方面做了很大的努力，但教材中难免有疏漏之处，恳请同行和读者继续关注，并将意见或建议及时反馈给我们，以便及时修订完善。

编　者

2020年4月

目录



Contents

Contents

# 项目一
# 认知会计

# 项目一 认知会计

### ◇ 学习目标

1. 了解会计产生与发展的基本阶段与各阶段所取得的主要成就；
2. 认识会计在现代企业中的地位与作用；
3. 深入理解现代会计的本质；
4. 充分认识现代会计的目标；
5. 初步理解会计信息使用者的不同需求以及会计信息的质量特征；
6. 掌握现代财务会计的基本内容。

## 任务一 了解会计的历史

### 一、会计的产生

会计是适应人类生产实践和经济管理而产生的，并随着生产的不断发展而发展。在生产力极其低下的阶段，人们的生产活动极其简单，生产成果与生产耗费的计量、计算、比较以及生产成果的分配，仅仅凭借人脑简单思考、记忆或是直觉便可完成，并不需要专门的记录、计算，因而也不需要会计。

随着生产力的日益发展，人们的生产、分配、交换、消费活动日趋复杂，仅凭人脑的记忆和计算已不可能满足管理生产活动等经济活动的需要，必须通过观察、计量、计算、记录，于是出现了极简单的记数、记录行为，如我国古代的“结绳记事”“刻石记数”，古巴比伦的“泥板”，古埃及的“刻石”等。这些简单的记数、记录行为从会计角度看就是会计产生的萌芽。然而，由于生产力的低下，这些极简单的会计活动仍从属于生产过程，仅是在生产之余附带地做一些记数、记录工作，因而是生产职能的附带部分。

当生产力发展到一定水平，出现了大量剩余产品，生产活动中产生了大量需要记数、记录的事项时，人们已无法在“生产之余”完成记数、记录工作，于是人们就有必要而且也有可能将会计活动分离出来，成为独立的会计活动，会计就这样诞生了，会计职能也开始独立于生产职能。

### 二、会计的发展

会计是随着人类社会生产的发展和经济管理的需要而产生、发展并不断得到完善的。

#### （一）西方会计的发展

西方会计的发展有着悠久的历史。14世纪中叶，意大利商业、金融业非常发达，繁荣的商业、金融业经济为会计方法的创新准备了十分有利的前提条件，促使意大利金融业者将使用多年的人名账户发展成为有组织的复式簿记。1494年，意大利数学家卢卡·帕乔利（Luca Pacioli）所著的《算术、几何、比及比例概要》一书出版，标志着近代会计的开端，从而结束了古代会计时期。第二次世界大战后，特别是20世纪50年代以后，西方资本主义世界生产力发展迅猛，跨国公司大量涌现，企业间竞争空前激烈。企业的生存、发展除了要不断开拓海外市场外，还需不断加强企业内部管理，做好企业预测、决策和内部生产经营的控制工作。传统会计正是为了适应这种管理上的需要，其内部发生了分化，逐步发展成为财务会计和管理会计两大分支。财务会计是根据公认的会计准则，对日常经济业务进行处理，向企业外部关系人报告企业的财务状况和经营成果的会计；管理会计是利用财务会计提供的会计信息，运用数学、统计等方法，向企业内部各级经营管理人员提供经营决策信息的对内报告会计。一般认为，管理会计形成并与财务会计相分离而成为单独的学科，是现代会计的开端。

进入20世纪六七十年代，电子计算机的广泛应用和国际资本的大量流动对会计产生了深远的影响。于是出现了会计的电算化，传统的会计工艺（手工或机械的簿记）发生了革命性的变化。会计的电算化为会计人员节约了大量的日常工作时间，使会计人员能够腾出时间来从事分析复杂经济业务、解释财务报表等财务分析工作，从而提高了会计信息的使用效益。

**（二）我国会计的发展**

我国古代神话传说中的伏羲结绳记事、古人刻契记事，就是最早期的会计计量、记录行为，那时的计数行为是作为生产职能的附属职能而存在的。随着剩余产品的出现，会计开始从生产职能中分离出来，成为一种专门职能。

西周时期《周礼·天官冢宰》中有“月计岁会”的说法：“司会……掌国之官府郊野县都之百物财用，凡在书契版图者之贰，以逆群吏之治，而听其会计。”这是我国历史文献中最早出现的“会计”一词，零星算之为计，总合算之为会。西汉时期出现了用来登记会计事项的名为“计簿”或“簿书”的账册。

宋代的官厅在办理钱粮报销或移交时，要编造“四柱清册”，并通过“旧管（期初结存）+新收（本期收入）=开除（本期支出）+实在（期末结存）”的平衡公式结算本期财产物资的增减变化及其结果。

明末清初，随着手工业和商业的发展，山西商人发明了中国最早的复式记账法龙门账，运用“进（收入）-缴（支出）=存（资产）-该（负债）”的平衡公式进行核算，俗称“合龙门”。清乾隆至嘉庆年间，我国经济界又创立了一种比较成熟的复式记账法——四脚账，对每一笔账项既登记“来账”又登记“去账”，以反映同一账项的来龙去脉。生产力的发展、经济的发展决定了会计的发展，我国经济繁荣的封建时期孕育了我国古代灿烂的会计文化，为世界会计的发展做出了重大贡献。

1992年以来，我国颁布并实施了基本会计准则和具体会计准则，逐步建立了与国际会计惯例相接轨的科学的现代会计体系。2006年2月15日，财政部对我国原会计准则作了修订，颁布了新的企业会计准则，包括1个基本准则和38个具体准则，自2007年1月1日起施行。新的企业会计准则的颁布和施行标志着我国与国际财务报告准则趋同的企业会计准则已基本建成。

知识链接：《企业会计准则——基本准则》和具体准则

2008年的全球金融危机对国际会计趋同及其发展产生了较大影响。为全球协同应对国际金融危机而成立的二十国集团（G20）峰会和金融稳定理事会（FSB）在系统研究金融危机成因和应对策略后，倡议建立全球统一的高质量会计准则，并希望G20各成员国及其他有关国家或地区加快趋同步伐。

2010年4月2日，财政部发布了《中国企业会计准则与国际财务报告准则持续趋同路线图》，为进一步深化会计改革、推动我国企业会计准则建设及其持续国际趋同做出了重要规划和部署，其意义重大，影响深远。

2014年财政部修订企业会计准则基本准则和5项具体准则，新发布了3项具体准则，进一步推动了我国会计准则体系与国际财务报告准则趋同。

2017年财政部修订了6项具体准则，新发布了第42项具体准则。

2018年财政部修订了第21号具体准则。

2019年财政部修订了第7号、第12号具体准则。

## 三、会计的含义

随着生产力的发展和经济关系的复杂化，会计的内容和形式也在不断地完善和变化，会计已逐步发展成为通过货币单位额来综合核算和监督经济活动过程的一种价值管理活动。

会计的概念可表述为：会计是以货币为主要计量单位，运用一系列专门的方法，对各单位的经济活动进行全面、综合、连续、系统的核算和监督，以此向有关各方提供会计信息，并在此基础上进行预测、决策等经济管理工作，以提高经济效益的一种管理活动。

从会计的概念中我们可以得出会计有以下几个特点：

### （一）会计以货币为主要计量单位

会计在核算中可以采用货币计量单位、实物计量单位、劳动计量单位，其中只有货币计量单位才能反映各种实物的价值，提供综合指标，便于统计、评价经济得失，具有统一的标准。

### （二）会计核算具有全面性、综合性、连续性和系统性

全面性和综合性是指对会计对象的全部经济业务都要进行核算；连续性是指会计核算是对发生的各项经济业务按时间顺序不间断地进行记录；系统性是指会计在从开始记录经济业务到最后编制会计报表的整个过程中，使会计资料系统化，通过分类、汇总和加工整理，得到各项经济指标。只有提供全面的、综合的、连续的和系统的数据资料，才能全面、系统地反映特定对象的经济活动情况，考核经济效益。

### （三）会计具有一套比较科学完整的方法

会计具有与其他学科不同的独特的方法，包括会计核算方法、会计分析方法、会计检查方法等。它们是人们通过长期的实践活动总结出来的一套科学的方法，其中会计核算是会计的基本环节，是实现会计目标的基本手段，是整个会计体系的基础。

### （四）会计的本质是一项经济管理活动

经济管理的目的在于提高经济效益，这就需要会计提供资料为之服务。会计除了提供资料外，可以参与一些预测、决策和计划的制订等。因此，会计在本质上是一种管理活动，是企业经济管理活动的重要组成部分。

# 任务二　明确会计的职能与目标

## 一、会计的职能

会计职能，是指会计在经济管理中所具有的功能或能够发挥的作用，即人们在经济管理中用会计干什么。它集中体现着会计的本质。会计职能按其发展变化，可分为基本职能和发展职能。

会计的基本职能是指会计本身所具有的最基本的功能和作用。《中华人民共和国会计法》确定的会计的基本职能是核算和监督。

### （一）会计核算职能

会计核算职能也称会计反映职能，是指会计以货币为主要计量单位，通过确认、计量、记录、计算、报告等环节，对会计对象的经济活动进行记账、算账、报账，给有关方面提供会计信息的功能。会计核算职能是会计最基本的职能，会计核算具有如下特点：

（1）会计核算主要是利用货币计量，综合反映各单位的经济活动情况，为经济管理提供可靠的会计信息；

（2）会计核算不仅记录已发生的经济业务，还面向未来为各单位的经营决策和管理控制提供依据；

（3）会计核算应具有完整性、连续性、综合性和系统性；

（4）会计核算会随着物质条件的改善而进步演化，逐步改变其表现方式。

### （二）会计监督职能

会计监督职能也称会计控制职能，是指会计具有按照一定的目的和要求，利用会计核算所提供的经济信息，对企业和行政事业单位的经济活动进行控制，使之达到预期目标的功能。会计监督具有如下特点：

（1）会计监督主要是利用会计核算所提供的各种价值指标进行货币监督；

（2）会计监督与会计核算同时进行，包括事前、事中和事后监督。

会计的核算职能和监督职能是密切结合、相辅相成的。核算职能是最基本的，是监督职能的基础，没有核算，监督就没有客观的依据；监督是在核算过程中进行的，是按照法规、政策的要求来控制经济活动过程的，没有监督，核算就失去了意义。

随着经济的不断发展、经济关系的复杂化和管理水平的不断提高，会计职能的内涵也不断得到充实，并开拓了新的领域。会计的职能除了会计核算、会计监督这两大基本职能外，还包括预测、决策、规划、控制和业绩考核与评价等发展职能。这些职能从不同侧面进一步强化了会计在经济管理中的职能作用。

微课：会计的职能

## 二、会计信息使用者

要确切定位会计目标，就需要了解会计信息使用者的结构，以及不同目的使用者的信息需求和特征。目前会计信息使用者，按照其与企业的关系可以分为外部会计信息使用者和内部会计信息使用者两个群体，由于其关注的重点与出发点不同，因而其对会计信息的需求也有所侧重。

### （一）外部会计信息使用者

外部会计信息使用者主要指的是投资者、债权人、政府相关部门和社会公众等不直接参与企业日常经营管理决策的信息使用者。我国现行企业会计准则明确规定，财务会计报告使用者包括投资者、债权人、政府及有关部门和社会公众等。

1.投资者

在市场经济条件下，投资者是企业会计信息最主要的使用者，投资者既指现有的投资者，也包括潜在的投资者。其主要是指目前持有和准备持有企业股权的其他企业、基金投资公司、自营券商、个人投资者等，他们关心的是其所投资企业或将要投资企业的内在风险和投资报酬，需要的是能够反映其盈利能力、偿债能力、股利支付能力、成长能力等经营状况的信息，以便做出相关的判断及投资决策。例如持有一家上市公司股票的投资者，通过上市公司对外公布的财务信息，判断出该公司的财务状况、经营成果和获利能力等方面的信息、以便做出相应的决策。若该公司呈现的会计信息反映其经营和获利情况较好，投资者可能增加投资以增强对该公司的影响和控制；若该公司呈现的会计信息反映其经营和获利情况不好，投资者可能出售该公司的股票转而投资其他经营和获利情况较好的公司。而潜在的投资者通过阅读上市公司对外公布的财务信息判断出该公司的财务状况、经营成果和获利能力等方面的情况后，会相应做出成为该公司真正的投资者或是放弃成为其投资者的决策。

2.债权人

企业的债权人主要有银行、非银行金融机构、公司债券持有人以及为企业提供商业信用的其他债权人等，既包括现实的债权人，也包括潜在的债权人。随着资本市场的快速发展，企业的规模日益扩大，企业的债权人也需要企业的会计信息来评价其偿债能力以做出信贷决策。不管是长期债权人还是短期债权人，他们均关心自己债权的安全程度，需要反映企业偿债能力等方面的信息，以便做出有关的判断和决策。例如，银行在准备给企业发放贷款之前，都要求企业先提供近几年的财务报表以便了解该企业的偿债能力和现金流量的结构等会计信息，并根据这些会计信息来判断该企业将来能否按照贷款合同的约定按期还本付息。若判断企业偿债能力不太强，可能要求企业提供某种担保以保证自己债权的安全；若是根据会计信息判断出企业已严重资不抵债，银行甚至会做出不贷款的决策。

3.政府及有关部门

政府及有关部门包括国家发展和改革委员会、中国人民银行、税务部门、统计部门、财政部门、证券监管部门、国有资产监管部门、银行业和保险业监督管理部门等。这些政府部门需要通过企业的会计信息了解企业的经营状况以做出监管活动，制定宏观经济管理决策。因为会计信息是政府及有关部门进行宏观经济决策所依据的基础信息之一，是政府及有关部门规范证券市场、有效发挥市场配置资源功能、保护投资者权益、满足投资者决策需要的重要信息，同时也是政府及有关部门评估国有资产经营者受托责任履行情况，确保国有资产保值增值的重要信息。所以政府及有关部门不管是站在宏观经济管理者、证券市场监管者还是国有资产所有者代表的角度，都会对会计信息产生不同的需求。例如，国家发展和改革委员会作为国民经济的宏观调控和决策部门，在履行其职能时，需要大量的经济信息作为其决策的基础和支撑，虽然企业的会计信息不能直接支持国家发展改革委员会的经济决策，但许多宏观的经济数据都是通过对微观企业的会计信息汇总而来的；证券监管部门为了保证证券市场上市公司的质量，利用会计指标为公司上市和再融资设定“门槛”，关注的是反映企业资产质量和盈利能力的会计指标，如净资产收益率、每股收益、每股净资产、无形资产占总资产比率、非经常性损益等；证券监管部门还要求上市公司全面、及时和公允地披露持续性信息和重大事项，关注的是会计信息的真实性、及时性和客观性；国有资产监管部门需要通过企业会计信息了解国有资产经营者的受托责任履行情况，关注的是反映国有资产保值和增值的相关会计信息。

4.社会公众

在当今社会，社会公众也是企业会计信息的需求者和使用者。这是因为：一方面，企业的各种行为，如对当地经济的贡献、就业、雇员培训、医疗劳保、环境保护支出等会影响到社会公众；另一方面，随着可持续发展理念越来越深入人心，作为企业的利益相关者，社会公众也日益关心企业的经营活动给所在地区经济及环境带来的影响、关心企业的发展前景。因此社会公众关注的是企业与自身生活和工作息息相关的信息。

### （二）内部会计信息使用者

内部会计信息使用者主要是指企业的管理层，包括企业董事会中的高管人员（如总经理、独立董事和监事等）、单位内部的财务经理和各部门经理等。此外，企业职工和工会也是法定的需要满足的会计信息需求者。企业的管理者一方面需要通过会计信息的传递来表明经营企业的业绩以解除其财产的受托责任；另一方面在当前市场经济环境条件下，面临变化无常的市场需求和日益激烈的市场竞争，企业迫切需要会计信息来了解其整体的经营情况，明确经营过程中存在的问题，以便于从经营者的角度对企业进行管理，在充满机遇和威胁的市场环境下得以生存和发展。因此，会计信息正是企业管理人员用于进行经营决策所依据的重要信息之一。

## 三、会计的目标

会计在企业内部管理体系中的独特的工作目标，就是提供有效的会计信息以服务于使用者的决策需要。因此，作为会计工作产品的会计信息就应当以满足使用者需要为前提，不断提高其质量。

目标是指想要达到的境地或标准。会计的目标是人们在对会计本质认识的基础上，以主观要求的形式提出来的、客观存在的范畴。作为一个信息系统，其描述的核心问题是“会计应该为谁提供什么样的信息”，具有主观见之于客观的特征。根据系统论的观点，会计应该有自己的目标，并与外部环境具有互动的关系。因此，会计目标取决于会计的本质和相关的会计环境，尤其是相关会计环境中会计信息使用者的特征。关于会计目标的定位，目前学术界存有“受托责任观”和“决策有用观”两种主流观点。

### （一）受托责任观

“受托责任观”产生于企业所有权与经营权分离，出现投资者与经营管理者之间委托受托关系的经济背景之下。最初的“受托责任”主要是对投资者委托经营的财产或经济资源实现保值增值。进入20世纪70年代后，随着委托代理关系理论研究的深入，受托责任范围的不断扩大，理论界提出了“利益相关”、“社会经济职能分解”和“管理分权”等观点，经营管理者受托责任范围也随之由财产或经济资源的保值增值逐渐扩大到政府、职工、消费者和社会公众的利益。此后，社会就业、社会公益、生态环境保护等都被逐渐纳入受托责任的范围。由此，“受托责任观”随着两权分离所导致的受托责任而产生，并随着人们对受托责任的认识深化而不断完善。

该观点将会计目标定位于向资源委托者提供资源受托者的经济履行情况，提供能够帮助管理者完成经济管理责任的信息。它认为企业的管理者作为资源供应者的代理人，应以企业物质资本提供者的财富最大化为目标，在保证企业财产物资安全完整的基础上努力经营，以实现企业资产的保值增值，为资源供应者（即股东）尽可能地创造财富。因此，会计人员应服务于委托者的需要，财务会计报告是以委托者为中心的。受托责任观强调会计信息的真实可靠性，要求会计信息要客观公允地表达经济责任的履行结果，会计人员应当把注意力集中于客观、公允的会计信息。这种观点也是20世纪80年代以前西方会计理论界的主流观点。

**（二）决策有用观**

"决策有用观"产生的背景是资本市场的建立与发展以及企业所有者与经营者之间的关系变得不确定。20世纪70年代末，美国证券市场日益扩大化和规范化，与此同时，会计信息的使用者迅速增多，它不仅包括企业财产委托者，还包括社会资源委托者；不仅包括现有的投资者、债权人，还包括潜在的投资者、债权人以及财政税务部门、社会中介机构、新闻媒体、律师和咨询机构等。上述使用者对会计信息的需求不仅表现为数量上的增长，而且表现为质量上的提高和时间上的快捷。在公司融资主要依靠资本市场的背景下，向信息使用者提供对各种决策（特别是对投资决策）有用的会计信息变得比反映受托者的责任履行情况更为重要。"决策有用观"认为，财务会计的目标就是向信息使用者提供对其决策有用的信息，主要包括两方面内容：一是关于企业现金流量的信息；二是关于经营业绩及资源变动的信息。此时的会计目标应是向这些信息使用者提供关于企业有关未来现金流量的金额、分布和不确定性的信息，以帮助这些信息使用者在预测未来时能够做出正确的决策。目前美国主要采取这一观点。

上述分析可见，其实这两种观点并无本质上的分歧，其区别主要在于对会计信息使用者的定位不同，"受托责任观"把会计信息使用者定位于企业资源的委托者，而"决策有用观"则认为会计信息使用者是所有与企业具有利益关系的会计信息使用者。有鉴于此，我国现行会计规范明确指出，我国财务会计报告的目标是向财务会计报告使用者提供与企业财务状况、经营成果和现金流量等有关的会计信息，反映企业管理层受托责任履行情况，有助于财务会计报告使用者做出经济决策。

## 任务三　初识现代企业中的会计

### 一、会计核算基本前提

会计核算基本前提是指对某些未被确认的会计现象（如会计核算和监督的范围究竟有多大，会计为谁记账等），根据客观的正常情况或者趋势所做的合乎情理的推断和假定，又称会计假设。它是日常会计处理应当具备的前提条件，其最终目的是保证会计资料的有用性、可靠性和合理性。会计概念、原则和程序方法都以会计假设为出发点。

微课：会计核算基本前提

我国《企业会计准则——基本准则》中提出，会计核算的基本前提有四项：会计主体、持续经营、会计分期和货币计量。

### （一）会计主体

会计主体，是指会计所服务的特定单位，又称会计实体。会计主体应是一个独立经营、自负盈亏、责权利相结合的经济单位。典型的会计主体是企业，企业应当对其本身发生的交易或者事项进行会计确认、计量和报告。

明确会计主体是组织会计核算工作的首要前提。这是因为会计处理的数据和提供的信息必须有一定的空间界限，而会计主体假设正是明确了会计活动的空间范围和会计人员的责权范围，将会计工作的空间界定为自主经营所必需的财产及产生的相应债务和所有者权益，有独立的收入和费用并据之确定盈亏、评价业绩。

会计主体不一定是法律主体，但所有的法律主体都应当是会计主体。

### （二）持续经营

持续经营是指在正常情况下，会计主体的生产经营活动会按既定的经营方针和预定的经营目标无限期地经营下去，在可预见的未来，不会停产倒闭。

这一假设把会计核算建立在正常状态下，也就是会计主体所持有的资产将按取得时的目的在正常的经济活动中被耗用；会计主体所承担的负债也将在正常的经济活动中按原来承诺的条件予以清偿。由此，会计主体才可能采用历史成本来确认、计量其资产等要素，使会计核算与报告系统处于稳定状态。如果没有持续经营假设，即企业将要破产清算，则资产和负债只能按当时的清算价值估价，而不能按取得时的实际成本确定。

可以将持续经营假设与会计主体假设合起来理解为：会计要为特定的会计主体在不会面临破产清算的情况下进行会计核算。

### （三）会计分期

企业应当划分会计期间，分期结算账目和编制财务会计报告。企业的经营活动是持续进行的，在时间上具有不间断性。为满足企业内外会计信息使用者经营管理和投资的需要，企业需要把持续不断的生产经营过程划分为若干相等的会计期间，定期进行汇总和编制财务报表，从而及时提供有关企业财务状况和经营成果的会计信息，这就产生了会计分期假设。

会计分期假设是对会计工作时间范围的具体划分，主要是确定会计年度。我国以日历年度作为会计年度，即从每年的1月1日至12月31日为一个会计年度。会计年度确定后，一般按日历确定会计半年度、会计季度和会计月度。这些短于一个完整的会计年度的报告期间被称为“中期”。

可以将会计分期假设与前两条假设合起来理解为：会计要为特定的会计主体在不会面临破产清算的情况下，分期进行会计核算。

### （四）货币计量

货币计量，是指会计主体在会计核算过程中采用货币作为主要计量单位，进行计量、记录和报告会计主体的生产经营活动。货币计量假设是对会计计量手段和方法的规定。

企业的经济活动是多种多样、错综复杂的。为了实现会计的目的，企业必须综合地反映其各种经济活动，这就要求有一个统一的计量尺度。在商品经济条件下，货币作为一种特殊的商品，最适合充当这种统一的计量尺度。当然，这一假设也包括币值稳定这层含义。

我国会计准则规定，会计核算以人民币为记账本位币。业务收支以外币为主的企业，也可以选定某种外币作为记账本位币，但编制的会计报表应当折算为人民币来反映。我国在境外设立的企业，通常用当地币种进行日常会计核算，但向国内编报会计报表时，应当折算为人民币。

可以将货币计量假设与前三条假设合起来理解为：会计以货币为主要计量单位为特定的会计主体在不会面临破产清算的情况下分期进行会计核算。

## 二、会计核算基础

会计核算基础，亦称会计记账基础，是指确定一个会计期间的收入与费用，从而确定损益的标准。会计核算基础有权责发生制和收付实现制两种。

微课：会计核算基础

### （一）权责发生制

权责发生制亦称应收应付制，是按照权利和义务是否发生来确定收益和费用的归属期。在权责发生制下，凡属于本期实现的收益和发生的费用，不论款项是否收付，都应作为本期的收益和费用入账；凡不属于本期的收益和费用，即使款项已在本期收付，也不应作为本期的收益和费用处理。权责发生制强调对经营成果的计算。

### （二）收付实现制

收付实现制亦称现收现付制或库存现金制，是按照款项实际收到或付出的日期来确定收益和费用的归属期。采用这一原则，凡是本期实际收到款项的收入和付出款项的费用，不论其是否属于本期，都作为本期的收入和费用处理，凡是本期没有实际收到款项的收入和付出款项的费用，均不作为本期的收入和费用处理。收付实现制强调财务状况的切实性。

《企业会计准则——基本准则》规定，企业应当以权责发生制为基础进行会计确认，计量和报告。

## 三、会计信息质量要求

会计工作的基本任务就是为包括所有者在内的各方面提供经济决策所需要的信息，会计信息质量的高低是评价会计工作成败的标准。为了规范企业会计确认、计量和报告行为，保证会计信息质量，我国颁布的《企业会计准则——基本准则》对会计信息的质量要求有以下八项内容：可靠性、相关性、可理解性、可比性、实质重于形式、重要性、谨慎性和及时性。

### （一）可靠性

可靠性又称真实性，是指会计核算提供的信息应当以实际发生的经济业务（交易或者事项）及表明这些经济业务发生的合法凭证为依据，如实反映财务状况和经营成果，保证会计信息真实可靠，内容完整。这是对会计信息最重要的质量要求。

### （二）相关性

相关性是指企业提供的会计信息应当与财务会计报告使用者的经济决策需要相关，有助于财务会计报告使用者对企业过去、现在或者未来的情况做出评价或者预测。

### （三）可理解性

可理解性也称清晰性，是指企业提供的会计信息应当清晰明了，便于财务会计报告使用者理解和使用。提供会计信息的目的在于使用，要使用就必须了解会计信息的内涵，明确会计信息的内容，如果无法做到这点，就谈不上对决策有用。

### （四）可比性

可比性是指企业提供的会计信息应当具有可比性。可比性包括两个方面：

1.纵向可比，即同一企业不同时期发生的相同或者相似的交易或者事项，应当采用一致的会计政策，不得随意变更。确需变更的，应当在附注中说明。

2.横向可比，即不同企业发生的相同或者相似的交易或者事项，应当采用规定的会计政策，确保会计信息口径一致、相互可比。

### （五）实质重于形式

实质重于形式是指企业应当按照交易或者事项的经济实质进行会计确认、计量和报告，不应仅以交易或者事项的法律形式为依据。因为有时候交易或事项的法律形式并不能真实反映其实质内容，所以为了真实反映企业的财务状况和经营成果，就必须根据其经济实质，而不是仅仅根据它们的法律形式进行核算和反映。例如，企业以融资租赁方式租入的固定资产，从法律形式来看，其所有权尚不属于承租企业，但从经济实质来看，该项资产受承租企业实际控制，因此应当将其作为承租企业的资产进行核算，否则就不能真实反映该项资产对企业的影响。

### （六）重要性

重要性是指企业提供的会计信息应当反映与企业财务状况、经营成果和现金流量等有关的所有重要交易或者事项。在全面反映企业财务状况、经营成果的同时，可以根据会计信息对使用者决策的影响程度来决定会计核算的精确程度及会计报表内容的详略程度，进而决定核算的工作量。强调会计信息的重要性，主要是出于对会计信息的效用与加工会计信息的成本这两个方面的考虑。

### （七）谨慎性

谨慎性是指企业对交易或者事项进行会计确认、计量和报告应当保持应有的谨慎，不应高估资产或者收益、低估负债或者费用。谨慎性原则又称稳健性原则、审慎性原则，也就是说凡是可以预见的可能发生的损失和费用都应合理地予以估计、确认并记录，而没有确定把握的收入，则不能予以确认和入账，既不抬高资产和收益，也不压低负债和费用，进而有效地规避不确定因素带来的风险。如果某一项经济业务有多种处理方法可供选择，则应采取不导致夸大资产、虚增利润的方法。

### （八）及时性

及时性是指企业对于已经发生的交易或者事项，应当及时进行会计确认、计量和报告，不得提前或者延后。

## 四、会计核算方法

会计核算方法是指为了发挥会计职能，实现会计目标而采取的技术手段，是从会计实践中总结出来的。随着会计核算和监督的内容日趋复杂以及经济管理对会计不断提出新的要求，会计的方法也在不断地改进和发展。

会计是由会计核算、会计分析和会计检查三部分组成的。因此，会计的方法也分为会计核算方法、会计分析方法和会计检查方法。会计基础主要涉及会计核算方法。会计核算方法主要有以下七种：设置账户、复式记账、填制和审核会计凭证、登记账簿、成本计算、财产清查和编制财务会计报告。下面只简要说明各种方法的特点和它们之间的相互联系（以后各项目将陆续说明各种方法的运用）。

### （一）设置账户

设置账户是对会计核算和监督的具体内容进行科学分类，记录不同会计信息的一种专门方法。会计所核算和监督的内容往往是包罗万象的，如财产物资就有各种存在形态：厂房及建筑物、机器设备以各种原材料、产成品、半成品等，它们在生产中的作用不同，管理的要求也不同。又如，取得这些财产物资所需要的经营资金可能来自不同的渠道，有的来自银行贷款，有的来自投资者投入，等等。为了对各种不同的内容分别进行反映和记录，必须分别设置账户，以便取得经营管理所需要的各种不同性质的核算指标。

### （二）复式记账

复式记账是对每项经济业务都要以相等的金额在两个或两个以上的相关联的账户中进行记录的一种专门方法。在企业的资金运动过程中，任何一项经济业务都会引起资金的双重变化。例如，以银行存款购买原材料，一方面会引起银行存款的减少，另一方面又会引起原材料的增加。为了全面反映每一项经济业务所引起的这种双重变化，就必须在两个或两个以上的账户中同时加以记录。采用复式记账法，可以如实、完整地记录资金运动的来龙去脉，全面反映和监督企业的经济活动过程。

### （三）填制和审核会计凭证

记账必须有根有据，这种根据就是会计凭证。例如，职工报销差旅费，就必须填制报销单，并附有车船票等单据，证明经济业务已经完成。报销单和所附的车船票等单据就是会计凭证。报销单还必须经过有关人员审核批准，并与所附的车船票等单据核对无误，报销手续完毕后这张报销单就成为记账的依据。所以，填制和审核会计凭证是会计核算工作的第一步。只有填制并审核无误的凭证，才会使记账有真实可靠的依据。通过审核凭证还可以监督和检查各项财经纪律的执行情况。

### （四）登记账簿

登记账簿是将记账凭证中所反映的经济业务分门别类地记入有关账户并在账簿中进行全面、连续、系统记录的方法。登记账簿要以记账凭证为依据，按照规定的会计科目开设账户，并将记账凭证中所反映的经济业务分别记入有关账户。登记账簿是会计核算的主要方法。

### （五）成本计算

成本计算是会计计量活动解决会计核算对象的货币计价问题，即对应计入一定对象的全部费用进行归集、计算，并确定各对象的总成本和单位成本的会计方法。通过成本计算，可以正确地对会计核算对象进行计价，可以考核经济活动过程中物化劳动和活劳动的耗费程度，为在经营管理中正确计算盈亏提供数据资料。

### （六）财产清查

财产清查是通过实物盘点、往来款项的核对来检查财产和资金实有数额的方法。在财产清查中发现财产、资金账面数额与实存数额不符时，应及时调整账簿记录，使账面数额与实存数额保持一致，并查明账实不符的原因，明确责任；发现积压或残损物资以及往来账款中的呆账、坏账时，要积极清理和加强财产管理。财产清查保证了会计核算资料的真实性和正确性。

### （七）编制财务会计报告

财务会计报告是在账簿记录的基础上对会计核算资料的进一步加工整理，即在日常账簿记录的数据资料基础上，采用一定的表格形式进行编制，是进行会计分析、会计检查的重要依据。会计信息使用者的需求归纳起来主要有两方面：在某一特定日期，企业的财务状况；在某一特定时期内，企业的经营成果和盈利能力。为此，企业的会计人员要对大量的经济业务进行确认、计量、记录、报告等，向会计信息使用者提供资产负债表和利润表等来满足其需求。

从填制会计凭证到登记账簿，再根据账簿记录编制出财务会计报告，一个会计期间的会计核算工作即告结束，然后按照上述程序进入新的会计期间，如此循环往复，直至企业停业清算。

上述七种会计核算方法互为依存条件，构成了相互联系、相互配合的方法体系。其中，基本方法是填制和审核会计凭证、登记账簿、编制财务会计报告，这三种方法周而复始、循环往复，构成了会计循环。

## 项目测试

姓名________ 学号________ 成绩________

一、单项选择题

1. 下列各项属于企业内部主要的会计信息使用者的是（　　）。

A. 企业管理者　　B. 企业职工　　C. 债权人　　D. 政府部门

2. 下列各项关于谨慎性原则运用正确的是（　　）。

A. 计提秘密准备金

B. 高估资产或收益

C. 对可能发生的各项资产损失，按规定计提资产减值准备

D. 少计负债或费用

3. 企业会计确认、计量和报告的基础是（　　）。

A. 历史成本　　B. 权责发生制　　C. 复式记账　　D. 收付实现制

4. 我国实行公历制会计年度基于的会计基本假设是（　　）。

A. 会计主体　　B. 货币计量　　C. 会计分期　　D. 持续经营

5. 界定从事会计工作和提供会计信息的空间范围的会计基本前提是（　　）。

A. 会计职能　　B. 会计主体　　C. 会计内容　　D. 会计对象

6. 某外商投资企业，业务收支以美元为主，也有少量的人民币，根据《会计法》的规定，为方便会计核算，该单位可以采用（　　）作为记账本位币。

A. 美元　　B. 人民币　　C. 人民币或美元　　D. 欧元

7. 生产经营过程中发生的产品生产费用，按各种不同的成本计算对象进行归集和分配，进而计算产品的总成本和单位成本的一种专门方法是指（　　）。

A. 成本计算　　B. 财产清查

C. 编制财务会计报告　　D. 利润计算

8. 下列各项不属于反映会计信息质量要求的是（　　）。

A. 会计核算方法一经确定不得随意变更

B.会计核算应当注重交易和事项的实质

C.会计核算应当以权责发生制为基础

D.会计核算应当以实际发生的交易或事项为依据

9.某企业2020年12月份发生下列支出：（1）年初支付本年度保险费2 400元，本月摊销200元；（2）支付下年第一季度房屋租金3 000元；（3）支付本月办公开支800元，按照权责发生制的要求，本月费用为（　　）元。

A.1 000　B.800　C.3 200　D.3 000

10.衡量不同单位经营业绩，进行计量时选取的最直接、最有效的方法是（　　）。

A.货币　B.实物　C.时间　D.劳动

11.下列各项有关会计主体的表述中，不正确的是（　　）。

A.会计主体是指会计所核算和监督的特定单位和组织

B.会计主体就是法律主体

C.由若干具有法人资格的企业组成的企业集团也是会计主体

D.会计主体界定了从事会计工作和提供会计信息的空间范围

12.下列各项会计处理方法中，符合权责发生制基础的是（　　）。

A.销售产品的收入只有在收到款项时才予以确认

B.产品已销售、货款未收到也应确认收入

C.厂房租金只有在支付时计入当期费用

D.职工薪酬只能在支付给职工时计入当期费用

13.企业6月份发生厂房租金600万元，用银行存款支付100万元，500万元未付。按照权责发生制和收付实现制分别确认6月份的费用为（　　）。

A.100万元，600万元　B.600万元，0

C.600万元，500万元　D.600万元，100万元

14.融资租赁方式租入的固定资产按照自有的资产来进行处理，体现的会计信息质量要求是（　　）。

A.重要性　B.谨慎性　C.实质重于形式　D.相关性

15.借贷记账法是对每项经济业务，都要以相等的金额在（　　）相关联的账户中进行记录的一种专门方法。

A.一个　B.两个　C.两个或两个以上　D.多个

16.近代会计发展成为现代会计的重要标志是（　　）的出现。

A.管理会计　B.财务会计　C.成本会计　D.审计学

17.设置会计科目和账户、复式记账等属于（　　）的基本方法。

A.会计监督　B.会计核算　C.会计预测　D.会计决策

18.下列各项既是管理目标，也是会计目标的是（　　）。

A.提高经济效益　B.记账　C.算账　D.报账

19.在正常情况下，会计主体的生产经营活动按既定的经营方针和预定的经营目标会无限期地经营下去，在可预见的未来，不会停产倒闭，指的是（　　）。

A.会计主体　B.持续经营　C.货币计量　D.会计分期

20.下列各项属于会计工作基础的是（　　）。

A.会计记录　　B.会计分析　　C.会计核算　　D.会计检查

二、多项选择题

1.会计的基本职能包括（　　）。

A.预测　　B.核算　　C.决策　　D.监督

2.下列各项属于会计核算基本假设的有（　　）。

A.会计主体假设　　B.持续经营假设

C.会计分期假设　　D.货币计量假设

3.谨慎性原则要求会计人员在选择会计处理方法时（　　）。

A.不高估资产　　B.不低估负债

C.预计任何可能的收益　　D.确认一切可能发生的损失

4.下列各项中，可以作为一个会计主体进行核算的有（　　）。

A.销售部门　　B.分公司　　C.母公司　　D.企业集团

5.下列各项属于会计核算的具体方法的有（　　）。

A.设置会计科目和账户　　B.复式记账

C.填制和审核会计凭证　　D.登记账簿

6.会计除了具有核算和监督的职能外，还具有的职能有（　　）。

A.预测经济前景　　B.参与经济决策

C.评价经营业绩　　D.设置科目和账户

7.会计随着人类社会生产的发展和经济管理的需要而产生、发展并不断得到完善，其中，会计的发展阶段可划分为（　　）。

A.古代会计　　B.近代会计　　C.现代会计　　D.未来会计

8.我国企业会计准则规定的会计信息质量要求包括（　　）。

A.可靠性　　B.相关性　　C.重要性　　D.完整性

9.本月收到上月销售产品的货款存入银行，下列表述正确的有（　　）。

A.收付实现制下，应当作为本月收入　　B.权责发生制下，不能作为本月收入

C.收付实现制下，不能作为本月收入　　D.权责发生制下，应当作为本月收入

10.会计中期包括（　　）。

A.月度　　B.季度　　C.半年度　　D.年度

11.下列各项属于会计核算信息质量要求的有（　　）。

A.持续经营　　B.实质重于形式　　C.会计主体　　D.谨慎性

12.会计核算方法中最基本的三种会计方法包括（　　）。

A.设置账户　　B.填制和审核会计凭证

C.登记账簿　　D.编制财务报表

13.下列各项属于会计信息的使用者的有（　　）。

A.企业管理者　　B.潜在投资者　　C.政府部门　　D.社会公众

14.下列各项中，应当办理会计手续并进行会计核算的有（　　）。

A.签订采购合同　　B.成本计算

C.财务成果的计算和处理　　D.财务情况分析

15. 下列各项属于会计主体假设的意义的有（　　）。

A. 明确了会计确认、计量和报告的空间范围

B. 使会计人员可以选择适用的会计原则和会计方法

C. 为会计核算确定了时间范围

D. 能够正确地反映一个经济实体所拥有的经济资源及所承担的义务

三、判断题

1. 法人一定是会计主体，但会计主体不一定是法人。（　　）

2. 会计本质上是一种经济管理活动。（　　）

3. 由于有了持续经营这个会计核算的基本假设，才产生了当期与其他期间的区别，从而出现了权责发生制与收付实现制的区别。（　　）

4. 会计在选择货币作为统一的计量尺度的同时，要以实物量度和时间量度等作为辅助的计量尺度。（　　）

5. 凡是能够以数量表现的经济活动，都是会计核算和监督的内容，也就是会计的对象。（　　）

6. 单位的会计核算应以人民币作为记账本位币。业务收支以人民币以外的货币为主的企业，可以选定其中一种货币作为记账本位币，但是编制的财务报告应当折算为人民币。（　　）

7. 会计核算和监督两项基本会计职能是相辅相成、辩证统一的关系，会计核算是会计监督的基础和保障，没有核算所提供的各种信息，监督就失去了依据。（　　）

8. 我国企业会计准则规定，会计年度按农历起讫日期确定，即农历的1月1日至12月31日。（　　）

9. 持续经营是指会计主体将会按当前的规模和状态持续经营下去，永不停业、破产清算，也不会大规模削减业务。（　　）

10. 利用货币计量，从数量方面综合反映各单位的经济活动情况，是现代会计的一个重要特征。（　　）

项目测试及答案

# 项目二
# 设置账户

# 项目二 设置账户

## ◇ 学习目标

1. 了解会计对象及资金运动的分类及应用；
2. 掌握会计六要素的定义及划分；
3. 理解会计等式的结构及恒等性；
4. 掌握常用的会计科目分类、内容和性质；
5. 重点掌握会计账户的分类及结构；
6. 熟练应用账户结构分析期末余额间的对等关系。

# 任务一　认识会计对象及资金运动

## 一、会计对象

会计对象指会计核算和监督的内容。具体而言，会计的一般对象是社会再生产过程中的资金运动。对特定会计主体而言，如企业、行政事业单位，会计活动对象则是每一独立核算单位的资金运动。

微课：会计对象

## 二、资金运动

资金是以货币表现，用来进行周转以满足人们创造社会物质财富和进行经济行为需要的价值。资金运动是指特定会计主体由于经济活动所引起的用货币表现的相关价值运动。

企业是组织生产经营活动的基本单位，是按照经济核算的原则，独立进行生产经营活动的经济实体。企业主要从事生产经营活动，追求盈利是其经济活动的主要特点，其资金运动的表现形式为经营资金运动。本书主要介绍制造业企业（习惯上称之为工业企业）的资金运动，如图2-1所示。

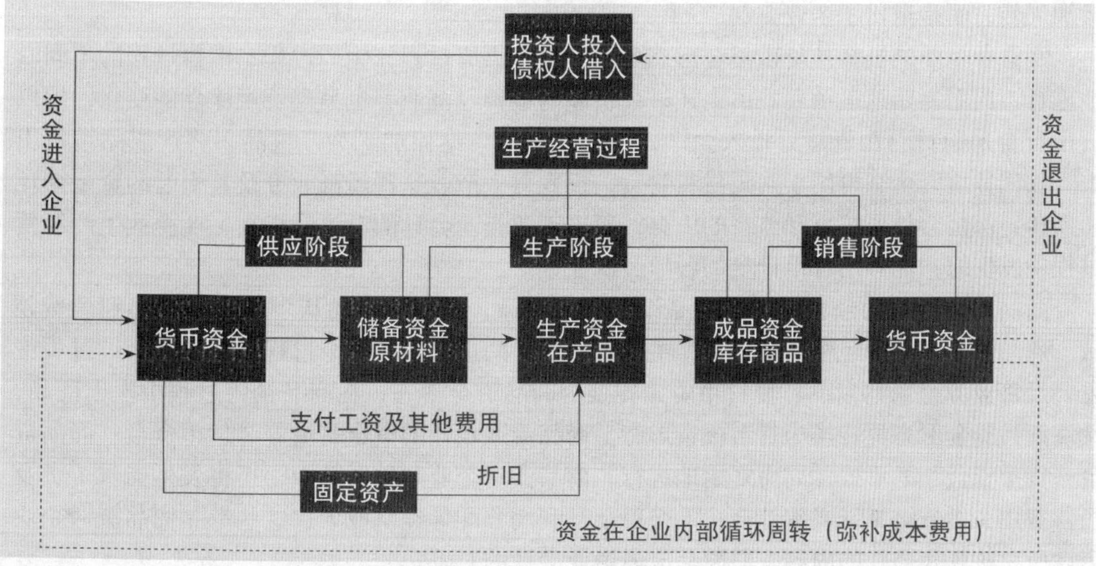


图2-1　制造业企业的资金运动

**（一）资金进入企业**

制造业要进行生产经营活动，就必须拥有一定数量的资金，即必须拥有一定数量的财产物资（包括厂房、机器设备工具等劳动资料，原材料、在产品、产成品等劳动对象）和一定数量的货币资金。这些资金的来源渠道主要是企业所有者投资和向银行等金融机构筹资。当企业取得货币资金或财产物资时，资金就进入了企业。

**（二）资金在企业内部循环周转**

制造业的生产经营过程分为供应、生产和销售三个阶段。

1.供应阶段

供应阶段是生产准备阶段，企业用货币资金采购各种材料物资并储存待用，企业的资金由货币资金形态转化为储备资金形态。

2.生产阶段

生产阶段是工人运用劳动资料对劳动对象进行加工，生产出产品的阶段。生产阶段既是产品制造阶段，又是物化劳动和活劳动的耗费阶段。生产阶段是制造业最主要的阶段。在生产过程中要发生各种耗费，包括材料耗费、工资的支付、固定资产耗费和其他费用的支付等。企业的资金先由储备资金形态转化为生产资金形态，进而再转化为成品资金形态。

3.销售阶段

销售阶段是产品价值的实现阶段。在销售阶段，企业要出售产品，收回货币。这时企业的资金又由成品资金形态转化为货币资金形态。制造业的资金由货币资金开始，依次转化为储备资金、生产资金、成品资金，最后又回到货币资金，这个过程叫作资金循环。由再生产过程不断地重复进行而引起的资金的不断循环叫作资金周转。在企业经营资金的周转过程中，作为资金循环起点与终点的货币资金通常是不相等的，其差额表现为企业利润。

**（三）资金退出企业**

因为销售产品取得货款，成本费用得到了补偿，部分资金重新进入生产经营过程，在企业内部循环周转。当企业偿还借款、上缴税费、分配利润、抽减资本金后，部分资金将不再参加周转，而是退出了企业。

制造业企业的资金从货币资金形态出发，随着供应过程、生产过程、销售过程的不间断地进行，周而复始地运动着。由上述过程引起的各种经济业务也呈现着规律性的变化，即以货币资金采购材料物资然后投入生产，变为在产品，继而加工为产成品，将产成品销售出去，收回货币资金，再用于购买材料物资，投入再生产。这些经济业务及其引起的资金循环和周转，都是会计要核算和监督的内容，所以工业企业会计的对象是指在工业企业生产经营过程中发生的，能够用货币计量的各项经济业务。

商品流通企业的经营活动主要是组织商品流通，把社会产品从生产领域转移到消费领域。商品流通企业的经营活动过程，主要包括商品购进和销售两个过程。在商品购进过程中主要经济业务是采购商品，使货币资金转换为商品资金形态；在商品销售过程中卖出商品，又使商品资金形态再转换为货币资金形态。商品流通企业的资金是沿着“货币资金—商品资金—货币资金”的形式，周而复始地进行。商品流通企业购销活动中，还将发生支付工资及经营费用、货款结算、成本计算、上交税金、利润分配等经济业务，这些都是商品流通企业会计所要核算和监督的内容，即商品流通企业会计的对象。

行政、事业单位也是社会再生产过程的基本单位，包括国家行政机关、司法机关、教育文化、医疗卫生等单位。行政、事业单位主要从事国家管理、公共产品、文化教育等方面的服务活动，非营利性是其经济活动的主要特点，其资金运动的表现形式为预算资金运动。行政事业单位为了完成国家赋予的各项任务，同样需要具备一定数量的资金。行政、事业单位的资金有国家行政拨款投入的，也有自身业务收入的。因此，行政、事业单位的会计对象就是国家或者自身业务收入的取得和为完成国家赋予的各项任务所发生的各项费用支出，即其资金运动形式是由货币资金的取得到货币资金的支出。

# 任务二　划分会计要素

## 一、会计要素的定义及分类

会计要素是会计对象按交易或者事项的经济特征所进行的基本分类，是反映会计主体财务状况和经营成果的基本单位。

会计要素是会计对象的具体化，会计要素科学地概括了会计对象的基本内容，是构成会计报表的基本要素，是确定会计报表结构和内容的基础，也是会计确认和计量的基本依据。

《企业会计准则——基本准则》将会计要素按照其性质分为资产、负债、所有者权益、收入、费用和利润六项。其中，资产、负债和所有者权益为资产负债表要素，侧重于反映企业的财务状况；收入、费用和利润为利润表要素，侧重于反映企业的经营成果。

## 二、资产负债表要素

### （一）资产

资产是指企业过去的交易或者事项形成的、由企业拥有或者控制的、预期会给企业带来经济利益的资源。

微课：资产会计要素

1.资产的基本特征

（1）资产从本质上讲是一种经济资源，是企业从事生产经营活动的物质条件，可以作为生产要素投入生产经营中去。这些经济资源可以具有实物形态，如房屋、机器设备、现金、原材料等；也可以不具有实物形态，如以债权形态出现的各种应收款项，以特殊权利形态出现的专利权、商标权等无形资产。

（2）资产是由于过去的交易或者事项所形成的，是现实资源，而不是预期的资源，是过去已经发生的交易或者事项所产生的结果。只有过去发生的交易或者事项才能增加或者减少企业的资产，而不能根据谈判中的交易或者计划中的经济业务来确认资产。

（3）资产是企业拥有或者控制的资源。拥有是指企业享有某项资源的所有权，控制是指虽然不享有某项资源的所有权，但该资源能被企业所控制，企业实质上已经掌握某项资源的未来收益和风险，能为企业带来经济利益。

（4）资产预期会给企业带来未来经济利益，即会直接或者间接地增加流入企业的现金或者现金等价物的潜力。资产的这一特征，说明它必须具有有用性，具有使用价值，预期不能带来经济利益的，就不能确认为企业的资产。企业已经陈旧毁损不能使用的财产物资、已经无望收回的债权等，都不能作为企业的资产进行核算和列报。

2.资产的分类

企业的资产按其流动性，分为流动资产和非流动资产。

（1）流动资产是指可以在1年（含1年）或者超过1年的一个营业周期内变现或者耗用的资产。它包括库存现金、银行存款、交易性金融资产、应收款项、预付账款、存货等。

库存现金是指企业持有的各种本币和外币的货币资金。

银行存款是指企业存入银行存款账户的款项。

交易性金融资产是指企业为交易目的而持有的、各种能够随时变现、持有时间不超过1年的股票、债券或基金等。

应收款项是指企业在日常生产经营过程中发生的应收未收款项，包括应收账款、应收票据、其他应收款等。

预付账款是指企业在购买商品、接受劳务等过程中按合同规定预先支付给对方的款项。

存货是指企业在日常的生产经营过程中持有以备出售，或者仍然处在生产过程中将要消耗，或者在生产或提供劳务的过程中将要耗用的各种材料或者物料等。它包括原材料、在产品、半成品、产成品等。

（2）非流动资产是指不能在1年或者超过1年的一个营业周期内变现或者耗用的资产。它主要包括长期股权投资、固定资产、无形资产等。

长期股权投资是指持有时间超过1年、不能随时变现或不准备随时变现的股票投资和其他投资。

固定资产是指企业使用年限在1年以上，并在使用过程中保持原来实物形态的资产。它包括房屋及建筑物、机器设备、运输设备、工具器具等。

无形资产是指企业拥有或者控制的，可以长期使用而没有实物形态可以辨认的非货币性资产。它包括专利权、非专利技术、商标权、著作权、土地使用权等。

**（二）负债**

负债是指企业由于过去的交易或者事项形成的、预期会导致经济利益流出企业的现时义务。

1.负债的基本特征

（1）负债是债权人的权益，是债权人对企业资产的要求权。负债是企业生产经营所需资金的一个重要来源，是一项经济责任，或者说是一项义务，它需要企业进行偿还。企业的负债不能无条件取消，只能偿还，或者以新的负债代替原有的负债，履行负债义务会导致经济利益流出企业。

（2）负债是由于过去的交易或者事项引起的，企业当前所承担的一种现时义务。只有过去发生的交易或者事项才能增加或者减少企业的负债，未来发生的交易或者事项可能产生的义务，不属于现时义务，不能作为会计上的负债。

（3）清偿负债会导致企业未来经济利益的流出。为了清偿债务，企业往往要在将来用现金、其他资产或者提供劳务偿还，也有可能将债务转为企业的所有者权益。

（4）负债有确切的受款人和偿付日期，或者受款人和偿付日期可以合理确定；负债将要由企业在未来某一个时日加以清偿。

2.负债的分类

企业的负债按其流动性，分为流动负债和非流动负债。

(1) 流动负债是指将在1年（含1年）或者超过1年的一个营业周期内偿还的债务。它包括短期借款、应付款项及预收账款等。

短期借款是指企业从银行或其他金融机构借入的期限在1年以下的各种借款。

应付款项是指企业在日常生产经营过程中发生的各项应偿还的债务。它包括应付账款、应付票据、应付职工薪酬、应交税费、应付股利、其他应付款等。

预收账款是指企业因销售商品或提供劳务，按合同规定预先向客户收取的款项。

(2) 非流动负债是指偿还期在1年或者超过1年的一个营业周期以上的债务。它包括长期借款、应付债券、长期应付款等。

长期借款是指企业从银行或者其他金融机构借入的期限在1年以上的各项借款。

应付债券是指企业为筹集长期资金而实际发行的长期债券。

长期应付款是指除长期借款和应付债券以外的其他长期应付款项。它包括应付引进设备款、融资租入固定资产应付款等。

**（三）所有者权益**

所有者权益是指企业资产扣除负债后由所有者享有的剩余权益。公司的所有者权益又称为股东权益。它在数量上等于企业全部资产减去全部负债后的余额，企业的全部资产，除了债权人所有的以外，应归投资者所有。

1.所有者权益的基本特征

与债权人权益（负债）相比，所有者权益具有以下特征：

(1) 负债是企业对债权人所承担的经济责任，企业负有偿还的义务；而所有者权益则是企业对投资人所承担的经济责任，在一般情况下，除非发生减资、清算，企业不需要偿还给投资者。

(2) 企业清算时，负债拥有优先求偿权；只有在清偿所有的负债后，才能返还所有者权益。

(3) 债权人只享有按期收回利息和债务本金的权利，而无权参与企业的利润分配和经营管理；投资者既可以参与企业的利润分配，也可以参与企业的经营管理。

2.所有者权益的构成

所有者权益包括所有者投入的资本、直接计入所有者权益的利得和损失、留存收益等。

(1) 所有者投入的资本包括实收资本和资本公积。企业的实收资本是指投资者按照企业章程或合同协议的约定，实际投入企业的资本。它是企业注册成立的基本条件之一，也是企业承担民事责任的财力保证。企业资本公积也称准资本，主要来源于资本在投入过程中所产生的溢价。资本公积主要用于转增资本（或股本）。

(2) 直接计入所有者权益的利得和损失是指不应计入当期损益、会导致所有者权益发生增减变动的、与所有者投入资本或者向所有者分配利润无关的利得或者损失。其中，利得是指由企业非日常活动所形成的、会导致所有者权益增加的、与所有者投入资本无关的经济利益的流入；损失是指由企业非日常活动所发生的、会导致所有者权益减少的、与所有者分配利润无关的经济利益的流出。

(3) 留存收益包括盈余公积和未分配利润等。盈余公积又分为法定盈余公积和任意盈余公积。法定盈余公积是指企业按照我国《公司法》规定的比例从净利润中提取的盈余公积；任意盈余公积是指企业经股东大会或者类似机构批准后按照规定的比例从净利润中提取的盈余公积。未分配利润是指企业留待以后年度分配的利润。

知识链接：注册资本金

注册资本金是指公司制企业在公司登记机关登记的全体股东认缴的出资金额。我国《公司法》规定，公司实行注册资本“认缴制”，即在公司登记注册时，股东可以不实际缴付或者只实际缴付部分所认缴的注册资本，剩余部分按照公司章程规定的期限缴付，股东以其认缴的出资额为限承担法律责任。在会计上，实收资本与《公司法》规定的注册资本内涵是相同的。但其金额在公司最初注册成立时不一定相等，当按照公司章程规定的期限后续实际足额缴付后，实收资本与注册资本相等。

## 三、利润表要素

### （一）收入

收入是指企业在日常活动中形成的、会导致所有者权益增加的、与所有者投入资本无关的经济利益的总流入。

1.收入的基本特征

（1）收入是在企业日常活动中产生的，而不是在偶发的交易或者事项中产生的。日常活动是指企业为完成其经营目标而从事的所有活动，以及与之相关的其他活动，如工业企业制造和销售产品的活动。企业所进行的有些活动并不是经常发生的，如工业企业出售作为原材料的存货，虽然不是经常发生的，但因与日常活动有关，也属于收入。

（2）收入为企业带来经济利益的形式是多种多样的，收入既可能表现为企业资产的增加，如增加银行存款、应收款项；也可能表现为负债的减少；还可能同时引起企业资产的增加和负债的减少，如销售实现时，部分增加银行存款，部分冲减预收货款。

（3）收入会导致企业所有者权益的增加。由于收入是经济利益的总流入，所以收入会导致企业所有者权益的增加。

（4）收入只包括本企业经济利益的流入，不包括为第三方或者客户代收的款项。企业为第三方或者客户代收的款项，如增值税、代收利息等，一方面增加企业的资产；另一方面增加企业的负债。因此，不增加企业的所有者权益，也不属于本企业的经济利益，不能作为本企业的收入。

2.收入的构成

收入主要包括主营业务收入和其他业务收入等。

（1）主营业务收入也称基本业务收入，是指企业为完成其经营目标而从事的日常活动的主要项目中获得的收入，是在其基本或者主流业务活动中所获得的收入，如工商企业的商品销售收入、服务业的劳务收入等。

（2）其他业务收入也称附营业务收入，是指企业在主营业务以外的其他日常活动所获得的收入，如工业企业销售原材料、提供非工业性劳务取得的收入。

### （二）费用

费用是指企业在日常活动中发生的、会导致所有者权益减少的、与向所有者分配利润无关的经济利益的总流出。

1.费用的基本特征

（1）费用是为获得一定收入而发生的，是为取得收入而付出的代价，费用一定要与收入配比才能确认，不是为取得收入而形成的各类资产的减少或者负债的增加不属于费用的范围。

（2）费用是企业在日常活动中发生的经济利益的流出，而不是在偶发的交易或者事项中发生的经济利益的流出。

（3）费用可能表现为资产的减少，或者负债的增加，或者两者兼而有之，费用的发生形式多种多样，既可能表现为资产的减少，如用银行存款支付办公费用；也可能表现为负债的增加，如负担长期借款利息；还可能是两者的组合，如用现款支付部分广告费，同时承担剩余部分的债务。

（4）费用会导致所有者权益的减少。企业发生费用会导致所有者权益的减少，但是会导致所有者权益减少的经济利益的总流出却不一定都属于费用，例如企业向所有者分配利润。

2.费用的构成

费用按其归属的不同，可分为成本费用和期间费用。

（1）成本费用是指企业为生产产品、提供劳务而发生的各种耗费，是计入一定产品、劳务、服务等成本对象的各项费用。它包括直接为生产产品和提供劳务而发生的直接费用（如直接人工费用、直接材料费用）与为组织和管理牛产发生的需要分配计入成本的各项间接费用。企业应当在确认收入时，将已销售产品或者提供劳务的成本从当期收入中扣除，计入当期损益。

（2）期间费用是指直接计入当期损益的费用。它包括管理费用、销售费用和财务费用。其中，管理费用是指企业行政管理部门为组织和管理生产经营活动而发生的各种费用。销售费用是指企业在销售商品、提供劳务等日常活动中发生的除成本以外的各项费用和专设销售机构的各项经费。财务费用是指企业筹集生产经营所需资金而发生的费用。

（三）利润

利润是指企业在一定会计期间的经营成果。利润包括收入减去费用后的净额、直接计入当期利润的利得和损失等。

1.利润的基本特征

（1）利润是企业一定时期的最终财务成果。它是企业在一定会计期间内实现的全部收入减去全部费用后的差额。

（2）利润是按配比性原则计量的，是一定时期的收入与费用相减的结果。

（3）利润的实现，会相应地表现为资产的增加或者负债的减少，其结果是所有者权益的增值。

2.利润的构成

利润包括营业利润、利润总额和净利润。

（1）营业利润是主营业务收入和其他业务收入，减去主营业务成本、其他业务成本、税金及附加、销售费用、管理费用、财务费用等，再加上投资收益等后的金额。

（2）利润总额是营业利润加营业外收入减去营业外支出后的金额。

（3）净利润是利润总额减去所得税费用后的金额。

知识链接：国际会计准则委员会划分的会计要素

1973 年成立的国际会计准则委员会（International Accounting Standards Committee，IASC），在其1989年发布的《编制财务报表的框架》中，将财务报表的要素划分为资产、负债、权益、收益和费用五类。

## 任务三　构建会计等式

### 一、会计等式的定义

微课：会计等式

会计等式又称为会计恒等式，是揭示各会计要素之间内在联系和基本数量关系的数学表达式。

会计对象可以概括为资金运动，具体表现为会计六要素的增减变化，会计主体每发生一笔经济业务，都是资金运动的一个具体过程，每一资金运动过程都必然涉及相应的会计要素，会计要素并不是孤立的，全部资金运动所涉及的会计要素之间存在一定的相互联系，会计要素之间的这种内在关系，可以通过会计恒等式表现出来，这种恒等式就叫会计等式。它是设置账户、复式记账和编制会计报表等的理论依据。

### 二、基本会计等式

会计要素之间存在着密切的内在联系。企业要进行生产经营活动，就必须拥有一定数量可供支配、运用的资产。而企业的资产最初进入企业的来源渠道不外乎两种：一是由所有者提供；二是由债权人提供。

既然企业的所有者和债权人为企业提供了全部资产，就应该对企业的资产享有要求权，这种对企业资产的要求权在会计上总称为权益。其中，属于债权人的部分，称为债权人权益或者负债；属于所有者的部分，称为所有者权益。资产表明企业拥有什么经济资源和拥有多少经济资源；权益则表明是谁提供了这些经济资源，谁对这些经济资源拥有要求权。资产与权益之间存在着相互依存的关系，两者是不可分割的。从数量上看，有一定数额的资产，就必定有对该资产的权益；有一定权益，则必然有体现其权益的资产。也就是说，一个企业的资产总额与权益（负债和所有者权益）总额必定相等。这种关系可以用以下等式表示：

$$资产=负债+所有者权益$$

这一会计等式，既表明了某一会计主体在某一时点所拥有的各种资产，同时也表明了这些资产的归属关系，体现了企业资金运动过程中某一时点上会计要素之间的数量关系，是资金运动的静态表现形式，所以又称为静态会计等式，它是编制资产负债表的依据。

### 三、经济业务发生对基本会计等式的影响

#### （一）经济业务发生对会计等式的影响

企业在生产经营中，不断地发生各种经济业务。这些经济业务的发生，会导致有关会计

要素数量的增减变化。但这些增减变化并不会破坏上述基本会计等式的平衡关系。为何如此，我们可以结合经济业务作如下分析：

企业的经济业务虽然数量众多类型各异，但站在会计要素的数量关系上归纳起来不外乎以下四种类型：

1.资产和权益同增，增加的金额相等

（1）一项资产和一项负债同增；

（2）一项资产和一项所有者权益同增。

2.资产和权益同减，减少的金额相等

（1）一项资产和一项负债同减；

（2）一项资产和一项所有者权益同减。

3.资产内部有增有减，增减的金额相等

4.权益内部有增有减，增减的金额相等

（1）一项负债减少，另一项负债增加；

（2）一项所有者权益减少，另一项所有者权益增加；

（3）一项负债减少，一项所有者权益增加；

（4）一项所有者权益减少，一项负债增加。

**（二）经济业务对基本会计等式影响举例**

【例2-1】2019年12月31日，有诚公司拥有6 000万元资产，其中库存现金50万元，银行存款2 500万元，应收账款200万元，存货450万元，固定资产2 800万元；投资者投入的资本金为4 400万元，银行短期借款余额为580万元，应付账款为1 020万元。有诚公司2019年12月31日资产负债表（简表）见表2-1。

表2-1 资产负债表（简表）

2019年12月31日 单位：万元

| 资产 | 金额 | 负债和所有者权益 | 金额 |
|---|---|---|---|
| 库存现金 | 50 | 短期借款 | 580 |
| 银行存款 | 2 500 | 应付账款 | 1 020 |
| 应收账款 | 200 | | |
| 存货 | 450 | 实收资本 | 4 400 |
| 固定资产 | 2 800 | | |
| 合计 | 6 000 | 合计 | 6 000 |

假定有诚公司在2020年1月发生如下经济业务，现验证上述业务对会计等式的影响。

1.资产与负债项目等额增加

1月2日，有诚公司新增一笔一年期银行贷款200万元，款项存入银行。

这项经济业务使有诚公司资产中的“银行存款”增加200万元，同时使负债中的“短期借款”也增加200万元。基本会计等式左、右两边等额增加200万元，两边的总额合计变为6 200万元，基本会计等式两边的总额依然相等，会计等式保持平衡，见表2-2。

表2-2 资产负债表（简表）

2020年1月2日

单位：万元

| 资产 | 金额 | 负债和所有者权益 | 金额 |
|---|---|---|---|
| 库存现金 | 50 | 短期借款+200 | 780 |
| 银行存款+200 | 2 700 | 应付账款 | 1 020 |
| 应收账款 | 200 | | |
| 存货 | 450 | 实收资本 | 4 400 |
| 固定资产 | 2 800 | | |
| 合计 | 6 200 | 合计 | 6 200 |

2. 资产与负债项目等额减少

1月12日，有诚公司用银行存款偿还应付账款420万元。

这项经济业务使有诚公司资产中的“银行存款”减少420万元，同时使负债中的“应付账款”也减少420万元。基本会计等式两边等额减少420万元，两边的总额合计变为5 780万元，基本会计等式两边的总额依然相等，基本会计等式保持平衡，见表2-3。

表2-3 资产负债表（简表）

2020年1月12日

单位：万元

| 资产 | 金额 | 负债和所有者权益 | 金额 |
|---|---|---|---|
| 库存现金 | 50 | 短期借款 | 780 |
| 银行存款-420 | 2 280 | 应付账款-420 | 600 |
| 应收账款 | 200 | | |
| 存货 | 450 | 实收资本 | 4 400 |
| 固定资产 | 2 800 | | |
| 合计 | 5 780 | 合计 | 5 780 |

3. 资产项目等额一增一减

1月15日，有诚公司用银行存款购买150万元原材料。

这项经济业务使有诚公司资产中的“存货”增加150万元，同时使资产中的“银行存款”减少150万元。基本会计等式左边的资产类项目发生了等额的一增一减变化150万元，基本会计等式两边的总额合计依然为5 780万元，两边的总额依然相等，基本会计等式保持平衡，见表2-4。

表2-4 资产负债表（简表）

2020年1月15日

单位：万元

| 资产 | 金额 | 负债和所有者权益 | 金额 |
|---|---|---|---|
| 库存现金 | 50 | 短期借款 | 780 |
| 银行存款-150 | 2 130 | 应付账款 | 600 |
| 应收账款 | 200 | | |
| 存货+150 | 600 | 实收资本 | 4 400 |
| 固定资产 | 2 800 | | |
| 合计 | 5 780 | 合计 | 5 780 |

4. 负债和所有者权益项目等额一增一减

1月18日，有诚公司与甲公司协商，将其对甲公司的应付账款200万元转为有诚公司的股权。

这项经济业务使有诚公司负债项目中的“应付账款”减少200万元，同时所有者权益中的“实收资本”增加200万元。基本会计等式右边的负债类项目和所有者权益类项目发生了等额的一减一增变化200万元，基本会计等式两边的合计依然为5 780万元，两边的合计依然相等，基本会计等式保持平衡，见表2-5。

表2-5

资产负债表（简表）

2020年1月18日

单位：万元

| 资产 | 金额 | 负债和所有者权益 | 金额 |
|---|---|---|---|
| 库存现金 | 50 | 短期借款 | 780 |
| 银行存款 | 2 130 | 应付账款-200 | 400 |
| 应收账款 | 200 | | |
| 存货 | 600 | 实收资本+200 | 4 600 |
| 固定资产 | 2 800 | | |
| 合计 | 5 780 | 合计 | 5 780 |

有诚公司1月份在生产经营中发生的上述各项业务活动，虽然影响和改变了资产、负债和所有者权益项目的构成状况，但均未破坏“资产=负债+所有者权益”会计等式的平衡关系。

## 四、扩展的会计等式

“资产=负债+所有者权益”这一基本会计等式描述了资产、负债和所有者权益三要素的数量关系。它是用来反映某个会计期间开始时，即某一时日的财务状况的。随着企业经营活动的进行，在会计期间内，企业一方面取得收入，另一方面要发生各种各样的费用，并因此减少了资产或增加了负债。所以企业在会计期间的任一时刻，基本会计等式扩展为：

资产 = 负债 + 所有者权益 +（收入 - 费用）

这一等式称为扩展的会计等式。其中，收入 - 费用 = 利润，这一会计等式是企业资金运动的动态表现形式，反映了收入、费用和利润之间的平衡关系，也称动态会计等式或者会计第二等式，是企业编制利润表的基础。扩展的会计等式表明，企业在经营中取得的利润或者发生的亏损，使先前时点上静态会计等式中的所有者权益必然增加或者抵冲一部分数额。

我们考察企业经济业务在会计期间中发生的增减变化，虽然涉及会计六要素的数量变化，但也不会破坏会计六要素的平衡关系。这是因为：

（1）企业收入的取得，或者表现为收入要素和资产要素同时、等额的增加，或者表现为收入要素的增加和负债要素同时、等额的减少，结果等式仍然保持平衡。

（2）企业费用的发生，或者表现为费用要素和负债要素同时、等额的增加，或者表现为费用要素的增加和资产要素同时、等额的减少，结果等式仍然保持平衡。

（3）在会计期末，将收入与费用相减得出企业的利润。利润在按规定程序进行分配以后，留存企业的部分（包括盈余公积和未分配利润等）转化为所有者权益的增加（或减少），同时，要么是资产要素相应增加（或者减少），要么是负债要素相应减少（或者增加），结果等式仍然保持平衡。

由上述分析可知：由于收入、费用和利润这三个要素的变化实质上都可以表现为所有者权益的变化，因此，上述三种情况都可以归纳到前面我们概括的九种业务类型中去。这使上述扩展的会计等式始终保持平衡。它说明资产、负债、所有者权益、收入、费用和利润这六大会计要素之间存在着一种恒等关系。这种恒等关系始终成立，任何经济业务的发生，都不会破坏会计等式的平衡关系。

# 任务四　开设会计科目

## 一、设置会计科目的意义

企业发生的各项经济业务，无论多么复杂，都可以归纳为资产、负债、所有者权益、收入、费用、利润这六个会计要素的增减变化。但是，如果仅仅以这六个会计要素来归集会计数据，无疑过于笼统，难以满足会计信息使用者的具体需求。为此，需要对每个会计要素进行再分类，并在此基础上设置会计科目。

会计科目就是根据会计核算的要求，对会计要素按照经济内容所做的进一步分类而形成的项目。设置会计科目具有如下意义：

### （一）可以连续、全面、系统地反映企业的经济活动过程

连续、全面、系统地反映企业的经济活动过程是会计核算的基本要求。会计科目是在对各个会计要素所包括的具体内容进行分类的基础上形成的，各个会计科目所反映的经济内容，既有严格的界限又有内在的联系，它们共同组成了一个完整的会计科目体系。借助于这一体系，可以把错综复杂的经济业务有条理地记录下来，便于随时了解企业在一定时期内会计要素中哪些具体项目发生了增减变化，综合全部会计科目所提供的会计数据，可以系统地反映出资产、负债、所有者权益、收入、费用、利润等各个会计要素在一定时期的变化情况和损益的发生、分配过程。

### （二）可以为企业记账提供基础条件

会计科目在整个会计核算方法中具有基础性地位。离开了会计科目，企业无法设置账户，自然无法利用账户复式记账、填制会计凭证、登记账簿和编制会计报表等。

### （三）可以为会计监督提供依据

每一个会计科目都代表着特定的经济内容。这些内容规定着每一个会计科目所能反映的范围。企业、事业单位的经济活动通过会计科目在会计账簿上留下其运动的轨迹。因此，借助会计科目及其表现的经济活动轨迹，可以实时对各企业、事业单位经济活动的合法性、合理性、真实性进行监督。

### （四）可以为会计信息使用者提供相关信息，实现会计目标

依据会计信息使用者的要求设置会计科目，进而设置账户，可以为会计信息使用者提供有用的会计信息，实现企业财务会计的目标。

## 二、设置会计科目的原则

### （一）设置会计科目，必须结合会计要素的特点

设置会计科目，必须对会计要素的具体内容进行科学分类，以便分门别类地反映和监督

各项经济业务。因此，各单位应结合本单位会计要素的特点来确定应设置的会计科目。例如，工业企业是制造产品的单位，根据其业务特点，工业企业就必须设置反映和监督生产经营过程和产品生产成本的会计科目。商品流通企业不从事产品生产，而是组织商品流通，商品流通企业必须设置反映和监督商品流通业务的会计科目。

#### （二）设置会计科目，必须符合企业内部经济管理的要求

会计科目用于分类、记录和计算经济业务内容，是会计人员处理会计信息和储存中间会计信息的媒体，成为企业形成最终会计信息——财务会计报告的基础。在企业经济管理过程中，企业要对各项经济活动体现的全部会计信息进行分析、评价，调整经营方式、做出经营决策，而会计信息是企业从事经营管理和实行经济管理决策的重要依据，因此，企业的会计信息必须能够按照这种经济管理所需要的模式加以提供，这种需要正是在日常核算中通过设置科学、系统的会计科目得以实现的。

#### （三）设置会计科目，必须尽量满足外部会计信息使用者的需求

会计目标是会计工作努力的方向和应达到的目标。财务会计的目标主要是满足外部会计信息使用者对会计信息的需求，包括满足国家有关部门进行宏观调控、外部投资者进行投资方向决策、债权人进行信贷融通等方面的需求。因此，所设置的会计科目就必须顺应这种外部需求。

#### （四）设置会计科目，必须做到统一性和灵活性相结合

我国《企业会计准则应用指南——会计科目和主要账务处理》规定了企业应该设置的会计科目和相应的核算内容。但是，在会计实践中，往往有些预料不到的特殊经济业务发生，无法直接在该制度中找到相应的会计科目进行核算。在这种情况下，可以根据这些特殊的经济业务内容，灵活地设置新的会计科目来进行会计核算。有的项目可以合并、有的项目可以分解。

#### （五）设置会计科目，必须做到繁简适当

设置会计科目的繁简主要是以企业对会计要素的再分类层次来决定的，如果企业对会计要素的再分类层次过于简单，会造成会计信息笼统、缺乏可用性，如果对会计要素的再分类层次过于具体，提供的会计信息固然具有可用性，但是会增加核算工作量。因此应根据自身的需要合理地、适当地设置会计科目。

#### （六）会计科目必须保持相对稳定

为了便于在不同时期分析、比较会计科目所反映的会计核算内容和核算指标，使得会计信息具有可比性，要求设置会计科目，除非有变更必要，一般应该保持相对稳定，不能经常变动会计科目的名称、核算内容、核算方式。

### 三、会计科目的分类

#### （一）按经济内容分类

会计科目按其反映的经济内容，可以划分为资产类、负债类、共同类、所有者权益类、成本类、损益类共六大类（见表2-6）。

微课：会计科目的分类

#### （二）按提供信息的详细程度分类

在生产经营过程中，由于经济管理的要求不同，所需要的核算指标的详细程度也就不同。根据经济管理的要求，既需要设置提供总括核算资料的一级科目，又需要设置提供详细核算资料的二级科目和三级科目。

表2-6 会计科目表

| 编号 | 名称 | 编号 | 名称 |
|---|---|---|---|
| | 一、资产 | 2221 | 应交税费 |
| 1001 | 库存现金 | 2231 | 应付利息 |
| 1002 | 银行存款 | 2232 | 应付股利 |
| 1015 | 其他货币资金 | 2241 | 其他应付款 |
| 1101 | 交易性金融资产 | 2501 | 长期借款 |
| 1121 | 应收票据 | 2503 | 长期债券 |
| 1122 | 应收账款 | 2701 | 长期应付款 |
| 1123 | 预付账款 | 2801 | 预计负债 |
| 1131 | 应收股利 | 2901 | 递延所得税负债 |
| 1132 | 应收利息 | | 三、共同类 |
| 1231 | 其他应收款 | 3101 | 衍生工具 |
| 1241 | 坏账准备 | 3201 | 套期工具 |
| 1402 | 在途物资 | 3202 | 被套期项目 |
| 1403 | 原材料 | | 四、所有者权益类 |
| 1404 | 材料成本差异 | 4001 | 实收资本 |
| 1405 | 库存商品 | 4002 | 资本公积 |
| 1511 | 长期股权投资 | 4101 | 盈余公积 |
| 1512 | 长期股权投资减值准备 | 4103 | 本年利润 |
| 1531 | 长期应收款 | 4104 | 利润分配 |
| 1601 | 固定资产 | | 五、成本类 |
| 1602 | 累计折旧 | 5001 | 生产成本 |
| 1603 | 固定资产减值准备 | 5101 | 制造费用 |
| 1604 | 在建工程 | | 六、损益类 |
| 1605 | 工程物资 | 6001 | 主营业务收入 |
| 1606 | 固定资产清理 | 6051 | 其他业务收入 |
| 1701 | 无形资产 | 6101 | 公允价值变动损益 |
| 1702 | 累计摊销 | 6111 | 投资收益 |
| 1703 | 无形资产减值准备 | 6301 | 营业外收入 |
| 1711 | 商誉 | 6401 | 主营业务成本 |
| 1801 | 长期待摊费用 | 6402 | 其他业务成本 |
| 1811 | 递延所得税资产 | 6403 | 税金及附加 |
| 1901 | 待处理财产损益 | 6601 | 销售费用 |
| | 二、负债类 | 6602 | 管理费用 |
| 2001 | 短期借款 | 6603 | 财务费用 |
| 2101 | 交易性金融负债 | 6701 | 资产减值损失 |
| 2201 | 应付票据 | 6711 | 营业外支出 |
| 2202 | 应付账款 | 6801 | 所得税费用 |
| 2203 | 预收账款 | 6901 | 以前年度损益调整 |
| 2211 | 应付职工薪酬 | | |

1. 一级科目

一级科目亦称总账科目或者总分类科目，它是对会计要素的具体内容进行总括分类的科目，是进行总分类核算的依据。为了满足国家宏观经济管理的需要，一级科目原则上由国家统一规定。表2-6中列示了企业会计准则中常用的一级科目。

2. 二级科目

二级科目亦称二级明细分类科目或者子目，是在一级科目的基础上，对一级科目所反映的经济内容进行较为详细分类的会计科目。例如，在“原材料”一级科目下，按材料类别开设“原料及主要材料”“辅助材料”“燃料”等二级科目。

3. 三级科目

三级科目亦称三级明细分类科目或细目，是在二级科目的基础上，对二级科目所反映的经济内容进行较为详细分类的会计科目。例如，在“原料及主要材料”二级科目下，按材料的品种、规格开设三级科目。大多数三级科目是企业根据经营管理的需要自行设置的。

综上所述，一级科目是最高层次的会计科目，控制和统驭着二级科目和三级科目；二级科目是对一级科目的补充说明，控制和统驭着三级科目，是介于一级科目与三级科目之间起沟通作用的会计科目；三级科目是对二级科目和一级科目更详细的补充说明。它们相互联系，相互补充，组成了一个完整的会计科目体系（见表2-7）。

表2-7　原材料各级科目表

| 总分类科目（一级科目） | 明细分类科目 | |
|---|---|---|
| | 二级科目（子目） | 三级科目（细目） |
| 原材料 | 原料及主要材料 | 圆钢<br>生铁<br>紫铜 |
| | 辅助材料 | 润滑油<br>防锈剂 |
| | 燃料 | 汽油<br>原煤 |

# 任务五　开设账户

## 一、账户的概念

账户，是指按照会计科目开设的，具有一定的格式和结构，用来连续、系统、分类记录和反映会计要素增减变动情况的一种专门工具。设置账户是会计核算的一种专门方法。账户的基本格式见表2-8。

微课：会计账户

由于经济业务所引起的各项会计要素的变动，只有增加和减少两种情况，因此，用来分类记录经济业务的账户，在结构上也相应地分为两个基本部分，用以分类记录各项会计要素增加和减少的数额。

表2-8 账户的基本格式

总 账

会计科目： 单位：元

| 年 | | 凭证号 | 摘要 | 借方 | | | | | | | | | | | | 贷方 | | | | | | | | | | | | 核对号 | 借或贷 | 余额 | | | | | | | | | | | |
|---|---|---|---|---|---|---|---|---|---|---|---|---|---|---|---|---|---|---|---|---|---|---|---|---|---|---|---|---|---|---|---|---|---|---|---|---|---|---|---|---|---|
| 月 | 日 | | | 十 | 亿 | 千 | 百 | 十 | 万 | 千 | 百 | 十 | 元 | 角 | 分 | 十 | 亿 | 千 | 百 | 十 | 万 | 千 | 百 | 十 | 元 | 角 | 分 | | | 十 | 亿 | 千 | 百 | 十 | 万 | 千 | 百 | 十 | 元 | 角 | 分 |
| | | | | | | | | | | | | | | | | | | | | | | | | | | | | | | | | | | | | | | | | | |
| | | | | | | | | | | | | | | | | | | | | | | | | | | | | | | | | | | | | | | | | | |
| | | | | | | | | | | | | | | | | | | | | | | | | | | | | | | | | | | | | | | | | | |
| | | | | | | | | | | | | | | | | | | | | | | | | | | | | | | | | | | | | | | | | | |
| | | | | | | | | | | | | | | | | | | | | | | | | | | | | | | | | | | | | | | | | | |
| | | | | | | | | | | | | | | | | | | | | | | | | | | | | | | | | | | | | | | | | | |
| | | | | | | | | | | | | | | | | | | | | | | | | | | | | | | | | | | | | | | | | | |
| | | | | | | | | | | | | | | | | | | | | | | | | | | | | | | | | | | | | | | | | | |
| | | | | | | | | | | | | | | | | | | | | | | | | | | | | | | | | | | | | | | | | | |
| | | | | | | | | | | | | | | | | | | | | | | | | | | | | | | | | | | | | | | | | | |

## 二、账户的结构

账户的结构，是指在账户中如何记录经济业务所引起的各项会计要素的增减变动情况及结果，即增加记何方，减少记何方，余额在何方。账户不但要有明确的核算内容，而且要有一定的结构。

在实际工作中，账户的具体结构可以根据不同的需要设计出多种多样的格式，但其基本内容包括：①账户名称；②日期和摘要；③凭证号；④增加额、减少额及余额。其中，反映各个会计要素的增加额、减少额和余额的三个部分就形成了账户的基本结构。为了便于说明，通常将账户的基本结构简化为T型账户，其格式见表2-9。

表2-9 账户的简化格式

| 借方 | 账户名称 | 贷方 |
|---|---|---|
| | | |

在借贷记账法下，由于账户的左方固定为借方，右方固定为贷方，所以，T型账户不标“借方”和“贷方”，也能明确表示出借贷方，见表2-10。

表2-10 借贷记账法下的账户简化格式

| 借方 | 库存现金 | 贷方 |
|---|---|---|
| | | |

账户中记录四种核算指标，即期初余额、本期增加发生额、本期减少发生额和期末余额。其关系式如下：

期末余额 = 期初余额 + 本期增加发生额 - 本期减少发生额

余额的关系式如下：

上期期末余额 = 本期期初余额

### 三、会计科目和账户之间的关系

会计科目与账户之间既有共同点，又有区别。

会计科目和账户的共同点是：会计科目和账户都是按照相同的经济内容来设置的，账户是根据会计科目开设的，会计科目的名称就是账户的名称。会计科目规定的核算内容就是账户应记录和反映的经济内容。在实际工作中，会计人员往往把会计科目和账户不加区别地互相通用。

会计科目和账户的区别是：会计科目是按经济内容对会计要素所做的分类；账户则是在会计科目所做分类的基础上，对经济业务内容进行全面、连续、系统记录的工具。因此，会计科目只是个名称，只能表明某项经济内容，不存在结构问题。而账户必须具备一定的结构，以便记录和反映某项经济内容的增减变动及其结果。

## 项目测试

姓名________　学号________　成绩________

一、单项选择题

1.某项经济业务的发生引起资产的减少，则可能引起（　　）。

A.负债增加　B.所有者权益增加　C.收入增加　D.费用增加

2.某公司2019年年初资产总额为5 000 000元，负债总额为2 000 000元，当年接受投资者投资500 000元，从银行借款1 000 000元。该公司2019年年末所有者权益应为（　　）元。

A.2 500 000　B.1 500 000　C.3 500 000　D.5 000 000

3.收入、费用和利润三要素是企业资金运动的（　　）。

A.静态表现　B.动态表现　C.综合表现　D.以上均正确

4.复式记账的理论基础以及编制资产负债表的理论依据是（　　）。

A.会计科目　B.账户

C.资产 = 负债 + 所有者权益　D.收入 - 费用 = 利润

5.关于利润，下列说法不正确的是（　　）。

A.利润是指企业在一定会计期间的经营成果

B.企业实现了利润，表明企业的所有者权益将增加

C.利润是评价企业管理层业绩的指标之一

D.企业发生了亏损，所有者权益不一定是减少的

6.下列各项会引起企业收入增加的是（　　）。

A.销售原材料　B.出售专利技术　C.出售无形资产　D.取得银行长期贷款

7.会计计量属性反映的是（　　）。

A.资产金额的确定基础　　B.负债金额的确定基础

C.收入金额的确定基础　　D.会计要素金额的确定基础

8.下列各项不属于期间费用的是（　　）。

A.管理费用　B.制造费用　C.销售费用　D.财务费用

9.资产、负债、所有者权益三要素是企业资金运动的（　　）。

A.静态表现　B.动态表现　C.综合表现　D.以上均正确

10.负债是指企业过去的交易或者事项形成的，预期会导致经济利益流出企业的（　　）。

A.现时义务　B.潜在义务　C.过去义务　D.未来义务

11.下列各项属于所有者权益的是（　　）。

A.长期股权投资　B.应付股利　C.盈余公积　D.投资收益

12.下列各项不属于流动资产的是（　　）。

A.货币资金　B.交易性金融资产　C.存货　D.固定资产

13.某企业6月初的资产总额为15万元，负债总额为5万元。6月份发生下列业务：取得收入共计6万元，发生费用共计4万元，则6月底该企业的所有者权益总额为（　　）万元。

A.12　B.17　C.16　D.10

14.企业所有者权益在数量上等于（　　）。

A.企业流动负债减去长期负债后的差额

B.企业流动资产减去流动负债后的差额

C.企业全部资产减去全部负债后的差额

D.企业长期负债减去流动负债后的差额

15.银行将短期借款转为对本公司的投资，这项经济业务将引起本公司（　　）。

A.资产减少，所有者权益增加　　B.负债增加，所有者权益减少

C.负债减少，所有者权益增加　　D.负债减少，资产增加

16.资产按照现在购买相同或者相似资产所需支付的现金或者现金等价物的金额计量的会计计量属性是（　　）。

A.历史成本　B.重置成本　C.公允价值　D.现值

17.下列各项不属于企业非流动资产的是（　　）。

A.交易性金融资产　　B.固定资产

C.长期股权投资　　D.无形资产

18.具有一定的格式和结构，用于分类反映会计要素增减变动情况及其结果的载体是（　　）。

A.账户　B.会计科目　C.账簿　D.财务报表

19.下列关于账户和会计科目的表述中，错误的是（　　）。

A.账户是会计科目的名称，会计科目是账户的具体应用

B.两者之间的区别在于账户具有一定的格式和结构

C.实际工作中，对账户和会计科目不加严格区别，而是互相通用

D.账户能反映会计要素增减变化的情况及其结果，而会计科目不能

20.下列各项属于反映费用的科目是（　　）。

A.制造费用　B.长期待摊费用　C.销售费用　D.应交税费

二、多项选择题

1. 下列关于会计要素变动的表述中，正确的有（　　）。

A. 资产增加，费用增加　　B. 费用增加，负债减少

C. 费用增加，负债增加　　D. 费用增加，资产减少

2. 下列各项属于会计等式的有（　　）。

A. 资产 = 权益　　B. 资产 = 负债 + 所有者权益

C. 收入 - 费用 = 利润　　D. 资产 + 所有者权益 = 负债

3. 下列各等式属于会计等式的有（　　）。

A. 本期借方发生额合计 = 本期贷方发生额合计

B. 本期借方余额合计 = 本期贷方余额合计

C. 资产 = 负债 + 所有者权益

D. 收入 - 费用 = 利润

4. 直接计入当期损益的利得和损失，是指（　　）的利得或损失。

A. 应当计入当期损益　　B. 最终会引起所有者权益发生增减变动

C. 与所有者投入资本无关　　D. 与向所有者分配利润无关

5. 下列各项表述正确的有（　　）。

A. 资产与权益同时增加，总额增加　　B. 资产与负债一增一减，总额不变

C. 资产内部同时减少，总额减少　　D. 权益内部的一增一减，总额不变

6. 下列关于重置成本的表述中，正确的有（　　）。

A. 重置成本是指按照当前市场条件，重新取得同样一项资产所需支付的现金或现金等价物金额

B. 在按重置成本计量时，资产按照现在购买相同或者相似资产所需支付的现金或者现金等价物的金额计量

C. 在按重置成本计量时，负债按照现在偿付该项债务所需支付的现金或者现金等价物的金额计量

D. 在按重置成本计量时，资产按照购置时所付出的对价的公允价值计量

7. 下列关于收入的表述中，正确的有（　　）。

A. 可能带来资产的增加　　B. 可能使负债减少

C. 一定会导致所有者权益增加　　D. 可能会引起费用的减少

8. 期间费用是指企业在日常活动中发生的，应当计入当期损益的费用，包括（　　）。

A. 管理费用　　B. 销售费用　　C. 财务费用　　D. 制造费用

9. 下列各项属于流动资产的有（　　）。

A. 原材料　　B. 库存商品　　C. 预付账款　　D. 债权投资

10. 下列各项属于所有者投入的资本的有（　　）。

A. 企业拥有的固定资产　　B. 资本溢价

C. 盈余公积　　D. 实收资本

11. 下列各项属于流动负债的有（　　）。

A. 预收款项　　B. 预付款项　　C. 应交税费　　D. 应付职工薪酬

12. 下列各项属于会计要素的有（　　）。

A. 利润　　B. 利得　　C. 费用　　D. 损失

13. 下列各项属于费用要素特点的有（　　）。

A. 与向所有者分配利润无关　　B. 企业在日常活动中发生的经济利益的总流入

C. 经济利益的流出额能够可靠计量　　D. 会导致所有者权益减少

14. 下列关于负债的表述中，正确的有（　　）。

A. 负债预期会导致经济利益流出企业

B. 负债表现为债权人对企业净资产的索取权

C. 负债是企业过去的交易或事项形成的

D. 负债按流动性分类可分为流动负债和非流动负债

15. 账户进行分类的依据包括（　　）。

A. 根据其核算的经济内容

B. 根据提供信息的详细程度及其统驭关系

C. 根据会计科目流动性

D. 根据生产周期

三、判断题

1. 资产、负债与所有者权益的平衡关系式是企业资金运动处于相对静止状态下出现的，如果考虑收入、费用等动态要素，则资产与权益的平衡关系必然被破坏。（　　）

2. 如果资产要素不变，则必然发生负债和所有者权益一增一减的情况。（　　）

3. 收入减去费用后的金额如果为正数，则代表盈利，如果为负数，则代表亏损。（　　）

4. “资产=负债+所有者权益”是最基本的会计等式，是复式记账的理论基础，是试算平衡和编制会计报表的理论依据。（　　）

5. 企业承担了现实义务，但是导致企业经济利益流出的可能性很小，也应将其作为负债予以确认。（　　）

6. 如果根据编制财务报表时所取得的证据，判断与资源有关的经济利益很可能流入企业，那么就应当将其作为资产予以确认；反之，不能确认为资产。（　　）

7. 收入等于商品销售收入与提供劳务收入之和。（　　）

8. 损失即费用，计入损失即计入当期费用。（　　）

9. 利润包括收入减去费用后的净额、直接计入当期损益的利得和损失等。（　　）

10. 权益就是指所有者权益。（　　）

项目测试及答案

# 项目三
# 复式记账

# 项目三　复式记账

### ◇ 学习目标

1. 了解记账方法；
2. 理解复式记账法的原理；
3. 掌握借贷记账法的原理和账户结构，并能利用借贷记账法进行基本账务处理；
4. 能熟练应用借贷记账法的记账规则；
5. 理解借贷记账法的试算平衡原理及应用。

## 任务一　认知记账方法

### 一、记账方法

记账是会计核算的基本工作，记账方法是会计核算方法的一个重要组成部分。所谓记账方法，是指在账户中登记经济业务的方法。从历史上看，记账方法有单式记账法和复式记账法之分，复式记账法是由单式记账法发展而来的。

微课：认知记账方法

单式记账法是最早出现的一种记账方法。它是指对发生的每一项经济业务，一般只用一个账户做出单方面记录，而对与此相联系的另一方面不予反映的一种记账方法。采用这种方法，除了对有关人欠、欠人的现金收付业务要在两个或两个以上有关账户中登记外，对于其他经济业务，只在一个账户中登记或不予登记。单式记账法的账户设置不完整，没有形成完整的账户体系，也不便于检查账户是否正确，因此，这种方法已经在15世纪中叶被复式记账法取而代之。

复式记账法是在单式记账法的基础上发展而来的，其主要特点是：对每一个会计事项，都要以相等的金额，在相互联系的两个或两个以上的账户中进行全面登记。这种复式记账的要求是与资金运动规律密切相关的。每一项经济业务的发生都是资金运动的一个具体过程，这个过程有起点和终点两个方面，只有将这两个方面所表现的资金从何处来又到何处去进行双重记录，才能完整地反映出每一个具体的资金运动过程的来龙去脉。

复式记账法以会计等式“资产=负债+所有者权益”为理论依据，每一项经济业务的发生，都会引起会计要素各有关项目的增减变化，由于双重记录所登记的是同一资金运动的两个方面，其金额必然相等。会计等式是复式记账的基础，复式记账是会计等式不断实现新的平衡的保证。

### 二、复式记账法

在西方国家，历史上只有一种复式记账法，就是“借贷记账法”，所以一般不特别强调“借贷记账法”。在我国，曾先后出现过“借贷记账法”、“增减记账法”和“收付记账法”三种复式记账法。目前，我国采用“借贷记账法”。

复式记账法一般由记账符号、账户设置、记账规则和试算平衡四个相互联系的基本内容所组成。各种复式记账法之间的区别，主要表现在以下四个方面：

（一）记账符号

采用复式记账法，对所设立的账户都要规定记账方向。表示记账方向的记号，就是记账符号。记账符号是区分各种复式记账法的最重要的标志，如以“借”“贷”作为记账符号的复式记账法称为借贷记账法，以“增”“减”作为记账符号的复式记账法称为增减记账法，以“收”“付”作为记账符号的复式记账法称为收付记账法。

（二）账户设置

要进行复式记账，首先必须设置会计科目，然后根据会计科目开立账户，以便把发生的每项经济业务登记到相关的账户中去。然而，不同的复式记账法对账户设置的要求也不相同。

（三）记账规则

任何一种记账方法，都必须规定适用于登记各种类型经济业务的、科学的记账规则，要严格按照记账规则记账。不同的复式记账法有不同的记账规则。

（四）试算平衡

采用复式记账法要求每笔经济业务都要以相等的金额在两个或两个以上相互联系的账户中进行登记，这样就保证了会计记录的平衡关系，如果发生不平衡现象，就表明记账出现了差错。试算平衡可以用公式表示，通过公式对会计记录的结果进行试算，以检查会计记录的正确性。不同的复式记账法，所采用的试算平衡公式也不一样。

## 任务二　认知借贷记账法

### 一、借贷记账法

借贷记账法是以“借”和“贷”作为记账符号，在两个或两个以上相互联系的账户中，对每一项经济业务以相等的金额全面进行记录的一种复式记账法。

借贷记账法起源于13世纪的意大利，在清朝末期的光绪年间从日本传入中国。在各种复式记账法中借贷记账法的产生最早，也是当今世界各国应用最广泛、最科学的记账方法。目前，我国企事业单位的会计记账都采用借贷记账法。

### 二、借贷记账法主要内容

（一）记账符号

记账符号反映的是各种经济业务金额的增加和减少。

1.“借”和“贷”是抽象的记账符号

借贷记账法中的“借”和“贷”是记账符号，用以指明记账的增减方向、账户之间的对应关系和账户余额的性质等，其含义与这两个文字的字义及其在会计史上的最初含义无关，不可望文生义。“借”和“贷”是会计的专门术语，并已经成为通用的国际商业语言。

2.“借”和“贷”所表示的增减含义

“借”和“贷”作为记账符号，都具有增加和减少的双重含义。“借”和“贷”何时表示增加，何时表示减少，必须结合账户的具体性质才能准确说明（见表3-1）。

表3-1　“借”和“贷”所表示的增减含义

| 借方 | 账户类别 | 贷方 |
|---|---|---|
| + | 资　产 | − |
| + | 费　用 | − |
| − | 负　债 | + |
| − | 所有者权益 | + |
| − | 收　入 | + |

根据会计等式“资产+费用=负债+所有者权益+收入”可知，“借”和“贷”这两个记账符号对会计等式两边的会计要素规定了增减相反的含义。

（二）账户设置

在借贷记账法下，账户设置基本上可分为资产类（包括费用）和负债及所有者权益类（包括收入）两大类别。

1.资产类账户的结构（见表3-2）

表3-2　资产类账户的结构

| 借方　资产类账户 | 贷方 |
|---|---|
| 期初余额<br>本期增加额 | 本期减少额 |
| 本期借方发生额合计 | 本期贷方发生额合计 |
| 期末余额 | |

资产类账户的借方登记增加额，贷方登记减少额，余额一般在借方（账户余额一般在增加方，下同）。

资产类账户的期末余额公式为：

期末借方余额=期初借方余额+本期借方发生额−本期贷方发生额

2.负债及所有者权益类账户的结构（见表3-3）

表3-3　负债及所有者权益类账户的结构

| 借方　负债及所有者权益类账户 | 贷方 |
|---|---|
| 本期减少额 | 期初余额<br>本期增加额 |
| 本期借方发生额合计 | 本期贷方发生额合计 |
| | 期末余额 |

负债及所有者权益类账户的贷方登记增加额，借方登记减少额，余额一般在贷方。负债及所有者权益类账户的期末余额公式为：

期末贷方余额=期初贷方余额+本期贷方发生额−本期借方发生额

3.收入类和费用类账户的结构（见表3-4和表3-5）

表3-4　收入类账户的结构

| 借方　收入类账户 | 贷方 |
|---|---|
| 本期减少额<br>本期结转额 | 本期增加额 |
| 本期借方发生额合计 | 本期贷方发生额合计 |

表3-5　　费用类账户的结构

借方　　**费用类账户**　　贷方

| | |
|---|---|
| 本期增加额 | 本期减少额<br>本期结转额 |
| 本期借方发生额合计 | 本期贷方发生额合计 |

4.双重性质账户的结构

“借”“贷”记账符号对会计等式两边的会计要素规定了增减相反的含义，因此，可以设置既具有资产性质又具有负债性质的双重性质的账户。比如，“应收账款”和“预收账款”可以合并为一个账户，“应付账款”和“预付账款”也可以合并为一个账户。

双重性质账户的性质不是固定的，应根据账户余额的方向来判断。如果余额在借方，就是资产类账户，如果余额在贷方，就是负债类账户，双重性质账户的结构见表3-6。具有双重性质的账户只是少数，绝大多数账户的性质仍是固定的。

表3-6　　双重性质账户的结构

借方　　**应收账款**　　贷方

| | |
|---|---|
| 期初应收账款余额<br>应收账款增加额<br>预收账款减少额 | 期初预收账款余额<br>应收账款减少额<br>预收账款增加额 |
| 余额：应收未收，资产性质 | 余额：多收，相当于预收，负债性质 |

微课：借贷记账法的记账规则

### （三）记账规则

虽然会计事项错综复杂，千差万别，但从会计等式所表达的关系来归纳，只有四种类型，九种业务，如果将其中的增减变动用“借”“贷”符号表示就可以找出资金运动变化的规律，会计事项的类型见表3-7。

表3-7　　会计事项的类型

| 类型 | | 资产 | | = | 负债 | | + | 所有者权益 | |
|---|---|---|---|---|---|---|---|---|---|
| | | 借 | 贷 | | 借 | 贷 | | 借 | 贷 |
| 第一种类型 | （1） | 增加 | | | | 增加 | | | |
| | （2） | 增加 | | | | | | | 增加 |
| 第二种类型 | （3） | | 减少 | | 减少 | | | | |
| | （4） | | 减少 | | | | | 减少 | |
| 第三种类型 | （5） | 增加 | 减少 | | | | | | |
| 第四种类型 | （6） | | | | 减少 | 增加 | | | |
| | （7） | | | | | | | 减少 | 增加 |
| | （8） | | | | 减少 | | | | 增加 |
| | （9） | | | | | 增加 | | 减少 | |

由表3-7可以得出，借贷记账法的记账规则是“有借必有贷、借贷必相等”。这一规则的基本内容是：

（1）把业务发生的金额记入一个会计账户借方的同时，必然要记入另一个（或者几个）会计账户的贷方；反之，把业务发生的金额记入一个会计账户贷方的同时，必然要记入另一个（或者几个）会计账户的借方。

（2）记入会计账户借方的金额与记入贷方的金额必然相等。

**（四）试算平衡**

试算平衡是指在某时日（如会计期末），为了保证本期会计处理的正确性，依据会计等式或复式记账原理，对本期各账户的全部记录进行汇总试算以检验其正确性的一种专门方法。通过试算平衡，可以检查会计记录的正确性，并可查明出现不正确会计记录的原因，进行调整，从而为会计报表的编制提供准确的资料。

在借贷记账法下，根据复式记账的基本原理，试算平衡的方法主要有两种：本期发生额平衡法和余额平衡法。

1.本期发生额平衡法

本期发生额平衡法是指将全部账户的本期借方发生额和本期贷方发生额分别加总，利用“有借必有贷、借贷必相等”的记账规则来检验本期发生额账务处理正确性的一种试算平衡方法，其试算平衡公式如下：

全部账户本期借方发生额合计 = 全部账户本期贷方发生额合计

本期发生额平衡法的基本原理是在平时编制会计分录时，都是“有借必有贷，借贷必相等”，将其记入有关账户并经汇总后也必然是“借贷必相等”。本期发生额平衡法主要用来检查本期发生的经济业务在进行各种账务处理时的正确性。

2.余额平衡法

余额平衡法是指在会计期末将账户余额在借方的全部数额和在贷方的全部数额分别加总，利用“资产 = 负债 + 所有者权益”的平衡原理来检验会计处理正确性的一种试算平衡方法。其试算平衡公式如下：

全部账户的借方期末余额合计 = 全部账户的贷方期末余额合计

余额平衡法的基本原理是：在借贷记账法下，资产账户的期末余额在借方，负债和所有者权益账户的期末余额在贷方，由于存在“资产 = 负债 + 所有者权益”的平衡关系，所以全部账户的借方期末余额合计数应当等于全部账户的贷方期末余额合计数。余额平衡法主要是通过各种账户余额来检查、推断账务处理的正确性。

如果试算不平衡，说明账户的记录肯定有错；如果试算平衡，说明账户的记录基本正确，但不一定完全正确。这是因为有些错误并不影响借贷双方的平衡，如某项经济业务在有关账户中被重记漏记或记错了账户等错误，并不能通过试算平衡来发现，但其仍是检查账户记录是否正确的一种有效方法。

## 任务三　应用借贷记账法

### 一、运用借贷记账规则的基本程序

第一步，正确分析经济业务对哪些会计要素的增减变化具有影响。

第二步，正确分析经济业务对各会计要素的哪些具体项目（即会计科目）增减变化具有影响。

第三步，正确使用这些会计科目对应的会计账户，并分析在哪些会计账户中记录增加金额，在哪些账户中记录减少金额。

第四步，正确分析这些会计账户的性质（类别）和结构，分析增加金额记在哪个账户的借方（或者贷方），同时将减少的金额记在哪个账户的贷方（或者借方），然后进行记账。下面举例阐述借贷记账法的运用。

【例3-1】有诚公司2020年3月31日的资产负债表（简表）见表3-8。

表3-8 资产负债表（简表）

2020年3月31日 单位：元

| 资产 | 金额 | 负债和所有者权益 | 金额 |
|---|---|---|---|
| 库存现金 | 600 000 | 短期借款 | 500 000 |
| 银行存款 | 1 000 000 | 应付账款 | 400 000 |
| 应收账款 | 800 000 | 应交税费 | 200 000 |
| 原材料 | 900 000 | 长期借款 | 1 100 000 |
| 库存商品 | 1 600 000 | 负债合计 | 2 200 000 |
| 固定资产 | 2 100 000 | 实收资本 | 4 000 000 |
| 无形资产 | 4 000 000 | 资本公积 | 1 600 000 |
| | | 盈余公积 | 3 200 000 |
| | | 所有者权益合计 | 8 800 000 |
| 资产总计 | 11 000 000 | 负债和所有者权益总计 | 11 000 000 |

有诚公司2020年4月份发生以下经济业务：

（1）1日，收到M公司归还的前欠货款800 000元，存入银行。

分析：本业务使银行存款增加，同时使应收账款减少，因此应将增加的800 000元银行存款记入“银行存款”账户的借方，同时应将减少的800 000元应收账款记入“应收账款”账户的贷方（如图3-1所示）。

| 借方 | 应收账款 | 贷方 |
|---|---|---|
| | （1） | 800 000 |

| 借方 | 银行存款 | 贷方 |
|---|---|---|
| （1） | 800 000 | |

图3-1 经济业务（1）

（2）2日，购买原材料1 000 000元，其中800 000元用银行存款支付，另外200 000元根据合同在以后支付。

分析：本业务使原材料增加，同时使银行存款减少和应付账款增加，因此，应将增加的1 000 000元原材料记入“原材料”账户的借方，同时应将减少的800 000元银行存款记入“银行存款”账户的贷方并将增加的200 000元应付账款记入“应付账款”账户的贷方（如图3-2所示）。

| 借方 | 银行存款 | 贷方 |
|---|---|---|
| | （2） | 800 000 |

| 借方 | 原材料 | 贷方 |
|---|---|---|
| （2） | 1 000 000 | |

| 借方 | 应付账款 | 贷方 |
|---|---|---|
| | （2） | 200 000 |

图3-2 经济业务（2）

（3）5日，用银行存款支付上月应交税费100 000元。

分析：本业务使银行存款减少，同时使应交税费减少，因此，应将减少的100 000元记入“应交税费”账户的借方，同时应将减少的银行存款记入“银行存款”账户的贷方（如图3-3所示）。

| 借方 | 银行存款 | 贷方 |
| --- | --- | --- |
| | (3) | 100 000 |

| 借方 | 应交税费 | 贷方 |
| --- | --- | --- |
| (3) | 100 000 | |

图3-3　经济业务（3）

（4）8日，生产部门领用原材料1 500 000元用于生产A产品。

分析：本业务使原材料减少，同时使生产成本增加，因此应将增加的1 500 000元记入“生产成本”账户的借方，同时应将减少的1 500 000元记入“原材料”账户的贷方（如图3-4所示）。

| 借方 | 原材料 | 贷方 |
| --- | --- | --- |
| | (4) | 1 500 000 |

| 借方 | 生产成本 | 贷方 |
| --- | --- | --- |
| (4) | 1 500 000 | |

图3-4　经济业务（4）

（5）10日，销售A产品1 500 000元，收到货款并存入银行。

分析：本业务使银行存款增加，同时使主营业务收入增加，因此应将增加的1 500 000元银行存款记入“银行存款”账户的借方，同时应将增加的1 500 000元收入记入“主营业务收入”账户的贷方（如图3-5所示）。

| 借方 | 主营业务收入 | 贷方 |
| --- | --- | --- |
| | (5) | 1 500 000 |

| 借方 | 银行存款 | 贷方 |
| --- | --- | --- |
| (5) | 1 500 000 | |

图3-5　经济业务（5）

（6）15日，用银行存款支付上月前欠货款500 000元。

分析：本业务使银行存款减少，同时使应付账款减少，因此应将减少的500 000元应付账款记入“应付账款”账户的借方，同时应将减少的500 000元银行存款记入“银行存款”账户的贷方（如图3-6所示）。

| 借方 | 银行存款 | 贷方 |
| --- | --- | --- |
| | (6) | 500 000 |

| 借方 | 应付账款 | 贷方 |
| --- | --- | --- |
| (6) | 500 000 | |

图3-6　经济业务（6）

（7）20日，用银行存款支付水电费用400 000元，其中300 000元属于生产A产品的车间耗用，100 000元属于公司管理部门耗用。

分析：本业务使银行存款减少，同时使制造费用和管理费用增加，因此，应将增加的300 000元制造费用记入“制造费用”账户的借方，增加的100 000元管理费用记入“管理费用”账户的借方，同时将减少的400 000元银行存款记入“银行存款”账户的贷方（如图3-7所示）。

| 借方 | 银行存款 | 贷方 |
| --- | --- | --- |
| | (7) | 400 000 |

| 借方 | 制造费用 | 贷方 |
| --- | --- | --- |
| (7) | 300 000 | |

| 借方 | 管理费用 | 贷方 |
| --- | --- | --- |
| (7) | 100 000 | |

图3-7　经济业务（7）

（8）25日，用资本公积500 000元转增资本。

分析：本业务使资本公积减少，同时使实收资本增加，因此应将减少的500 000元资本公积记入“资本公积”账户的借方，同时应将增加的500 000元实收资本记入“实收资本”账户的贷方（如图3-8所示）。

| 借方 | 实收资本 | 贷方 | 借方 | 资本公积 | 贷方 |
|---|---|---|---|---|---|
| | （8） | 500 000 | （8） | 500 000 | |

图3-8 经济业务（8）

（9）30日，结转本月已经销售的A产品的成本1 100 000元。

分析：本业务使库存商品减少，同时使主营业务成本增加，应将减少的1 100 000元库存商品记入“库存商品”账户的贷方，同时应将增加的1 100 000元成本记入“主营业务成本”账户的贷方（如图3-9所示）。

| 借方 | 库存商品 | 贷方 | 借方 | 主营业务成本 | 贷方 |
|---|---|---|---|---|---|
| | （9） | 1 100 000 | （9） | 1 100 000 | |

图3-9 经济业务（9）

## 二、会计分录

微课：会计分录

为了保证账户记录的正确性，对每一项经济业务，在记入有关账户之前，应先根据经济业务发生时取得或者填制的原始凭证编制会计分录。会计分录是指对每一项经济业务，按照借贷记账法的记账规则，分别表明应记账户的名称、记账方向（借或者贷）及其金额的一种会计记录。会计分录实际上是会计记账凭证的简化格式。现根据【例3-1】的资料，用借贷记账法编制会计分录。

【例3-2】根据有诚公司2020年4月份发生的经济业务和分析，可以将每一笔经济业务的会计分录编制如下：

（1）1日，收到M公司归还的前欠货款800 000元，存入银行。

| | 借方 | 贷方 |
|---|---|---|
| 借：银行存款 | 800 000 | |
| 贷：应收账款 | | 800 000 |

（2）2日，购买原材料1 000 000元。其中800 000元用银行存款支付，另外200 000元根据合同在以后支付。

| | 借方 | 贷方 |
|---|---|---|
| 借：原材料 | 1 000 000 | |
| 贷：银行存款 | | 800 000 |
| 应付账款 | | 200 000 |

（3）5日，用银行存款支付上月应交税费100 000元。

| | 借方 | 贷方 |
|---|---|---|
| 借：应交税费 | 100 000 | |
| 贷：银行存款 | | 100 000 |

（4）8日，生产部门领用原材料1 500 000元用于生产A产品。

| | 借方 | 贷方 |
|---|---|---|
| 借：生产成本 | 1 500 000 | |
| 贷：原材料 | | 1 500 000 |

（5）10日，销售A产品1 500 000元，收到货款并存入银行。

借：银行存款　　1 500 000

　　贷：主营业务收入　　1 500 000

（6）15日，用银行存款支付上月前欠货款500 000元。

借：应付账款　　500 000

　　贷：银行存款　　500 000

（7）20日，用银行存款支付水电费用400 000元，其中300 000元属于生产A产品的车间耗用，100 000元属于公司管理部门耗用。

借：制造费用　　300 000

　　管理费用　　100 000

　　贷：银行存款　　400 000

（8）25日，用资本公积500 000元转增资本。

借：资本公积　　500 000

　　贷：实收资本　　500 000

（9）30日，结转本月已经销售的A产品的成本1 100 000元。

借：主营业务成本　　1 100 000

　　贷：库存商品　　1 100 000

会计分录有简单分录和复合分录之分。简单会计分录是指由一个账户的借方与另一个账户的贷方相对应组成的会计分录，或者说是只涉及两个账户的会计分录。复合会计分录是指由一个账户的借方（或者贷方）与另几个账户的贷方（或者借方）相对应组成的会计分录。一般来说，大部分的复合会计分录都是由几个简单的会计分录合并而成的。因此，上述第（2）笔业务复合会计分录可以分解为两个简单的会计分录。

借：原材料　　800 000

　　贷：银行存款　　800 000

借：原材料　　200 000

　　贷：应付账款　　200 000

运用复式记账法处理经济业务，一笔业务所涉及的几个账户之间必然存在着某种相互依存的对应关系，这种关系称为账户的对应关系。存在着对应关系的账户称为对应账户。在借贷记账法下，这种账户对应关系表现为经济业务发生后两个或者两个以上会计账户之间的应借、应贷关系。账户对应关系可以如实反映经济业务的真实情况，并可以为检查会计处理和会计记录的正确性、合法性提供依据。例如，用银行存款购买原材料，此业务将使“银行存款”账户减少和“原材料”账户增加，并需要在这两个账户中进行记录，此时，应借的“原材料”账户和应贷的“银行存款”账户两者之间具有相互对应关系。借贷记账法下会计分录账户对应关系主要表现为以下几个方面：

（1）一个借方账户与一个贷方账户相互对应称为“一借一贷”对应关系，这也是会计分录中最为常见的账户对应关系。

（2）一个借方账户与多个贷方账户相互对应，称为“一借多贷”对应关系。

（3）多个借方账户与一个贷方账户相互对应，称为“多借一贷”对应关系。

（4）多个借方账户与多个贷方账户相互对应，称为“多借多贷”对应关系。这种对应关系总体上借方和贷方的金额相同，但是对其中的一个贷方或者借方账户而言，难以明确它所对应的会计科目到底是对方科目群中的哪一个，即一个会计账户与另一个会计账户之间对应关系模糊，因此，在实际工作中一般不编制这种对应关系的会计分录。

## 项目测试

姓名________ 学号________ 成绩________

一、单项选择题

1. 下列各项中，是复式记账的理论基础，也是设置账户、试算平衡和编制资产负债表的理论依据的是（ ）。

A. 会计科目　　B. 账户

C. 资产 = 负债 + 所有者权益　　D. 收入 - 费用 = 利润

2. 对于所有者权益类账户而言（ ）。

A. 增加记借方　B. 增加记贷方　C. 减少记贷方　D. 期末无余额

3. 下列账户中，期末结转后无余额的账户是（ ）。

A. 实收资本　B. 应付账款　C. 固定资产　D. 管理费用

4. 借贷记账法下的“借”表示（ ）。

A. 费用增加　B. 负债增加　C. 所有者权益增加　D. 收入增加

5. 在借贷记账法中编制会计分录应该编制的会计分录为（ ）。

A. 一借一贷　B. 一借多贷　C. 多借一贷　D. 以上均可

6. 对于负债类会计科目而言（ ）。

A. 增加记借方　B. 增加记贷方　C. 减少记贷方　D. 期末无余额

7. 下列关于单式记账法说法不正确的是（ ）。

A. 单式记账法是一种比较简单，不完整的记账方法

B. 在单式记账法下，科目之间没有直接联系和相互平衡关系

C. 单式记账法可以全面、系统地反映各项会计要素的增减变动和经济业务的来龙去脉

D. 这种方法适用于业务简单或很单一的经济个体和家庭

8. 收入类会计科目期末应（ ）。

A. 没有余额　B. 为借方余额　C. 为贷方余额　D. 借贷方均有余额

9. 符合资产类账户记账规则的是（ ）。

A. 增加额记借方　B. 增加额记贷方　C. 减少额记借方　D. 期末无余额

10. 在借贷记账法下，科目的贷方用来登记（ ）。

A. 大部分收入类科目的减少　　B. 大部分所有者权益类科目的增加

C. 大部分负债类科目的减少　　D. 大部分成本类科目的增加

11. 借贷记账法下分别以“借”“贷”两个记账符号表示各会计要素的增加或减少，至于“借”表示增加还是“贷”表示增加，则取决于（ ）。

A. 账户的格式　　B. 账户的名称

C. 账户的用途　　D. 账户反映的经济内容

12.借贷记账法的记账规则是（　　）。

A.资产=负债+所有者权益　　B.以“借”“贷”为记账符号

C.借方记增加，贷方记减少　　D.有借必有贷，借贷必相等

13.下列会计科目中，如月末有余额，一般在贷方的是（　　）。

A.银行存款　　B.长期借款　　C.生产成本　　D.应收利息

14.企业计算应交所得税时，正确的会计分录是（　　）。

A.借：本年利润
　　贷：所得税费用

B.借：管理费用
　　贷：所得税费用

C.借：所得税费用
　　贷：银行存款

D.借：所得税费用
　　贷：应交税费——应交所得税

15.企业购入原材料10 000元，已开出支票支付6 000元，另4 000元暂欠。下列会计分录正确的是（　　）。

A.借：原材料　10 000
　　贷：银行存款　10 000

B.借：原材料　10 000
　　贷：应付账款　10 000

C.借：原材料　10 000
　　贷：银行存款　6 000
　　　　应付账款　4 000

D.借：原材料　10 000
　　贷：应付票据　6 000
　　　　应付账款　4 000

16.某企业资产总额为100万元，发生以下三笔经济业务：向银行借款20万元存入银行；用银行存款偿还欠款5万元；收回应收账款4万元存入银行。现其资产总额为（　　）。

A.115万元　　B.119万元　　C.111万元　　D.71万元

17.会计分录必须具备（　　）。

A.摘要、凭证号、金额　　B.会计科目名称、记账符号、金额

C.借方、贷方、金额　　D.总分类账户、明细分类账户、金额

18.“应收账款”账户的期末余额等于（　　）。

A.期初余额＋本期借方发生额－本期贷方发生额

B.期初余额－本期借方发生额－本期贷方发生额

C.期初余额＋本期借方发生额＋本期贷方发生额

D.期初余额－本期借方发生额＋本期贷方发生额

19.某企业月初有短期借款40万元，本月向银行借入短期借款45万元，以银行存款偿还短期借款20万元，则月末“短期借款”账户的余额为（　　）。

A.借方65万元　　B.贷方65万元　　C.借方15万元　　D.贷方15万元

20.购进材料未付款时，这笔未结算的款项作为一项（　　）加以确认。

A.资产　　B.负债　　C.费用　　D.收入

二、多项选择题

1.下列有关借贷记账法的说法中，正确的有（　　）。

A.采用“借”“贷”为记账符号

B.以“资产＝负债＋所有者权益”这一会计等式作为理论依据

C.记账规则是“有借必有贷，借贷必相等”

D.是我国会计核算的法定记账方法

2.从银行借入长期借款5 000元，用于归还前欠货款，正确的说法有（　　）。

A.借记“银行存款”5 000元　　B.贷记“长期借款”5 000元

C.借记“应付账款”5 000元　　D.贷记“应付账款”5 000元

3.下列有关复式记账法的表述中，正确的有（　　）。

A.复式记账法一般应在两个或两个以上会计科目中登记，但有时也在一个会计科目中登记

B.复式记账法能如实反映资金运动的来龙去脉

C.复式记账法便于检查会计账户的记录是否正确

D.我国所有企事业单位都必须统一采用复式记账法中的借贷记账法进行会计核算

4.与单式记账法相比，复式记账法的优点有（　　）。

A.有一套完整的账户体系

B.可以清楚地反映经济业务的来龙去脉

C.可以对记录的结果进行试算平衡，以检查账户记录是否正确

D.记账手续简单

5.下列各项中，符合借贷记账法记账规则的有（　　）。

A.资产类账户增加记贷方，减少记借方

B.负债类账户增加记贷方，减少记借方

C.收入类账户增加记贷方，减少记借方

D.费用类账户增加记贷方，减少记借方

6.借贷记账法的特点有（　　）。

A.“借”表示增加，“贷”表示减少

B.以“借”“贷”为记账符号

C.可根据借贷平衡原理进行试算平衡

D.以“有借必有贷，借贷必相等”作为记账规则

7.在产品销售业务的核算中，期末结转后，下列账户应无余额的有（　　）。

A.主营业务收入　B.主营业务成本　C.销售费用　D.应交税费

8.期末损益类账户结转时，下列选项中“本年利润”贷方的对应科目有（　　）。

A.主营业务成本　B.税金及附加　C.主营业务收入　D.其他业务收入

9.会计分录的基本要素包括（　　）。

A.记账符号　B.记账时间　C.记账金额　D.账户名称

10.下列会计分录属于复合会计分录的有（　　）。

A.一借一贷　B.一借多贷　C.一贷多借　D.多借多贷

11.某项经济业务发生后，一个资产账户记借方，则可能（　　）。

A.另一个资产账户记贷方　　B.另一个负债账户记贷方

C.另一个所有者权益账户记贷方　　D.另一个资产账户记借方

12.下列账户中期末余额在贷方的有（　　）。

A.预收账款　B.应收账款　C.应付账款　D.累计折旧

13.下列各项对于费用类会计科目的说法正确的有（　　）。

A.费用的增加额记入账户的借方　　B.如有期末余额，必定为贷方余额
C.期末没有余额　　D.如有期末余额，必定为借方余额

14.在借贷记账法下，下列关于“生产成本”账户结构的描述中，错误的有（　　）。
A.贷方登记增加额　　B.借方登记减少额
C.期末余额一般在借方　　D.可能没有期末余额

15.下列账户内部关系中，正确的有（　　）。
A.资产类账户期末余额 = 期初余额 + 本期贷方发生额 - 本期借方发生额
B.资产类账户借方发生额合计大于、等于、小于贷方发生额合计都有可能出现
C.权益类账户期末余额 = 期初余额 + 本期借方发生额 - 本期贷方发生额
D.权益类账户期末余额 = 期初余额 + 本期贷方发生额 - 本期借方发生额

三、判断题

1.“资产 = 负债 + 所有者权益”体现了企业资金运动过程中某一特定时期的资产分布和权益构成。（　　）

2.负债类账户登记借方金额，表示该账户金额的增加，登记贷方金额，表示该账户金额的减少。（　　）

3.对每一个账户来说，期初余额只可能在账户的一方，借方或贷方。（　　）

4.一个复合分录可以分解为几个简单分录。（　　）

5.复式记账法是以资产与权益平衡关系作为记账基础，对于每一笔经济业务，都要在两个或两个以上的会计科目中进行登记，系统地反映资金运动变化结果的一种记账方法。（　　）

6.运用单式记账法记录经济业务，可以反映每项经济业务的来龙去脉，可以检查每笔业务是否合理、合法。（　　）

7.企业只能编制一借一贷、一借多贷、多借一贷的会计分录，而不能编制多借多贷的会计分录。（　　）

8.损益类账户的期末余额 = 期初余额 + 本期贷方发生额 - 本期借方发生额。（　　）

9.在会计处理中，企业可以将不同类型的交易或事项合并编制多借多贷的会计分录。（　　）

10.费用（成本）类账户结构与资产类账户结构相同，收入类账户结构与权益类账户结构相同。（　　）

四、业务题

有诚公司2020年9月份发生如下经济业务，请编制会计科目（假设以下业务不考虑增值税）。

（1）9月1日，收到A公司投入资金60 000元，存入银行。

（2）9月3日，用银行存款21 000元购买一批商品。

（3）9月5日，从B公司购入一台设备，价值36 000元。合同规定15 000元用现金支付，其余21 000元要在90天内全部付清。

（4）9月10日，销售商品收到货款6 000元，存入银行。

（5）9月14日，从C公司购进一台办公设备，价值5 400元，货款尚未支付。

（6）9月20日，收到D公司还来的销售款1 500元，货款收到存入银行。

（7）9月23日，以银行存款5 400元，支付C公司账款。

（8）9月27日，以现金支付产品的推销费3 600元。

（9）9月30日，采购材料30 000元。其中20 000元已用银行存款支付，尚欠E公司10 000元。

项目测试及答案

# 项目四
# 核算会计业务

# 项目四　核算会计业务

## ◇ 学习目标

1. 了解工业企业的会计核算过程；

2. 掌握各项经济业务的具体内容和管理要求，相应地设置不同的账户；

3. 能运用借贷记账法，对各项经济业务的发生进行账务处理，以提供管理上所需要的各种会计信息。

# 任务一　认识制造业企业

制造业企业是从事产品生产经营活动的经济实体，其主要任务是为社会提供合格产品，满足各方面需要。为了独立地进行生产经营活动，每个企业都必须拥有一定数量的经营资金，作为从事生产经营活动的物质基础。这些资金都是从一定的渠道取得的，并在经营活动中被具体运用，表现为不同的占用形态。

微课：制造业企业业务流程

企业从各种渠道筹集的资金，首先表现为货币资金形态。企业以货币资金建造或购买厂房、机器设备和各种材料物资，为进行产品生产提供必要的生产资料，在这个过程中，资金从货币资金形态转化为固定资金形态和储备资金形态。

在生产过程中，劳动者借助于劳动资料加工劳动对象，制造出各种符合社会需要的产品。在生产过程中，发生的各种材料消耗、固定资产折旧费、职工薪酬以及其他费用等形成生产费用。生产费用具有不同的经济内容和用途，但最终都要分配和归集到各种产品中去，形成产品的制造成本。在这个过程中，资金从固定资金、储备资金和货币资金形态转化为生产资金形态，随着产品的制成和验收入库，资金又从生产资金形态转化为成品资金形态。

在销售过程中，企业将产品销售出去，收回货币资金，同时要发生销售费用，计算并缴纳有关税费，与产品的购买单位发生货款结算关系等。在这个过程中，资金从成品资金形态转化为货币资金形态。为了及时反映企业在一定时期内的经营成果，企业必须定期计算其所实现的利润或发生的亏损，如为利润，应按照国家有关规定计算并缴纳企业所得税、提取留存等，一部分资金退出企业，另一部分资金重新投入生产周转；如为亏损，还要进行弥补。在上述企业生产经营活动中，资金的筹集和资金的回收或退出企业，与供应过程、生产过程和销售过程首尾相接，构成了企业的主要经济业务。随着企业生产经营活动的进行，资金的占用形态不断转化，周而复始形成资金的循环与周转。

为了连续、系统、全面地反映和监督由上述企业主要经济业务所形成的生产经营活动过程和结果，也就是企业再生产过程中的资金运动，企业必须根据各项经济业务的具体内容和管理要求，相应地设置不同的账户，并运用借贷记账法，对各项经济业务的发生进行账务处理，以提供管理上所需要的各种会计信息。

# 任务二　核算资金筹集业务

## 一、筹资业务核算的内容

微课：接受投资业务处理

资金筹集业务是指企业为了满足用资的需要，筹措、集中资金而发生的业务活动。它是企业生产经营的必要条件。任何企业都可以从两个方面筹资并形成两种性质的资金来源：一是权益资金，它是企业通过向投资者吸收直接投资、发行股票、企业内部留存收益等方式取得的，其投资者包括国家法人和个人等；二是债务资金，它是企业通过向银行借款、发行债券、商业信用等方式取得的。

知识链接：权益资金

我国法律规定，设立企业必须要有法定的资本。资本是由投资者认缴并经工商行政管理部门核准注册的资本总额。投资者对企业投资后，即对企业的资产、资产经营的结果、资产经营的权利等享有一种权益，形成所有者权益。投资者对企业的投资，可以是货币、实物、无形资产等形式。投资者向企业投入的资本，在一般情况下无须偿还，可依法转让；企业对实际收到的资本金，依法享有经营权。因各种原因使企业投资者的出资额超过注册资本的差额，形成企业的资本公积（资本溢价）。

对所有者投资的核算应包括两方面内容：一是揭示投入资本的形式和来源，即反映所有者对企业的实际投资的形式和金额；二是反映投资后所有者享有的权益，包括实收资本和资本公积。

知识链接：债务资金

债务资金筹集是指企业通过发行债券、向银行借款等方式筹集资金，即企业吸收债权人投资。债权人投资的形式主要是货币资金；债权人投资后拥有要求企业按照规定的期限、规定的利率偿还本金和利息的权利。对企业主体而言，这部分资金则形成了企业的负债。按照债务资金的内容和偿还期限的长短，它又包括短期借款、交易性金融负债、长期借款、长期债券等。

## 二、筹资业务核算的账户设置

筹资业务核算的内容决定了应设置两类账户：一类账户反映权益资金筹集业务；另一类账户反映借入资金筹集业务。

### （一）反映权益资金筹集业务的账户

为了总括地核算和监督所有者投入的资金及其变动情况，根据所有者投资业务的内容，企业在会计核算中应当设置以下几个账户：

1.“库存现金”账户

它属于资产类账户，用来核算企业的库存现金。该账户借方登记库存现金的收入数；贷方登记库存现金的支出数；期末借方余额反映企业实际持有的库存现金数。

2.“银行存款”账户

它属于资产类账户，用来核算企业存入银行或者其他金融机构的各种款项。该账户借方登记存款的存入（增加）数；贷方登记存款的支取（减少）数；期末借方余额反映企业存放在银行的存款实有数。

3.“固定资产”账户

它属于资产类账户，用来核算企业固定资产的原价。该账户借方登记企业固定资产增加的账面原价；贷方登记因出售报废、毁损而减少的固定资产的账面原价；期末借方余额反映企业期末固定资产的账面原价。该账户应按固定资产类别设置明细账，进行明细核算。

4.“无形资产”账户

它属于资产类账户，用来核算企业为生产商品、提供劳务、出租给他人或者为管理目的而持有的、没有实物形态的非货币性长期资产，包括专利权、非专利技术、商标权、著作权、土地使用权等。该账户借方登记企业购入或者自行创造并按法律程序申请取得和其他单位投资转入的无形资产原值；贷方登记对外投资或摊销的无形资产；期末借方余额，反映企业已入账但尚未摊销的无形资产的摊余价值。该账户应按无形资产类别设置明细账，进行明细核算。

5.“实收资本”账户

它属于所有者权益类账户，用来核算企业实际收到投资者投入的资本。该账户贷方登记企业收到投资者投入企业资本的实际数额；借方登记按规定程序减少注册资本的数额，在实际返还资本时入账；期末贷方余额反映企业实有的资本或者股本数额。该账户应按投资者设置明细账，进行明细核算。

6.“资本公积”账户

它属于所有者权益类账户，用来核算企业取得的资本公积。该账户贷方登记企业因资本溢价等原因而增加的资本公积数额；借方登记按法定程序转增注册资本等原因而减少的资本公积数额；期末贷方余额反映企业实有的资本公积数额。该账户应按资本公积形成的类别设置明细账，进行明细核算。

**（二）反映借入资金筹集业务的账户**

为了总括地核算和监督债权人投入的债务资金及其变动情况，根据债权人投资业务的内容，企业在会计核算中应当设置以下几个账户：

1.“短期借款”账户

它属于负债类账户，用来核算企业向银行或者其他金融机构等借入的期限在1年以下（含1年）的各种借款。该账户贷方登记借入资金的实际金额；借方登记偿还的实际金额；期末贷方余额反映企业尚未偿还的短期借款的本金。该账户应按债权人设置明细账并按借款种类进行明细核算。

2.“应付利息”账户

它属于负债类账户，用来核算企业按照合同约定应支付的利息，包括银行借款、企业债券应支付的利息。资产负债表日，根据计算确定的利息费用，借记“财务费用”等账户，贷记“应付利息”账户。实际支付利息时，借记“应付利息”账户，贷记“银行存款”等账户。

3.“长期借款”账户

它属于负债类账户，用来核算和反映企业长期借款的借入、应计利息和还本付息情况。该账户应按贷款单位和贷款种类分别“本金”和“利息调整”二级账户进行明细核算。长期借款的核算主要包括：

（1）借入长期借款时，应按实际收到的金额，借记“银行存款”账户，贷记“长期借款——本金”账户。如存在差额，还应借记或者贷记“长期借款——利息调整”账户。

（2）资产负债表日计息时，应按摊余成本和实际利率计算确定的长期借款的利息费用，借记“财务费用”等账户，按合同利率计算确定的应付未付利息，贷记“应付利息”账户，按其差额，贷记或者借记“长期借款——利息调整”账户。实际利率与合同利率差异较小的，也可以采用合同利率计算确定利息费用。

（3）归还长期借款本金时，借记“长期借款——本金”账户，贷记“银行存款”账户。同时，存在利息调整余额的，借记或者贷记“财务费用”等账户，贷记或者借记“长期借款——利息调整”账户。

4.“财务费用”账户

它属于损益类账户，用来核算企业为筹集生产经营所需资金等而发生的费用。该账户借方登记发生的财务费用额；贷方登记期末转入“本年利润”账户的财务费用额；结转后该账户无余额。该账户应按费用项目设置明细账，进行明细核算。

## 三、筹资业务的账务处理

【例4-1】2019年12月1日，有诚公司收到科钰公司投入的货币投资2 000 000元，款项存入银行。

分析：这项经济业务涉及“实收资本”和“银行存款”两个账户。一方面投资者投入资本，使所有者权益增加应记入“实收资本”账户的贷方；另一方面款项存入银行，使资产增加，应记入“银行存款”账户的借方。这项经济业务编制的会计分录如下：

| | | |
|---|---|---|
| 借：银行存款 | 2 000 000 | |
| 　　贷：实收资本——科钰公司 | | 2 000 000 |

【例4-2】2019年12月10日，有诚公司收到宏远公司投入的设备一台，双方协议确认价值为600 000元；材料一批，确认价值为500 000元；专有技术一项，确认价值为800 000元。

分析：这项经济业务涉及“实收资本”、“固定资产”、“原材料”和“无形资产”四个账户。一方面投资者投入资本，使所有者权益增加，应记入“实收资本”账户的贷方；另一方面企业收到设备、材料、专有技术，使资产增加，应按资产的确认价值分别记入“固定资产”“原材料”“无形资产”账户的借方。这项经济业务编制的会计分录如下：

| | | |
|---|---|---|
| 借：固定资产——设备 | 600 000 | |
| 　　原材料 | 500 000 | |
| 　　无形资产——专有技术 | 800 000 | |

贷：实收资本——宏远公司　　1 900 000

【例4-3】2019年12月1日，有诚公司接受新华集团公司追加的投资5 500 000元，款项存入银行。双方协议确认，新华集团公司按投资比例应享有的注册资本为5 000 000元，其余作资本溢价处理。

分析：这项经济业务涉及"实收资本""资本公积""银行存款"三个账户。一方面投资者追加投资，使所有者权益增加，应按新华集团公司享有的投资份额记入"实收资本"账户的贷方，而资本溢价部分应记入"资本公积"账户的贷方；另一方面款项存入银行，使资产增加，应记入"银行存款"账户的借方。这项经济业务编制的会计分录如下：

借：银行存款　　5 500 000

　　贷：实收资本——新华集团公司　　5 000 000

　　　　资本公积——资本溢价　　500 000

【例4-4】2019年12月1日，有诚公司向银行取得1 200 000元、年利率为6%、6个月后归还本息的生产周转借款。银行通知款项已划入存款账户。

分析：这项经济业务涉及"短期借款""银行存款"两个账户。一方面银行提供短期借款，使负债增加，应记入"短期借款"账户的贷方；另一方面款项转存银行，使资产增加，应记入"银行存款"账户的借方。这项经济业务编制的会计分录如下：

借：银行存款　　1 200 000

　　贷：短期借款　　1 200 000

【例4-5】2019年12月31日有诚公司对上述生产周转借款按月计提利息费用，计算本月应负担的利息支出数6 000元。

分析：这项经济业务涉及"应付利息""财务费用"两个账户。一方面应计入本月费用但尚未支付的利息，使负债增加，应记入"应付利息"账户的贷方；另一方面计提的利息应计入本月的财务费用，使费用增加，应记入"财务费用"账户的借方。这项经济业务编制的会计分录如下：

借：财务费用　　6 000

　　贷：应付利息　　6 000

## 任务三　核算供应过程业务

### 一、供应业务核算的内容

供应过程又称采购过程，是指从采购材料物资开始，直到材料物资验收入库为止的整个过程。它的主要任务是组织采购材料物资，正确储备，以保证生产经营的需要，供应过程业务核算包括以下两方面的内容。

#### （一）取得材料物资

计算取得在途物资的成本，并进行材料物资的验收入库，以备生产领用。企业一旦支付或承付了所购材料物资的款项，就取得了该项材料物资的所有权，可以将其作为一项资产加以确认。材料物资作为资产确认的同时，涉及材料物资的计量问题。在一般情况下，材料作为资产按实际成本计价，即按购进时的实际支出计价，包括从支付货款开始到材料验收入库为止的全部支出，通常称为材料物资的采购成本。

材料物资的采购成本由购货价格和采购费用所构成，具体包括：①购货价格（即购货发票所注明的价款）。②运输费、装卸费、保险费、包装费、仓储费等费用。③运输途中的合理损耗。④入库前的挑选整理费用。⑤按规定应计入成本的税金。⑥其他费用等。按现行税收制度规定，一般纳税人购货时所支付的价外增值税，不计入采购成本，而作为进项税额处理，在本期纳税时从销项税额中予以抵扣。

### （二）与供应单位款项结算

采购过程一方面是取得材料物资；另一方面是支付款项。由于结算方式的制约，在与供应单位结算时会出现以下三种情况：

1. 直接支付货款及采购费用

企业采用支票等结算方式或者直接支付库存现金时，可以在购进材料物资的同时支付货款、税金及采购费用。

2. 购进材料物资未付款

购进材料物资时，可按合同协议等规定暂不付款，待到规定的结算期满时再付款，形成企业的应付款项。企业应在购进材料物资时，按材料的货款、税金等应付款项确认负债的增加；支付应付款时，按实际支付的金额作为负债的减少。

3. 预付材料款

由于材料物资供应上的原因，企业可能先预付一部分材料款，待以后再取得材料。企业在预付款时，并未取得材料的所有权，只是将款项变换了存放地点或者说转移了一笔款项，形成企业一项特定的债权资产；待取得材料时，该款项才是实际的减少，需结转该项债权资产。

## 二、供应业务核算的账户设置

为了总括地核算和监督材料物资购进业务的情况，根据供应过程业务核算的内容，应设置两类账户：一类是反映材料物资增加的账户；另一类是反映款项结算的账户。

### （一）反映材料物资增加的账户

反映材料物资增加的账户主要有“原材料”和“在途物资”账户。同时，为了反映不计入采购成本的价外增值税，还需单独设置“应交税费”账户及其所属“应交增值税（进项税额）”明细账户。这些账户的性质和基本结构如下：

1. “在途物资”账户

它属于资产类账户，用来核算企业购入材料、商品等的采购成本。该账户借方登记购入物资的买价和采购费用；贷方登记已验收入库、转入“原材料”账户的在途物资成本，期末借方余额反映尚未到达或者已到达但尚未验收入库的在途物资。该账户按供应单位和物资品种设置明细账，进行明细核算。

2. “原材料”账户

它属于资产类账户，用来核算企业库存的各种材料的实际成本，该账户借方登记验收入库的原材料的实际成本；贷方登记出库的原材料的实际成本；期末余额在借方，反映库存材料的实际成本。该账户应按材料的品种、规格设置明细账，进行明细核算。

3.“应交税费”账户

它属于负债类账户，用来核算企业应交纳的各种税金。该账户贷方登记应交纳的各种税金；借方登记已交纳的各种税金；期末贷方余额反映尚未交纳的税金；期末如为借方余额，反映企业多交或者尚未抵扣的税金。该账户应按税种设“应交增值税”“应交消费税”“应交所得税”等明细账，进行明细核算。

其中，“应交税费——应交增值税”下设“进项税额”“销项税额”等若干三级明细，一般情况下该账户的借方反映企业购进货物或者接受应税劳务、服务支付的进项税额等；贷方反映销售货物或者提供应税劳务、服务应交纳的销项税额等。多交的增值税在期末应转入“应交税费——未交增值税”明细账户的借方，少交的增值税应转入“应交税费——未交增值税”明细账户的贷方，“应交税费——应交增值税”明细账户的借方余额表示尚未抵扣完的进项税额。

**（二）反映款项结算的账户**

由于采购的结算方式不同，反映款项结算的账户也不一样。通常以库存现金和银行存款直接支付款项时，应设置“库存现金”“银行存款”账户，反映货币资金的增减变化及结存情况；购进材料物资未付款时，构成与供应单位的债务关系，应设置“应付账款”“应付票据”账户，反映债务的形成及偿还情况；预付材料物资款项时，实际上是转移了一笔款项，会计上应设置“预付账款”账户，专门反映这一款项的转移及其结算情况。上述各主要账户的性质和基本结构如下：

1.“应付账款”账户

它属于负债类账户，用来核算企业因购买材料、商品或者接受劳务供应等而应付给供应单位的款项。该账户贷方登记应支付但尚未支付的款项；借方登记偿还的账款；期末贷方余额反映企业尚未支付的应付账款。该账户应按供应单位设置明细账，进行明细核算。

2.“应付票据”账户

它属于负债类账户，用来核算企业因购买材料、商品或者接受劳务供应等而开出、承兑的商业汇票，包括银行承兑汇票和商业承兑汇票。该账户贷方登记企业开出、承兑的商业汇票面值；借方登记到期支付的款项或者转作应付账款或者短期借款的款项；期末贷方余额反映企业尚未到期的商业汇票的票面金额。为了加强应付票据的管理，企业应当设置“应付票据备查簿”，详细登记每一应付票据的种类和号数、签发日期、到期日、票面金额、票面利率、合同交易号、收款人姓名或者单位名称、付款日期和金额等资料。应付票据到期结清时，应当在备查簿内逐笔注销。

3.“预付账款”账户

它属于资产类账户，用来核算企业按照购货合同规定预付给供应单位的款项。该账户借方登记企业按购货合同规定预付给供货单位的款项以及结算货款时补付给供货单位的款项；贷方登记企业预付货款中收到的物资的金额以及收到供货单位退回的预付货款；期末借方余额反映企业实际预付的款项；期末如为贷方余额，反映企业尚未补付的款项。该账户应按供应单位设置明细账，进行明细核算。

预付款项情况不多的企业，也可以将预付的款项直接记入“应付账款”账户的借方，而不设置“预付账款”账户。

## 三、供应业务的账务处理

微课：现购业务处理

【例4-6】有诚公司是一般纳税人，2019年12月4日，向南方公司购入A材料100 000千克，增值税专用发票注明的货款为400 000元，进项税额为52 000元；向飞腾公司购入A材料50 000千克，增值税专用发票注明的货款为200 000元，进项税额为26 000元。材料未到达，货款尚未支付。

分析：这项经济业务涉及“在途物资”“应交税费”“应付账款”三个账户。一方面已购进材料，取得其所有权，应按材料的采购成本登记资产的增加，记入“在途物资”账户的借方，按购进材料价外支付的增值税登记负债的减少，记入“应交税费——应交增值税（进项税额）”账户的借方；另一方面款项尚未支付，使企业负债增加，记入“应付账款”账户的贷方。这项经济业务编制的会计分录如下：

借：在途物资——A材料　　600 000
　　应交税费——应交增值税（进项税额）　　78 000
　贷：应付账款——南方公司　　452 000
　　　　　　　——飞腾公司　　226 000

【例4-7】承【例4-6】2019年12月5日，有诚公司以银行存款支付上述购入A材料的运杂费（假定运费与杂费没有分别计量，因而不考虑运费中准予抵扣的进项税额）18 000元。

分析：这项经济业务涉及“在途物资”“银行存款”两个账户。一方面发生的运杂费，应计入在途物资成本，确认为资产的增加，记入“在途物资”账户的借方；另一方面用银行存款直接支付，使资产减少，应记入“银行存款”账户的贷方。这项经济业务编制的会计分录如下：

借：在途物资——A材料　　18 000
　贷：银行存款　　18 000

【例4-8】2019年12月6日，有诚公司向三星公司购入B材料8 000千克，增值税专用发票上注明的价款为100 000元，增值税税额为13 000元，另外，对方垫付了运杂费3 000元。按合同规定已向对方开出面值116 000元、期限6个月的银行承兑汇票一张。材料尚未验收入库。

分析：这项经济业务涉及“在途物资”“应交税费”“应付票据”三个账户。一方面购入材料，按其采购成本，确认资产价值，记入“在途物资”账户的借方，按所承付的税款，记入“应交税费——应交增值税（进项税额）”账户的借方；另一方面通过商业汇票延期付款，使企业负债增加，应记入“应付票据”账户的贷方。这项经济业务编制的会计分录如下：

借：在途物资——B材料　　103 000
　　应交税费——应交增值税（进项税额）　　13 000
　贷：应付票据——三星公司　　116 000

【例4-9】2019年12月7日，有诚公司按合同规定，将银行存款1 000 000元预付给江南公司购进C材料。

分析：这项经济业务涉及“银行存款”“预付账款”两个账户。一方面企业虽然支付了款项，但并未获得材料，只是预付账款增加，应记入“预付账款”账户的借方；另一方面银行存款减少，应记入“银行存款”账户的贷方。这项经济业务编制的会计分录如下：

借：预付账款——江南公司　　1 000 000

　　贷：银行存款　　1 000 000

【例4-10】2019年12月30日，有诚公司通过银行支付南方公司材料款项452 000元。

分析：这项经济业务涉及“银行存款”“应付账款”两个账户。一方面企业支付所欠的材料款项，使负债减少，应记入“应付账款”账户的借方；另一方面资产的减少，应记入“银行存款”账户的贷方。这项经济业务编制的会计分录如下：

借：应付账款——南方公司　　452 000

　　贷：银行存款　　452 000

【例4-11】2019年12月30日，有诚公司接到仓库通知，上述所购入的A、B材料均已悉数验收入库。

分析：这项经济业务涉及“在途物资”“原材料”两个账户。一方面仓库验收入库材料，使存货资产增加，应记入“原材料”账户的借方；另一方面在途物资入库，需结转在途物资成本，又使资产减少，应记入“在途物资”账户的贷方。这项经济业务编制的会计分录如下：

借：原材料——A材料　　618 000

　　　　　——B材料　　103 000

　　贷：在途物资——A材料　　618 000

　　　　　　　　——B材料　　103 000

【例4-12】2019年12月31日，有诚公司收到江南公司发来的C材料，增值税专用发票上注明的价款为2 000 000元，进项税额为260 000元。材料已验收入库，余款尚未支付。

分析：这项经济业务涉及“原材料”“应交税费”“预付账款”三个账户。企业购进材料验收入库并结算货款，一方面表明库存材料增加，应记入“原材料”账户的借方；同时，支付的价外增值税进项税额，作为负债的减少，记入“应交税费”账户的借方；另一方面需冲抵预付的款项和结转应付的款项。为了集中核算与该单位的材料采购业务，应将两者均记入“预付账款”账户的贷方。此时，“预付账款”账户可理解为债权债务双重性质的账户。这项经济业务需编制以下会计分录：

借：原材料——C材料　　2 000 000

　　应交税费——应交增值税（进项税额）　　260 000

　　贷：预付账款——江南公司　　2 260 000

## 任务四　核算生产过程业务

### 一、生产业务核算的内容

制造企业从材料投入生产起，到产品完工入库止的全部过程称为生产过程，它是企业再生产过程的中心环节。在这一过程中劳动者利用劳动资料对劳动对象进行加工使之成为社会产品，所以生产过程既是物化劳动（劳动资料和劳动对象）和活劳动的消耗过程，又是产品的形成过程，或者说是生产耗费过程和产品形成过程的统一。因此，生产过程业务的核算也就包括以下两方面的内容。

**（一）生产的耗费**

生产过程中发生的各种耗费可以归纳为劳动对象的耗费或劳动的耗费（仅指必要劳动消耗）、劳动资料的耗费和其他耗费。企业在一定时期内发生的，用货币表现的生产耗费称为生产费用。生产费用可按其性质、与产品成本的关系进行分类。

1.生产费用按费用性质进行分类

生产费用按其性质可分为材料费用、工资费用、折旧费用和其他费用。

（1）材料费用。作为构成产品实体或者有助于产品形成的劳动对象，包括各种原料及主要材料、辅助材料、外购半成品等，经过一个生产过程，将一次性消耗，并改变其实物形态，其价值随之全部转移到新产品中去。企业应在生产领用材料时，按其实际成本，将其确认为材料费用。

（2）工资费用。活劳动是生产的一个重要因素，通过活劳动的耗费使劳动对象得以改变其使用价值，并创造出新的价值。其中劳动者为自己创造的那部分价值以工资的形式支付给劳动者，用于个人消费，并构成产品的成本。企业应按实际支付给劳动者的金额，在计入产品成本时，将其确认为工资费用。

（3）折旧费用。作为劳动资料的固定资产在生产过程中可以长期使用，并保持其原有的实物形态不变，其价值则随着生产使用而损耗，并将逐渐地、部分地转移（即折旧）到新产品的价值中去。企业应按一定的方法计量其损耗的价值，并按期确认折旧费用。

（4）其他费用。在生产过程中，除了上述耗费外，还有许多其他的耗费如办公费、业务费、保险费、财产税、修理费、水电费、劳保费等。企业必须按其实际发生额归集确认为当期费用。

2.生产费用按与产品成本的关系进行分类

生产费用按其经济用途或与产品成本的关系，可分为生产成本和期间费用两大类。

（1）生产成本。它是指企业为生产产品或者提供劳务而发生的、计入产品成本的费用。生产成本按照其计入产品成本的方式又可分为直接费用和间接费用。

①直接费用。它是指企业在生产产品和提供劳务过程中所发生的直接材料费用、直接人工费用和其他直接费用。

直接材料费用是指企业在生产产品和提供劳务过程中所消耗的，直接用于产品生产，构成产品实体的原料及主要材料、外购半成品及有助于产品形成的辅助材料和其他材料费用。

直接人工费用是指企业在生产产品和提供劳务过程中，直接参加生产的工人工资以及按生产工人工资总额和规定比例计提的职工福利费等。

其他直接费用是指企业发生的除直接材料费用和直接人工费用以外的，与生产产品或提供劳务有直接关系的费用。

②间接费用。它是指应由产品生产成本负担的，不能直接计入各种产品成本的有关费用。即企业各生产单位（分厂、生产车间）为组织和管理生产而发生的各项间接费用，包括生产单位发生的管理人员工资及福利费、折旧费、修理费、水电费、机物料消耗、劳动保护费以及其他费用。

间接费用应当按照一定程序和方法进行归集和分配，计入相关产品的生产成本。

（2）期间费用。它是指企业在生产经营过程中发生的，不计入产品成本而直接计入当期损益的各种费用。它与产品的生产没有联系，不能计入产品成本。但它的发生与一定时期实现的收入相关，必须计入当期损益。期间费用主要包括管理费用、财务费用和销售费用。

①管理费用。它是指企业为组织和管理企业生产经营所发生的费用，包括企业的董事会费、公司经费、工会经费、咨询费、诉讼费、各种财产税、保险费、业务招待费、技术转让费、无形资产摊销、坏账损失等。

②财务费用。它是指企业为筹集生产经营所需资金等而发生的费用，包括企业生产经营期间发生的利息支出（减利息收入）、汇兑损失（或汇兑收益）和相关的手续费等。

③销售费用。它是指企业在销售商品过程中发生的各项费用，包括销售过程发生的费用（如运输费、装卸费、包装费、保险费、展览费和广告费等）和专设销售机构的各项经费（如职工工资及福利费、差旅费、办公费、折旧费、修理费、其他经费）等。

生产耗费的核算实际上是生产过程中生产费用的发生、归集和分配的核算。

### （二）产品的形成

企业的生产过程不仅是生产的耗费过程，又是产品的形成过程。在这个过程中，劳动者利用劳动资料对劳动对象进行加工，改变了原劳动对象的形态，使其转化为满足社会需要的产品。同时，为生产产品而发生的各种耗费，也就转化为产品的制造成本，并构成产品的价值。在会计上，产品形成的核算实际上就是产品成本的计算和结转。

## 二、生产业务核算的账户设置

为了总括地核算和监督企业在生产过程中生产费用的发生、归集和分配情况，根据生产耗费业务核算的内容，应设置以下账户：

### （一）“应付职工薪酬”账户

它属于负债类账户，用来核算企业应付给职工的各种薪酬，主要包括短期薪酬、离职后福利、辞退福利和其他长期职工福利。该账户可按“工资”、“职工福利”、“社会保险费”、“住房公积金”、“工会经费”、“职工教育经费”、“非货币性福利”、“辞退福利”和“股份支付”等进行核算。该账户贷方登记实际发生计入成本、费用的应付职工的工资、福利费、工会经费等；借方登记实际已支付的职工的工资、福利费、工会经费等；期末贷方余额反映应付未付的职工薪酬。

### （二）“累计折旧”账户

它属于资产类备抵账户，用来核算企业固定资产累计损耗的价值。该账户贷方登记企业按月计提的固定资产折旧额；借方登记出售、报废和毁损的固定资产已提折旧额；期末贷方余额反映现有固定资产已提取的累计折旧额。该账户只进行总分类核算，不进行明细分类核算。若需要查明某项固定资产已提折旧，可以根据固定资产卡片上记载的该项固定资产原价、折旧率和实际使用年数等资料进行计算。企业在期末将“累计折旧”账户的贷方余额备抵“固定资产”账户的借方余额，可求得期末固定资产的净值。

### （三）“累计摊销”账户

它属于资产备抵类账户，用来核算企业对使用寿命有限的无形资产计提的累计摊销。该账户可按无形资产项目进行明细核算。企业按期计提无形资产的摊销，借记“管理费用”“其他业务成本”等账户，贷记该账户。处置无形资产还应同时结转累计摊销。该账户期末贷方余额反映企业无形资产的累计摊销额。

（四）“长期待摊费用”账户

它属于资产类账户，用来核算企业已经支出，但摊销期限在1年以上（不含1年）的各项费用，包括固定资产修理支出、租入固定资产的改良支出和摊销期限在1年以上的其他待摊费用。该账户借方登记企业发生的长期待摊费用，贷方登记分期摊销的长期待摊费用；期末借方余额反映企业尚未摊销的各项长期待摊费用的摊余价值。该账户应按费用种类设置明细账，进行明细核算。

（五）“其他应收款”账户

它属于资产类账户，用来核算企业除应收票据、应收账款、预付账款等以外的其他各种应收、暂付款项，包括应收的各种赔款、罚款，应向职工收取的各种垫付款项等。该账户借方登记企业应收、暂付的各种款项；贷方登记其他应收、暂付款的收回数或者转销数；期末借方余额反映企业尚未收回的其他应收款。该账户应按其他应收款的项目分类，并按不同的债务人设置明细账，进行明细核算。

（六）“生产成本”账户

它属于成本类账户，用来核算企业为生产产品而发生的各项生产费用。该账户借方登记为进行产品生产而发生的各种生产费用，包括直接材料、直接人工和制造费用；贷方登记企业已完工并已验收入库的产成品成本；期末借方余额反映企业尚未加工完成的各项在产品的成本。该账户应按基本生产车间和辅助生产车间设置“基本生产成本”和“辅助生产成本”两个二级账户进行明细分类核算，在“基本生产成本”二级账户下还应按成本核算对象（如产品的品种等）设置明细账，并按规定的成本项目（如直接材料、直接人工、制造费用）设置专栏。

（七）“制造费用”账户

它属于成本类账户，用来核算企业为生产产品和提供劳务而发生的各项间接费用。该账户借方登记发生的各项间接费用；贷方登记期末按一定的分配方法和分配标准将制造费用在各成本计算对象间的分配结转额；期末结转后一般无余额。该账户应按不同的车间、部门设置明细账，并按费用的经济用途和经济性质设置专栏。

（八）“管理费用”账户

它属于损益类账户，用来核算企业为组织和管理企业生产经营所发生的管理费用。该账户借方登记企业发生的各项管理费用；贷方登记应冲销的管理费用和期末转入“本年利润”账户的管理费用；期末结转后无余额。该账户应按费用项目设置明细账，进行明细核算。

（九）“库存商品”账户

它属于资产类账户，用来核算企业库存的各种商品的实际成本。该账户的借方登记入库产成品的实际成本，贷方登记发出产成品的实际成本；期末借方余额反映库存产成品的实际成本。该账户应按产品的种类、品种或规格设置明细账，进行明细核算。

## 三、生产过程业务的账务处理

微课：领料业务处理

【例4-13】2019年12月31日，有诚公司的仓库根据当月领料凭证，汇总编制材料耗用汇总表（见表4-1）。

表4-1　　材料耗用汇总表　　数量单位：千克

编制：仓库　　2019年12月31日　　金额单位：元

| 用途 | A材料 | | B材料 | | C材料 | | 金额合计 |
|---|---|---|---|---|---|---|---|
| | 数量 | 金额 | 数量 | 金额 | 数量 | 金额 | |
| 制造产品耗用 | | | | | | | |
| 其中：甲产品 | 80 000 | 329 000 | 2 000 | 30 800 | | | 359 800 |
| 乙产品 | 50 000 | 206 000 | 6 000 | 92 400 | | | 298 400 |
| 车间一般耗用 | | | | | 4 000 | 21 600 | 21 600 |
| 行政管理部门耗用 | | | | | 1 000 | 5 400 | 5 400 |
| 合计 | 130 000 | 535 000 | 8 000 | 123 200 | 5 000 | 27 000 | 685 200 |

分析：这项经济业务涉及“原材料”“生产成本”“制造费用”“管理费用”四个账户。一方面仓库发出材料，使库存材料减少，应记入“原材料”账户的贷方；另一方面材料耗用于产品制造和行政管理，使直接材料费用、间接材料费用和管理费用增加，应分别记入“生产成本”“制造费用”“管理费用”账户的借方。这项经济业务编制的会计分录如下：

借：生产成本——甲产品　　359 800

　　　　　　——乙产品　　298 400

　　制造费用　　21 600

　　管理费用　　5 400

　　贷：原材料——A材料　　535 000

　　　　　　　——B材料　　123 200

　　　　　　　——C材料　　27 000

【例4-14】2019年12月9日，有诚公司开出现金支票从银行提取现金88 000元，以备发放工资。

分析：这项经济业务涉及“库存现金”“银行存款”两个账户。一方面使企业的库存现金增加应记入“库存现金”账户的借方；另一方面使银行存款减少，应记入“银行存款”账户的贷方，这笔经济业务编制的会计分录如下：

借：库存现金　　88 000

　　贷：银行存款　　88 000

【例4-15】2019年12月10日，有诚公司以现金88 000元支付企业职工的工资。

分析：这项经济业务涉及“库存现金”和“应付职工薪酬”两个账户。一方面使库存现金减少，应记入“库存现金”账户的贷方；另一方面支付职工工资，使应付给职工的工资薪酬减少，应记入“应付职工薪酬”账户的借方。这项经济业务编制的会计分录如下：

借：应付职工薪酬　　88 000

　　贷：库存现金　　88 000

【例4-16】2019年12月31日，有诚公司根据工资标准和考勤记录，结算出本月应付职工工资总额88 000元，其用途和金额见表4-2。

表4-2　　职工薪酬分配表　　单位：元

| 用　途 | 金　额 |
|---|---|
| 生产工人 | 76 000 |
| 其中：甲产品生产工人 | 45 600 |
| 　　　乙产品生产工人 | 30 400 |
| 车间技术、管理人员 | 5 000 |
| 企业行政管理人员 | 7 000 |
| 合　计 | 88 000 |

分析：这项经济业务涉及“应付职工薪酬”“生产成本”“制造费用”“管理费用”四个账户。一方面使企业应付给职工的工资债务增加，应记入“应付职工薪酬”账户的贷方；另一方面使企业的直接工资费用、间接工资费用和管理费用增加，应分别记入“生产成本”“制造费用”“管理费用”账户的借方。这项经济业务编制的会计分录如下：

借：生产成本——甲产品　　45 600
　　　　　　——乙产品　　30 400
　　制造费用　　5 000
　　管理费用　　7 000
　　贷：应付职工薪酬——工资　　88 000

【例4-17】2019年12月31日，有诚公司决定发放职工福利，按照每人300元的标准分配，根据职工所在部门进行职工福利分配的原始凭证见表4-3。

表4-3　　职工福利分配表

编报单位：有诚公司　　2019年12月31日　　金额单位：元

| 部门及人员 | | 人数 | 分配标准 | 分配金额 |
|---|---|---|---|---|
| 车间 | 甲产品生产工人 | 40 | 300 | 12 000 |
| | 乙产品生产工人 | 20 | 300 | 6 000 |
| | 车间管理人员 | 3 | 300 | 900 |
| 行政管理部门 | | 12 | 300 | 3 600 |
| 合计 | | 75 | 300 | 22 500 |

分析：这项经济业务涉及“应付职工薪酬”“生产成本”“制造费用”“管理费用”四个账户。一方面企业计提了应付给职工的福利费，使负债增加，应记入“应付职工薪酬”账户的贷方；另一方面按现行制度规定，职工福利费应从成本费用中开支，是企业费用的组成部分，该费用同工资费用一样，应按其提取的部门或者发生地点分配记入“生产成本”“制造费用”“管理费用”账户的借方。这项经济业务编制的会计分录如下：

借：生产成本——甲产品　　12 000
　　　　　　——乙产品　　6 000
　　制造费用　　900
　　管理费用　　3 600

贷：应付职工薪酬——职工福利　　22 500

【例4-18】2019年12月31日，开出转账支票支付本月电费5 940元及增值税772.20元，“电费分配表”见表4-4。

表4-4　电费分配表

| 部门项目 | 耗用量（度） | 单价（元/度） | 分配金额（元） |
|---|---|---|---|
| 生产部门 | 7 104 | 0.625 | 4 440 |
| 行政管理部门 | 2 400 | 0.625 | 1 500 |
| 合计 | 9 504 | 0.625 | 5 940 |

分析：该项经济业务发生后，引起企业费用、资产和负债要素发生变化。一方面，生产车间和行政管理部门耗电，制造费用与管理费用分别增加了4 440元和1 500元，应借记“制造费用”和“管理费用”账户，同时，企业应该承担的增值税772.20元已经支付，使负债要素中应交税费项目减少，应借记“应交税费——应交增值税（进项税额）”账户；另一方面，该款项已通过银行存款支付，使资产要素中的银行存款减少了6 712.20元，应贷记“银行存款”账户。因此，该项经济业务应编制会计分录如下：

借：制造费用——水电费　　4 440

　　管理费用——水电费　　1 500

　　应交税费——应交增值税（进项税额）　　772.20

　　贷：银行存款　　6 712.20

【例4-19】2019年12月31日，有诚公司按规定计提本月固定资产折旧额9 800元。

应提折旧额见表4-5。

表4-5　固定资产折旧计算表　单位：元

| 使用部门 | 计提金额 |
|---|---|
| 生产车间 | 8 600 |
| 行政管理部门 | 1 200 |
| 合　计 | 9 800 |

分析：这项经济业务涉及“累计折旧”“制造费用”“管理费用”三个账户。一方面计提折旧，意味着固定资产的价值减少，应记入“累计折旧”账户的贷方；另一方面折旧费用的发生，使企业的间接费用和期间费用增加，应记入“制造费用”“管理费用”账户的借方。这项经济业务编制的会计分录如下：

借：制造费用　　8 600

　　管理费用　　1 200

　　贷：累计折旧　　9 800

【例4-20】2019年12月13日，有诚公司对租入期限为2年的固定资产进行技术改造，项目现已完工，结算应支付的费用为48 000元，款项已通过银行转账付讫。

分析：这项经济业务涉及“银行存款”“长期待摊费用”两个账户。一方面支付技术改造费用，使银行存款减少，应记入“银行存款”账户的贷方；另一方面租入固定资产的技术改造支出按权责发生制原则，需从下月开始在2年的租入期内分期摊销，应记入“长期待摊费用”账户的借方。这项经济业务编制的会计分录如下

借：长期待摊费用　　48 000

　　贷：银行存款　　48 000

【例4-21】2019年12月24日，有诚公司行政管理部门报销办公经费5 000元。

分析：这项经济业务涉及“库存现金”“管理费用”两个账户。一方面报销办公经费，使资产减少，应记入“库存现金”账户的贷方；另一方面行政部门办公经费使当期的管理费用增加，应记入“管理费用”账户的借方。这项经济业务编制的会计分录如下：

借：管理费用　　5 000

　　贷：库存现金　　5 000

【例4-22】2019年12月31日，有诚公司摊销应由本月负担的无形资产2 000元，待摊的租入固定资产技术改造费用2 000元。

分析：这项经济业务涉及“累计摊销”“长期待摊费用”“管理费用”三个账户。结转本月应摊销的费用，一方面使无形资产和长期待摊费用减少，应记入“累计摊销”“长期待摊费用”账户的贷方；另一方面使本期的管理费用增加，应记入“管理费用”账户的借方。这项经济业务编制的会计分录如下：

借：管理费用　　4 000

　　贷：累计摊销　　2 000

　　　　长期待摊费用　　2 000

【例4-23】2019年12月17日，有诚公司管理人员王娟预借差旅费5 000元，以库存现金付讫。

分析：这项经济业务涉及“银行存款”“其他应收款”两个账户。一方面以库存现金方式支付借支款，应记入“库存现金”账户的贷方；另一方面借支差旅费，按权责发生制，非本期费用，而是企业的一项应收暂付债权，应记入“其他应收款”账户的借方。这项经济业务编制的会计分录如下：

借：其他应收款　　5 000

　　贷：库存现金　　5 000

【例4-24】承【例4-23】，2019年12月20日，有诚公司王娟出差回到公司报销差旅费4 400元，交回剩余现金600元。

分析：这项经济业务涉及“其他应收款”、“管理费用”和“库存现金”三个账户。一方面报销差旅费和收到库存现金，使费用和资产增加，应记入“管理费用”和“库存现金”账户的借方；另一方面需结转企业的应收暂付款项，应记入“其他应收款”账户的贷方。这项经济业务编制的会计分录如下：

借：管理费用　　4 400

　　库存现金　　600

　　贷：其他应收款　　5 000

【例4-25】2019年12月31日，有诚公司将本月发生的制造费用40 540元，分配转入生产成本，其中甲产品应负担的制造费用为21 540元，乙产品应负担的制造费用为19 000元。

分析：这项经济业务涉及“制造费用”“生产成本”两个账户。到期末，通过“制造费

用”账户归集的间接费用，按一定的方法分配转入不同成本计算对象的生产成本之中（具体计算方法见下一任务的说明），在会计处理上，应从“制造费用”账户的贷方转入“生产成本”账户的借方。这项经济业务编制的会计分录如下：

借：生产成本——甲产品　　21 540
　　　　　　——乙产品　　19 000
　贷：制造费用　　40 540

【例4-26】2019年12月31日，有诚公司结转本月完工入库甲、乙产品的制造成本。

甲产品完工2 000件，每件成本为216.962元，共计433 924元；乙产品完工1 000件，每件成本为347.416元，共计347 416元。

分析：这项经济业务涉及“生产成本”“库存商品”两个账户。一方面产品验收入库，使库存商品增加，应按入库产品的实际成本记入“库存商品”账户的借方；另一方面生产过程结束，计算并结转其生产成本（计算成本的方法见下一任务的说明），应记入“生产成本”账户的贷方。

这项经济业务编制的会计分录如下：

借：库存商品——甲产品　　433 924
　　　　　　——乙产品　　347 416
　贷：生产成本——甲产品　　433 924
　　　　　　　——乙产品　　347 416

# 任务五　核算销售过程业务

## 一、销售业务核算的内容

销售过程是制造企业生产经营活动的最终环节。制造业企业从生产过程制造完成的产成品验收入库开始，到产品销售给购买方为止的过程称为销售过程。这一过程既是产品价值和使用价值的实现过程（即收入的实现过程），又是与收入相配比的成本费用的补偿过程。

因此，企业销售过程业务的核算包括以下两方面的内容。

### （一）收入的实现及货款的结算

在销售过程中，制造业企业通过交换，将实现对外销售产品或者提供生产性劳务等主营业务，企业应按照购销双方约定的价格向购买单位办理价款结算，并确认为主营业务收入。同时，除主营业务外，还可能发生材料销售、代购代销、包装物出售、固定资产出租和提供生产性劳务等其他业务，应按照实际发生的金额向对方单位办理价款结算，并确认为其他业务收入。

由于结算上的原因，货款的结算可能会出现以下三种情况：

（1）销售时直接收取货款；

（2）销售时未收到货款，待以后再收取；

（3）先收取货款，后提供产品。

### （二）与收入相配比的成本费用的发生与结转

在销售与收入过程中，企业为取得一定的销售收入，要付出相应的产品或者劳务，为制造这些产品或提供这些劳务必然会发生各种耗费，而为销售这些产品或者劳务还必然会有各种耗费的发生。不论是生产耗费，还是销售耗费，都应由销售收入弥补。为了确定耗费的补偿尺度，在确认收入实现的同时，必须确认与实现收入配比的成本费用。与收入实现相配比的成本费用包括：

1. 主营业务成本

主营业务成本即已销售产品的制造成本。销售成本采取直接配比方式，在产品销售收入实现的当期期末确认，并结转为取得该收入而发出（销售）产品的制造成本。

2. 产品销售费用

产品销售费用即为销售产品而发生的费用，包括在销售过程中发生的如运输费、包装费、广告费、保险费等销售费用以及为销售本企业产品而专门设置的销售机构的职工工资、福利费、业务费等销售费用。发生的销售费用与实现的销售收入之间通常没有直接配比关系，但一般与期间有关，因此销售费用通常采用期间配比的方式，即将本期发生的销售费用全部由当期实现的收入弥补。

3. 税金及附加

按照税法规定，企业取得销售收入应按规定的税率和销售收入额计算交纳销售税金，其中按税法规定，根据销售收入额计算交纳的消费税、资源税、城市维护建设税和教育费附加等按配比原则，应全部由当期的销售收入弥补；按税法规定根据销售收入额计算，在销售时向购货方收取的增值税的销项税额，是价外税，未包括在销售收入之中，不构成企业的费用，不能从本期收入中扣除。实际上，销项税额具有代收代缴的性质，企业按规定将其抵扣进项税额后的余额作为应交纳的增值税交纳给税务部门，在会计核算时通过“应交税费——应交增值税”账户的贷方来反映。

4. 其他业务成本

其他业务成本即指企业除主营业务成本以外的其他销售或者其他业务所发生的相关成本。按照配比原则，应全部由本期其他业务收入弥补。

## 二、销售业务核算的账户设置

销售业务核算的内容决定了应设置两类账户：一类账户反映收入实现及价款结算业务；另一类账户反映与收入配比的成本费用的发生与结转业务。

### （一）反映收入实现及价款结算业务的账户

为了总括地核算和监督企业主营业务收入、其他业务收入的实现和价款结算情况，应设置“主营业务收入”、“其他业务收入”、“应交税费”、“银行存款”、“应收账款”、“预收账款”和“坏账准备”等账户。这些账户的性质和基本结构如下。

1. “主营业务收入”账户

它属于损益类账户，用来核算企业在销售商品、提供劳务及让渡资产使用权等日常活动中所产生的收入。该账户的贷方登记主营业务收入的实现数额；借方登记销售退回、销售折让冲减本期销售收入数额和期末结转“本年利润”账户的主营业务收入数额；结转后该账户期末无余额。该账户应按照主营业务的种类设置明细账，进行明细核算。

2. “其他业务收入”账户

它属于损益类账户，用来核算企业除主营业务收入以外的其他销售或者其他业务的收入。该账户的贷方登记其他业务收入的实现数额；借方登记期末结转“本年利润”账户的其他业务收入额；结转后该账户期末无余额。该账户应按其他业务的种类设置明细账，进行明细核算。

3.“应收账款”账户

它属于资产类账户，用来核算企业因销售商品、产品、提供劳务等，应向购货单位或者接受劳务单位收取的款项。该账户借方登记发生的应收款项；贷方登记收回的应收款项、转作商业汇票结算的应收款项和已结转坏账损失的款项；期末借方余额反映企业尚未收回的应收账款；期末若为贷方余额，反映企业预收的账款。该账户应按不同的购货单位或者接受劳务的单位设置明细账，进行明细核算。不单独设置“预收账款”账户的企业，预收的账款也在该账户核算。

4.“应收票据”账户

它属于资产类账户，用来核算企业因销售商品、产品和提供劳务等而收到的商业汇票，包括银行承兑汇票和商业承兑汇票。该账户借方登记应收票据的增加数；贷方登记应收票据的减少数；期末借方余额反映企业持有的商业汇票的票面价值和应计利息。该账户应按不同的票据种类分别设置明细账。企业还应设置“应收票据备查簿”；逐项登记应收票据，应收票据到期结清票款后应在备查簿内逐项注销。

5.“预收账款”账户

它属于负债类账户，用来核算企业按合同规定向购货单位预收的款项。该账户贷方登记向购货单位预收的货款和收到购货单位补付的货款；借方登记销售实现时，所实现的收入和应交增值税销项税额以及退回多付的款项；期末贷方余额反映企业向购货单位预收的款项；期末若为借方余额反映企业应由购货单位补付的款项。该账户应按购货单位设置明细账，进行明细核算。

**（二）反映与收入配比的成本费用的发生与结转业务的账户**

为了总括地核算和监督企业与收入相配比的销售成本、销售费用、销售税金等的发生与结转情况，应设置“主营业务成本”、“税金及附加”、“其他业务成本”和“销售费用”等账户。这些账户的性质和基本结构如下：

1.“主营业务成本”账户

它属于损益类账户，用来核算企业因销售商品、提供劳务或者让渡资产使用权等日常活动而发生的实际成本。该账户借方登记已经销售商品、提供劳务等主营业务的实际成本；贷方登记期末转入“本年利润”账户的主营业务成本；结转后期末应无余额。该账户应按主营业务的种类设置明细账，进行明细核算。

2.“税金及附加”账户

它属于损益类账户，用来核算企业日常活动应负担的税金及附加，包括消费税、城市维护建设税、资源税和教育费附加等。该账户借方登记按照规定计算出的应由主营业务负担的税金及附加；贷方登记收到的先征后返的消费税等税金及月末转入“本年利润”账户的税金及附加；结转后该账户期末应无余额。

3.“其他业务成本”账户

它属于损益类账户，用来核算企业除主营业务成本以外的其他销售或者其他业务所发生的其他业务成本，该账户借方登记发生的其他业务成本；贷方登记期末转入“本年利润”账户的其他业务成本；结转后期末应无余额。该账户应按其他业务的种类设置明细账，进行明细核算。

4.“销售费用”账户

它属于损益类账户，用来核算企业销售商品过程中发生的费用，包括运输费、装卸费、保险费、展览费和广告费，以及为销售本企业商品而专设的销售机构的职工工资及福利费、类似工资性质的费用、业务费等经营费用。该账户借方登记发生的销售费用；贷方登记期末转入“本年利润”账户的销售费用；结转后期末应无余额。该账户应按费用项目设置明细账进行明细核算。

## 三、销售业务的账务处理

微课：现销业务处理

【例4-27】2019年12月21日，有诚公司按合同规定向科钰公司预收购买甲产品货款200 000元，款项已存入银行。

分析：这项经济业务涉及“银行存款”“预收账款”两个账户。一方面预收的货款存入银行，使资产增加，应记入“银行存款”账户的借方；另一方面因产品尚未销售，预收的货款，不能确认为收入，只能视作企业一项将来要用销售产品来偿还的债务，应记入“预收账款”账户的贷方。这项经济业务编制的会计分录如下：

借：银行存款　　200 000

　　贷：预收账款——科钰公司　　200 000

【例4-28】2019年12月22日，有诚公司销售给长江公司甲产品800件，增值税专用发票注明的单价为320元，价款为256 000元，增值税额为33 280元，款项尚未收到。

分析：这项经济业务涉及“应收账款”“主营业务收入”“应交税费”三个账户。一方面销售产品，使收入增加，应按售价记入“主营业务收入”账户的贷方，而向购买单位收取的增值税，上交给税务部门，使企业负债增加，应记入“应交税费——应交增值税（销项税额）”账户的贷方；另一方面款项应收未收，使企业债权资产增加，应记入“应收账款”账户的借方。这项经济业务编制的会计分录如下：

借：应收账款——长江公司　　289 280

　　贷：主营业务收入——甲产品　　256 000

　　　　应交税费——应交增值税（销项税额）　　33 280

【例4-29】2019年12月22日，有诚公司销售给西塞山公司乙产品900件，增值税专用发票注明的单价为580元，价款为522 000元，增值税税额为67 860元，已收到对方开出的承兑期为6个月的商业汇票。

分析：这项经济业务涉及“应收票据”“主营业务收入”“应交税费”三个账户。一方面产品已售，使企业收入和应交税费增加，应分别记入“主营业务收入”和“应交税费——应交增值税（销项税额）”账户的贷方；另一方面款项采取商业汇票方式结算，使企业债权增加，应记入“应收票据”账户的借方。这项经济业务编制的会计分录如下：

借：应收票据——西塞山公司　　589 860

　　贷：主营业务收入——乙产品　　522 000

　　　　应交税费——应交增值税（销项税额）　　67 860

【例4-30】2019年12月23日，有诚公司以银行存款支付已售产品的维修费2 000元，产品广告费5 000元。

分析：这项经济业务涉及“银行存款”“销售费用”两个账户。一方面发生产品销售费用，应记入“销售费用”账户的借方；另一方面用存款支付销售费用，使资产减少，应记入“银行存款”账户的贷方。这项经济业务编制的会计分录如下：

借：销售费用　　7 000

　　贷：银行存款　　7 000

【例4-31】2019年12月25日，有诚公司销售给西塞山公司一批不需用的材料，取得变卖收入226 000元，已存入银行。

分析：这项经济业务涉及“银行存款”、“其他业务收入”和“应交税费”三个账户。一方面材料售出，使其他业务收入增加，按现行制度规定，出售的材料需交纳增值税，变卖收入226 000元中包含着材料售价和增值税税额两部分。一般纳税人是按照销售收入（计税价格）和13%的税率计算增值税的，因此，应确认的材料销售收入额为20 000元（226 000÷（1+13%）），增值税销项税额为26 000元（200 000×13%）。这样，企业应按材料销售收入额和应交纳的增值税税额分别记入“其他业务收入”和“应交税费——应交增值税（销项税额）”账户的贷方；另一方面变卖收入存入银行，使资产增加，应记入“银行存款”账户的借方。这项经济业务应编制的会计分录如下：

借：应收票据——西塞山公司　　226 000

　　贷：其他业务收入——材料销售　　200 000

　　　　应交税费——应交增值税（销项税额）　　26 000

【例4-32】承【例4-27】，2019年12月26日，有诚公司按合同规定销售给科钰公司甲产品1 000件，增值税专用发票注明的单价为320元，价款为320 000元，增值税税额为41 600元，余款尚未收到。

分析：这项经济业务涉及“预收账款”、“主营业务收入”和“应交税费”三个账户。一方面销售产品，使收入和负债增加，应按价款和税额分别记入“主营业务收入”和“应交税费——应交增值税（销项税额）”账户的贷方；另一方面货款采取预收款方式结算，需冲抵预收的货款和结转应收的余款。为了集中核算与该企业的销售业务，应将两者均记入“预收账款”账户的借方。此时，“预收账款”账户可理解为债权债务双重性质的账户。这项经济业务编制的会计分录如下：

借：预收账款——科钰公司　　361 600

　　贷：主营业务收入——甲产品　　320 000

　　　　应交税费——应交增值税（销项税额）　　41 600

【例4-33】2019年12月31日，有诚公司结转本月已售甲产品1 800件的制造成本390 531.60元，乙产品900件的制造成本312 694.40元。

分析：这项经济业务涉及“库存商品”和“主营业务成本”两个账户。一方面本月因销售而发出的商品，使库存商品减少，应记入“库存商品”账户的贷方；另一方面按配比原则，结转为取得本期主营业务收入而发生的已售商品的制造成本，应记入“主营业务成本”账户的借方。这项经济业务编制的会计分录如下：

借：主营业务成本——甲产品　　390 531.60

　　　　　　　　——乙产品　　312 694.40

贷：库存商品——甲产品 390 531.60

——乙产品 312 694.40

【例4-34】2019年12月31日，有诚公司结转已变卖材料的成本108 000元。

分析：这项经济业务涉及“原材料”和“其他业务成本”两个账户。一方面因变卖材料，使库存材料减少，应记入“原材料”账户的贷方；另一方面变卖材料是为取得其他业务收入而发生，其按成本配比原则应记入“其他业务成本”账户的借方。这项经济业务编制的会计分录如下：

借：其他业务成本 108 000

贷：原材料 108 000

【例4-35】2019年12月31日，有诚公司按流转税额计算应交纳的城市维护建设税4 000元。

分析：这项经济业务涉及“税金及附加”和“应交税费”两个账户。一方面使企业的销售税金增加，应记入“税金及附加”账户的借方；另一方面计算出的税金未交纳，使企业的负债增加，应记入“应交税费”账户的贷方。这项经济业务编制的会计分录如下：

借：税金及附加 4 000

贷：应交税费——应交城市维护建设税 4 000

【例4-36】2019年12月31日，有诚公司以银行存款交纳上月城市维护建设税2 000元。这项经济业务编制的会计分录如下：

借：应交税费——应交城市维护建设税 2 000

贷：银行存款 2 000

## 任务六 核算财务成果与分配业务

### 一、财务成果的构成

财务成果是指企业在一定会计期间从事经济活动所取得的经营成果，它是企业一定会计期间的收入与费用相抵后的余额。财务成果的表现形式有利润和亏损两种。当收入大于费用时，其差额表现为利润；反之，当收入小于费用时，其差额表现为亏损。财务成果是企业经营活动效率与经济效益的综合体现，是衡量企业经营成果和经济效益的综合尺度，因而，财务成果指标是一个非常重要的指标。

财务成果是企业在生产经营过程中所形成的，会计上依据“收入-费用=利润”的会计等式来计算本期的利润。同时，利润形成后，还需要对一定会计期间的净利润在企业与投资者之间进行分配。利润分配直接关系到企业与投资者之间的物质利益关系，关系到各方投资者的利益能否得到保障，具有很强的政策性。因此财务成果的核算应包括以下两方面的内容。

#### （一）利润的形成

企业的利润，就其形成来看，既有通过生产经营活动而获得的，也有通过投资活动而获得的，还包括那些与生产经营活动无直接关系的事项所引起的盈亏。根据《企业会计制度》的规定，利润是指企业在一定会计期间的经营成果，包括营业利润、利润总额和净利润。营业利润加上营业外收入，减去营业外支出后的数额称为利润总额；利润总额减去所得税费用后的数额称为净利润。相关计算公式如下：

利润总额 = 营业利润 + 营业外收入 − 营业外支出

净利润 = 利润总额 − 所得税费用

1.营业利润

营业利润是企业利润的主要来源，主要由营业收入、营业成本、期间费用、资产减值损失、公允价值变动净收益、投资净收益等损益类科目构成。

2.营业外收入和营业外支出

营业外收入和营业外支出是指企业发生的与其生产经营活动无直接关系的各项收入和各项支出。其中，营业外收入主要包括政府补助、盘盈利得、捐赠利得、罚款收入等；营业外支出主要包括公益性捐赠支出、盘亏损失、罚款支出等。营业外收入和营业外支出不存在必然联系，因而不存在配比关系，应当分别核算，并在利润表中分列项目反映。

3.所得税费用

所得税费用是指企业应计入当期损益的所得税费用。它是企业按照税法规定，依据应纳税所得额计算并向国家交纳的税款，是企业利润总额的减项。由于会计利润的计算方法和税法上应纳税所得额的计算方法不一致，应纳税所得额要在会计利润的基础上按税法规定的口径调整计算。在会计核算上，应采用应付税款法或者纳税影响会计法核算所得税费用。

**（二）利润和分配**

企业净利润实现后，应当按规定进行分配。根据我国有关法规的规定，一般企业和股份制公司当期实现的净利润，首先是弥补以前年度的亏损，其次再按下列顺序进行分配。

1.提取法定盈余公积

法定盈余公积按照本年实现净利润的10%的比例提取。企业提取的法定盈余公积累计额达到其注册资本的50%以上时，可不再提取。企业提取的法定盈余公积主要用于弥补亏损和转增资本。

2.提取任意盈余公积

任意盈余公积的提取，是由企业自愿决定的，企业在经过股东大会决议之后可以提取任意盈余公积。

3.向投资者分配利润（或者股利，下同）

企业提取盈余公积后，还应按照合同或者协议的规定，向投资者分配利润。企业本年实现的净利润加上以前年度未分配利润（或者减去期初未弥补亏损）和其他转入后的余额，为企业可供分配的利润。可供分配的利润经过上述分配后的余额，即为未分配利润（或未弥补亏损）。未分配利润可留待以后年度进行分配；而未弥补亏损可按规定由以后年度实现的利润进行弥补。

## 二、财务成果核算的账户设置

根据财务成果形成及其分配业务核算的内容，应设置两类账户：一类为反映利润形成的账户；另一类为反映利润分配的账户。

微课：损益类科目结转业务处理

**（一）反映利润形成的账户**

为了总括地核算和监督企业利润的形成情况，除了前述的收入和费用类账户外，还应设置“投资收益”、“营业外收入”、“营业外支出”、“所得税费用”和“本年利润”等账户。这些账户的性质和基本结构如下：

1.“投资收益”账户

它属于损益类账户，用来核算企业对外投资取得的收益或者发生的损失。该账户的贷方登记对外投资所得到的收益；借方登记对外投资所发生的损失；期末将本期的投资净收益或者投资净损失结转到“本年利润”账户，结转后账户无余额。该账户应按投资收益的种类分设明细账，进行明细核算。

2.“营业外收入”账户

它属于损益类账户，用来核算企业发生的与其生产经营无直接关系的各项收入。该账户的贷方登记发生的营业外收入数；借方登记期末结转到“本年利润”账户的营业外收入数；结转后期末无余额。该账户应按营业外收入项目设置明细账，进行明细核算。

3.“营业外支出”账户

它属于损益类账户，用来核算企业发生的与其生产经营无直接关系的各项支出。该账户的借方登记发生的营业外支出数；贷方登记结转到“本年利润”账户的营业外支出数，结转后期末无余额。该账户应按营业外支出项目设置明细账，进行明细核算。

4.“资产处置损益”账户

它属于损益类账户，用来核算固定资产、无形资产、在建工程等因出售、转让等原因，产生的处置利得或损失。该账户借方登记处置非流动资产产生的净损失，贷方登记处置非流动资产产生的净收益。期末，将科目的余额转入“本年利润”账户。

5.“资产减值损失”账户

资产减值损失属于损益类科目，是指企业在资产负债表日，经过对固定资产、无形资产等的测试，判断资产的可收回金额低于其账面价值而计提资产减值损失准备所确认的相应损失。该账户借方登记损失的增加数，贷方登记损失的结转数。期末，将本科目余额转入“本年利润”科目。

6.“信用减值损失”账户

信用减值损失是损益类科目，是指企业在资产负债表日，经过对应收账款、其他应收款等金融资产的测试，判断资产的可收回金额低于其账面价值而计提资产减值损失准备所确认的相应损失。该账户借方登记损失的增加数，贷方登记损失的结转数。期末，将本科目余额转入“本年利润”科目。

7.“所得税费用”账户

它属于损益类账户，用来核算企业按规定从本期损益中减去的所得税费用。该账户的借方登记发生的所得税费用数额；贷方登记期末结转到“本年利润”账户的所得税费用数额；结转后期末无余额。

8.“本年利润”账户

它属于所有者权益类账户，用来核算企业在本年度实现的净利润（或者发生的净亏损）。该账户的贷方登记转入的“主营业务收入”、“其他业务收入”、“投资收益（贷方）”和“营业外收入”等账户的期末余额；借方登记转入的“主营业务成本”、“税金及附加”、“其他业务成本”、“销售费用”、“管理费用”、“财务费用”、“投资收益（借方）”、“营业外支出”、

“资产减值损失”、“信用减值损失”和“所得税费用”等账户的期末余额；年度终了，应将本年实现的净利润（或者净亏损）从该账户全部转入“利润分配——未分配利润”账户，结转后该账户无余额。

**（二）反映利润分配的账户**

为了总括地核算和监督企业净利润的分配情况，应设置“利润分配”“盈余公积”“应付股利”账户，这些账户的性质和基本结构如下。

1.“利润分配”账户

它属于所有者权益类账户，用来核算企业利润（或者亏损）历年分配（或者弥补）的积存余额。该账户的借方登记利润分配数或者年末从“本年利润”账户转入的待弥补亏损数；贷方登记年末从“本年利润”账户转入的净利润；年末若为贷方余额，表示历年积存的未分配利润；若为借方余额，表示历年积存未弥补的亏损。该账户还应按利润分配的内容设置以下明细账，进行明细核算：①提取法定盈余公积。②提取任意盈余公积。③应付股利（利润）。④未分配利润。⑤盈余公积补亏等。

2.“盈余公积”账户

它属于所有者权益类账户，用来核算企业从净利润中提取的法定盈余公积和任意盈余公积。该账户的贷方登记提取的盈余公积，借方登记盈余公积的补亏数额或者转增资本数额；期末贷方余额反映企业提取的盈余公积结余额。该账户应按盈余公积的种类设置明细科目进行明细核算。

3.“应付股利”账户

它属于负债类账户，用来核算企业经董事会或者股东大会，或者类似权力机构决议确定分配的现金股利或者利润。该账户的贷方登记按规定应分配给投资者的现金股利或者利润；借方登记已支付给投资者的现金股利或者利润；期末贷方余额反映企业尚未支付的现金股利或者利润。

## 三、财务成果的账务处理

【例4-37】2019年12月31日，有诚公司以银行存款4 914元支付税款的滞纳金和罚款。

分析：这项经济业务涉及“银行存款”“营业外支出”两个账户。一方面支付的滞纳金和罚款不属于正常的经营业务，应作营业外支出处理，记入“营业外支出”账户的借方；另一方面款项的支付，使存款减少，应记入“银行存款”账户的贷方。这项经济业务编制的会计分录如下：

| | | |
|---|---|---|
| 借：营业外支出 | 4 914 | |
| 　　贷：银行存款 | | 4 914 |

【例4-38】2019年12月31日，有诚公司出售无形资产，取得收入200 000元并存入银行。该项无形资产的账面余值为198 000元（不考虑增值税）。

分析：这项经济业务涉及“银行存款”、“无形资产”和“资产处置损益”三个账户。一方面因出售而转出无形资产的价值，使资产减少；出售收入减去无形资产的账面余值后的余额，作为无形资产出售的净收益，使资产处置损益增加，以上事项应分别记入“无形资产”和“资产处置损益”账户的贷方。这项经济业务编制的会计分录如下：

| | | |
|---|---|---|
| 借：银行存款 | 200 000 | |

贷：无形资产　　198 000

资产处置损益　　2 000

【例4-39】2019年12月31日，有诚公司收到理财产品的分红500 000元，已存入银行。

分析：这项经济业务涉及“投资收益”和“银行存款”两个账户。一方面分回投资利润，使收益增加，应记入“投资收益”账户的贷方；另一方面将利润存入银行，使银行存款增加，应记入“银行存款”账户的借方。这项经济业务编制的会计分录如下：

借：银行存款　　500 000

贷：投资收益　　500 000

【例4-40】2019年12月31日，有诚公司期末结转本期收益，经核算本月公司各收入类账户的贷方余额见表4-6。

表4-6　收入类账户贷方余额

| 总账科目 | 金额 |
| --- | --- |
| 主营业务收入 | 1 098 000 |
| 其他业务收入 | 200 000 |
| 投资收益 | 500 000 |
| 资产处置损益 | 2 000 |

分析：这项经济业务是期末对企业本月收入的结转，以计算本期财务成果。收入使本年利润增加，应将收入类账户的贷方余额从这些账户的借方结转到“本年利润”账户的贷方，这项经济业务编制的会计分录如下：

借：主营业务收入　　1 098 000

其他业务收入　　200 000

投资收益　　500 000

资产处置损益　　2 000

贷：本年利润　　1 800 000

【例4-41】2019年12月31日，有诚公司期末结转本期成本、费用和支出。经核算本月企业各费用类账户的借方余额见表4-7。

表4-7　费用类账户借方余额

| 总账科目 | 金额 |
| --- | --- |
| 主营业务成本 | 703 226 |
| 税金及附加 | 4 000 |
| 其他业务成本 | 108 000 |
| 销售费用 | 4 000 |
| 管理费用 | 31 940 |
| 财务费用 | 6 000 |
| 信用减值损失 | 3 000 |
| 营业外支出 | 4 914 |

分析：这项经济业务是期末对企业本月成本、费用和支出的结转，以计算企业本期的财

务成果。费用的增加使利润减少，结转时，应将费用类账户的借方余额从这些账户的贷方结转到“本年利润”账户的借方。这项经济业务编制的会计分录如下：

| | | |
|---|---|---|
| 借：本年利润 | 865 080 | |
| 　贷：主营业务成本 | | 703 226 |
| 　　税金及附加 | | 4 000 |
| 　　其他业务成本 | | 108 000 |
| 　　销售费用 | | 4 000 |
| 　　管理费用 | | 31 940 |
| 　　财务费用 | | 6 000 |
| 　　信用减值损失 | | 3 000 |
| 　　营业外支出 | | 4 914 |

以上两笔会计分录，将本月所有收入与费用都结转到“本年利润”账户。“本年利润”账户的贷方发生额（即本期收入合计）减去借方发生额（即本期费用合计）后的差额为934 920元，即为本月企业所实现的利润总额。

【例4-42】2019年12月31日，有诚公司根据本月实现利润总额（假设无纳税调整事项）的25%计算本月应交所得税费用为233 730元。

分析：这项经济业务涉及“所得税费用”和“应交税费”两个账户。一方面按利润总额计算所得税费用，是对企业的利润的扣除，作为一项费用处理，应记入“所得税费用”账户的借方；另一方面计提尚未交纳的所得税费用，使企业负债增加，应记入“应交税费”账户的贷方。这项经济业务编制的会计分录如下：

| | | |
|---|---|---|
| 借：所得税费用 | 233 730 | |
| 　贷：应交税费——应交企业所得税 | | 233 730 |

【例4-43】2019年12月31日，有诚公司结转本月所得税费用233 730元。

分析：这项经济业务是期末对企业所得税费用的结转，以便计算本期企业净利润。结转时，应从“所得税费用”账户的贷方结转到“本年利润”账户的借方。这项经济业务编制的会计分录如下：

| | | |
|---|---|---|
| 借：本年利润 | 233 730 | |
| 　贷：所得税费用 | | 233 730 |

【例4-44】2019年12月31日，将全年实现的净利润结转到利润分配。有诚公司本月净利润701 190元（934 920−233 730），假设1—11月累计实现净利润7 298 810元，全年净利润为8 000 000元。

分析：这项经济业务是对企业本年度实现的净利润的结转，应将企业本年净利润从“本年利润”账户的借方，结转到“利润分配——未分配利润”账户的贷方，以便与后述结转的已分配利润进行比较，最终计算企业本年度未分配利润。这项经济业务编制的会计分录如下：

| | | |
|---|---|---|
| 借：本年利润 | 8 000 000 | |
| 　贷：利润分配——未分配利润 | | 8 000 000 |

【例4-45】2019年12月31日，有诚公司按本年净利润的10%、5%分别提取法定盈余公积和任意盈余公积。本年净利润为8 000 000元（7 298 810+934 920−233 730），应提取法定

盈余公积800 000元，应提取任意盈余公积400 000元。

分析：这项经济业务涉及“利润分配”和“盈余公积”两个账户。一方面对企业的净利润进行分配，应记入“利润分配”账户的借方；另一方面提取的盈余公积，留存企业，使所有者权益增加，应记入“盈余公积”账户的贷方。这项经济业务编制的会计分录如下：

借：利润分配——提取法定盈余公积　　800 000
　　　　　　——提取任意盈余公积　　400 000
　贷：盈余公积——法定盈余公积　　800 000
　　　　　　　——任意盈余公积　　400 000

【例4-46】2019年12月31日，有诚公司根据协议规定，按利润的40%向投资者分配利润3 200 000元。

分析：这项经济业务涉及“利润分配”和“应付股利”两个账户。一方面对企业的净利润进行分配，应记入“利润分配”账户的借方；另一方面利润应分配但尚未支付给投资者，使负债增加，应记入“应付股利”账户的贷方。这项经济业务编制的会计分录如下：

借：利润分配——应付股利　　3 200 000
　贷：应付股利　　3 200 000

【例4-47】2019年12月31日，有诚公司结转全年已分配利润4 400 000元。

分析：这项经济业务是对企业本年度已分配利润的结转，应将“利润分配”账户下设的除“未分配利润”明细账户外的其他明细账户的期末余额，全部结转到“未分配利润”明细账户。经过结转后，“利润分配”账户下设的明细账户中只有“未分配利润”明细账户有期末余额，其余明细账户均无余额。而“未分配利润”明细账户的余额反映企业本年度未分配的利润。在资产负债表中，“未分配利润”作为所有者权益项目单独列示。这项经济业务编制的会计分录如下：

借：利润分配——未分配利润　　4 400 000
　贷：利润分配——提取法定盈余公积　　800 000
　　　　　　　——提取任意盈余公积　　400 000
　　　　　　　——应付股利　　3 200 000

【例4-44】和【例4-47】所列示的两个会计分录，将本年已实现未分配的净利润和已分配的净利润都结转到“利润分配——未分配利润”账户。将“利润分配——未分配利润”账户的贷方发生额与借方发生额相抵后，差额3 600 000元即为企业本年度未分配利润。

知识链接：中国企业会计准则体系

中国企业会计准则体系，由《企业会计准则——基本准则》和42项具体准则构成，分别为：

第1号——存货；

第2号——长期股权投资；

第3号——投资性房地产；

第4号——固定资产；
第5号——生物资产；
第6号——无形资产；
第7号——非货币性资产交换；
第8号——资产减值；
第9号——职工薪酬；
第10号——企业年金基金；
第11号——股份支付；
第12号——债务重组；
第13号——或有事项；
第14号——收入；
第15号——建造合同；
第16号——政府补助；
第17号——借款费用；
第18号——所得税；
第19号——外币折算；
第20号　　企业合并；
第21号——租赁；
第22号——金融工具确认和计量；
第23号——金融资产转移；
第24号——套期会计；
第25号——原保险合同；
第26号——再保险合同；
第27号——石油天然气开采；
第28号——会计政策、会计估计变更和差错更正；
第29号——资产负债表日后事项；
第30号——财务报表列报；
第31号——现金流量表；
第32号——中期财务报告；
第33号——合并财务报表；
第34号——每股收益；
第35号——分部报告；
第36号——关联方披露；
第37号——金融工具列报；
第38号——首次执行企业会计准则；
第39号——公允价值计量；
第40号——合营安排；
第41号——在其他主体中权益的披露；
第42号——持有待售的非流动资产、处置组和终止经营。

# 项目测试

姓名________ 学号________ 成绩________

一、单项选择题

1.分配生产车间直接参加产品生产工人的职工薪酬时，应借记的账户是（ ）。

A.生产成本　　B.制造费用

C.管理费用　　D.应付职工薪酬

2.企业根据净利润的一定比例计提盈余公积，会计分录为（ ）。

A.借：利润分配——提取法定（或任意）盈余公积
　　贷：盈余公积——法定（或任意）盈余公积

B.借：利润分配——未分配利润
　　贷：盈余公积——法定（或任意）盈余公积

C.借：盈余公积——法定（或任意）盈余公积
　　贷：未分配利润

D.借：盈余公积——法定（或任意）盈余公积
　　贷：本年利润

3.应在“应付职工薪酬”账户贷方登记的是（ ）。

A.本月实际支付的工资数　　B.本月应分配的工资总额

C.本月结转的代扣款项　　D.本月多支付的工资数

4.下列账户中，用于计算商品、产品制造成本的是（ ）。

A.主营业务成本　　B.其他业务成本

C.库存商品　　D.制造费用

5.下列各项不通过制造费用核算的是（ ）。

A.生产用设备的日常修理费用　　B.车间的折旧费

C.车间的办公费　　D.车间的机物料消耗

6.“利润分配”科目归属于（ ）。

A.资产要素　　B.负债要素

C.利润要素　　D.所有者权益要素

7.假设企业全年应纳税所得额为180 000元，按税法规定的税率25%计算应纳所得税额，下列账务处理中正确的是（ ）。

A.借：所得税费用　　45 000
　　贷：银行存款　　45 000

B.借：税金及附加　　45 000
　　贷：应交税费——应交所得税　　45 000

C.借：税金及附加　　45 000
　　贷：银行存款　　45 000

D.借：所得税费用　　45 000

贷：应交税费——应交所得税 45 000

8.企业发生因债权人撤销而无法支付的应付账款时，应将其记入（ ）账户。

A.“资本公积” B.“其他应付款”

C.“营业外收入” D.“营业外支出”

9.下列各账户中，期末一般无余额的是（ ）。

A.管理费用 B.生产成本

C.利润分配 D.应付账款

10.企业3月份发生城市维护建设税10万元，教育费附加3万元，消费税2万元，所得税为40万元，则根据此资料，应记入税金及附加科目的金额为（ ）万元。

A.15 B.13 C.55 D.5

11.某企业2014年2月1日销售商品一批，售价为20 000元，销售过程中发生运费200元、装卸费1 200元。则该企业应确认的收入为（ ）元。

A.20 000 B.22 600 C.19 600 D.22 932

12.下列各项应计入利润表“税金及附加”项目的是（ ）。

A.增值税、所得税、消费税

B.增值税、消费税、印花税

C.消费税、城市维护建设税、教育费附加

D.资源税、印花税、个人所得税

13.企业“应付账款”账户的借方余额反映的是（ ）。

A.应付未付供货单位的款项 B.预收购货单位的款项

C.预付供货单位的货款 D.应收购货单位的货款

14.下列各项在“信用减值损失”账户核算的是（ ）。

A.固定资产可能存在的跌价准备

B.存货可能存在的跌价准备

C.应收账款确认已经产生的坏账

D.应收账款预计可能产生的坏账

15.企业为了满足其生产经营对资金的临时性需要而向银行或其他金融机构等借入的偿还期限在一年以内（含一年）的各种借款指的是（ ）。

A.短期借款 B.长期借款

C.应付债券 D.应付账款

16.下列各项不会引起利润总额增减变化的是（ ）。

A.所得税费用 B.管理费用

C.销售费用 D.营业外支出

17.企业的投资者按照企业章程、合同或协议的约定，实际投入企业的资本金以及按照有关规定由资本公积、盈余公积等转增资本的资金指的是（ ）。

A.实收资本 B.未分配利润

C.资本溢价 D.银行存款

18.企业的资金筹集业务按（ ）分为所有者权益筹资和负债筹资。

A.资金来源 B.资金运用

C.资金分配　　　　D.资金占用

19.产品生产过程就是生产消耗过程，通过各种生产要素的结合，制造出各种产品，即制造企业经营的核心，指的是（　　）。

A.生产业务　　　　B.销售业务

C.采购业务　　　　D.资金筹集业务

20.按照《公司法》的有关规定，公司应当按照当年净利润（抵减年初累计亏损）后的（　　）提取法定盈余公积。

A.5%　　B.15%　　C.10%　　D.7%

二、多项选择题

1.制造费用在进行分配时，可以采用的分配标准有（　　）。

A.机器工时　　B.人工工时　　C.计划分配　　D.约当分配

2.职工薪酬中的“职工”是指与企业订立劳动合同的所有人员，也包括未与企业订立正式劳动合同，但由企业正式任命的人员，其中包括（　　）。

A.董事会成员　　B.兼职人员　　C.临时职工　　D.劳务用工合同人员

3.企业的职工薪酬主要包括（　　）。

A.工资　　B.奖金　　C.津贴　　D.福利费

4.生产费用是指与企业日常生产经营活动有关的费用，按其经济用途可分为（　　）。

A.直接材料　　B.直接人工　　C.制造费用　　D.管理费用

5.所有者投入的资本主要包括（　　）。

A.实收资本　　B.资本公积　　C.盈余公积　　D.未分配利润

6.利润分配的明细科目包括（　　）。

A.提取任意盈余公积　　　　B.提取法定盈余公积

C.未分配利润　　　　D.给投资者分配股利

7.企业当年实现净利润100万元，按25%的所得税税率计算，本年度缴纳所得税为25万元，则该项经济业务涉及的账户有（　　）。

A.应交税费　　B.税金及附加　　C.银行存款　　D.所得税费用

8.下列项目中，应记入“营业外支出”账户的有（　　）。

A.广告费　　B.借款利息　　C.被罚款　　D.捐赠支出

9.下列各项属于损益类科目的有（　　）。

A.管理费用　　B.销售费用　　C.制造费用　　D.财务费用

10.甲公司主营业务是生产并销售产品，该公司某月销售一批原材料，共500千克，单位成本每千克30元（未计提减值），单价为每千克40元，不考虑增值税，款项已经收到。应编制会计分录（　　）。

A.借：银行存款　　20 000

　　贷：主营业务收入　　20 000

B.借：银行存款　　20 000

　　贷：其他业务收入　　20 000

C.借：其他业务成本　　15 000

贷：原材料　　15 000

D.借：主营业务成本　　15 000

贷：原材料　　15 000

11.下列各项会影响营业利润计算的有（　　）。

A.营业外收入　B.税金及附加　C.营业成本　D.销售费用

12.下列各项中，通过“其他业务成本”账户核算的有（　　）。

A.出租无形资产的摊销额

B.销售材料的成本

C.出租包装物的成本或摊销额

D.销售商品的成本

13.企业结转生产完工验收入库产品的生产成本时，编制会计分录可能涉及的账户有（　　）。

A.生产成本　B.制造费用　C.主营业务成本　D.库存商品

14.下列关于“应付账款”账户的表述中，正确的有（　　）。

A.一般应按照债权人设置明细科目进行明细核算

B.借方登记偿还的应付账款或已冲销的无法支付的应付账款

C.贷方登记企业购买材料、商品和接受劳务等而发生的应付账款

D.期末贷方余额反映企业尚未支付的应付账款

15.下列各项与固定资产核算相关的科目有（　　）。

A.在建工程　B.累计摊销　C.累计折旧　D.固定资产

三、判断题

1.企业根据有关规定应付给职工的各种薪酬，包括职工工资、奖金、津贴和补贴、职工福利费等均应通过“应付职工薪酬”科目进行核算。（　）

2.对于直接用于某种产品生产的材料费用，要先通过“制造费用”科目进行归集，期末再同其他间接费用一起按照一定的标准分配计入有关产品成本。（　）

3.为核算各种商品的收发和使用情况，企业应当设置“库存商品”科目，其期末余额通常在借方，反映各种库存商品的实际成本或计划成本。（　）

4.“盈余公积”账户属于所有者权益类账户，该账户借方登记提取的盈余公积，贷方登记实际使用的盈余公积。期末借方余额反映结余的盈余公积。（　）

5.企业计算所得税费用时应以净利润为基础，根据适用税率计算确定。（　）

6.营业外支出是指跟主营业务相关的支出。（　）

7.“税金及附加”账户在期末结转时，借记“税金及附加”科目，贷记“本年利润”科目。（　）

8.商品取得的收入均属于“主营业务收入”，而提供劳务取得的收入则属于“其他业务收入”。（　）

9.利润总额 = 营业利润 + 营业外收入 − 营业外支出。（　）

10.“税金及附加”科目主要核算企业经营活动发生的增值税、印花税、消费税、所得税等相关税费。（　）

四、业务题

1.练习筹集资金过程中主要的经济业务核算

（1）银行借入期限为10个月的短期借款200 000元，存入存款账户。

（2）根据协议，投资者甲以一套机器设备作为投入资本，双方协商确认价值为600 000元，已收到实物清单和单据。

（3）企业建造厂房，向银行借入为期两年的一笔款项900 000元，款项已划拨存入银行。

（4）收到银行的收款通知：投资者乙投入资本金500 000元。

（5）经批准，企业将已实现的部分资本公积700 000元转增资本。

（6）经批准，企业将部分盈余公积250 000元转增资本。

要求：根据上述业务编制会计分录。

2.练习供应过程中主要的经济业务核算

（1）1日，购入甲材料一批，价款为100 000元，增值税税率为13%，税额为13 000元，全部款项已用银行存款支付，材料已验收入库。

（2）5日，购入乙材料一批，增值税专用发票注明的价款为200 000元，增值税税额为26 000元，企业开出商业承兑汇票一张，票面金额为226 000元，材料尚在运输途中。

（3）8日，购入丙材料一批，价税合计为90 400元，增值税税率为13%，材料已验收入库，款项未付。

（4）从佳能公司购入甲材料1 000千克，每千克买价20元，增值税2 600元，货款由银行存款支付，材料尚未运到。

（5）从华能公司购A材料2 000千克，每千克30元，增值税税率13%，运费2 000元，运费增值税税率9%，货款及运费均未支付，材料已到达并验收入库。

（6）向上华公司订购丙材料，通过银行转账预付货款10 000元。

（7）收到向上华公司订购的丙材料，增值税发票注明的材料价款为80 000元，增值税税额为10 400元，余款以银行存款支付。

要求：根据上述业务编制会计分录。

3.练习生产过程中主要的经济业务核算

（1）本月仓库共发出甲材料44 000元，其中生产A产品领用16 000元，生产B产品领用11 800元，车间管理部门耗用1 200元，行政管理部门耗用9 000元，对外发出委托加工物资5 000元，销售部门领用1 000元。

（2）计提本月职工工资55 000元，其中A产品生产工人工资23 000元，B产品生产工人工资15 000元，车间管理人员工资2 900元，行政管理人员工资4 100元，销售部门人员工资10 000元。

（3）决定给员工每人发放200元福利费，其中生产A产品工人3 000元，生产B产品工人4 000元，生产车间管理人员800元，行政管理人员1 000元，销售人员2 000元。

（4）计提本月固定资产折旧8 670元，其中，车间使用固定资产折旧6 015元，管理部门使用固定资产折旧2 655元。

（5）以银行存款支付本月水电费4 650元，其中，车间用水电费2 379元，管理部门用水电费2 271元。

（6）结转本月制造费用。按生产工时比例分配，A、B产品的生产工时分别为20 000小时和10 000小时。

（7）本月A、B产品生产全部完工入库，结转其实际生产成本。

要求：编制以上经济业务的会计分录。

4.练习销售过程中主要的经济业务核算

（1）售出A产品1 200件，每件售价120元，共计144 000元，增值税18 720元，货款已收到并存入银行。

（2）以银行存款支付广告费22 000元。

（3）出售B产品2 000件给红光公司，每件售价130元，共计260 000元，增值税33 800元，货款尚未收到。

（4）收到民族商场预购B产品的货款10 000元。

（5）银行通知，收到大华公司以前所欠的货款150 600元。

（6）售出A产品300件给力能公司，每件售价120元，共计36 000元，增值税4 680元，收到力能公司开来的面额为40 680元、期限为3个月的商业承兑汇票一张。

（7）发给民族商场预购的B产品2 100件，每件售价130元，共计273 000元，增值税35 490元，同时收到民族商场补付的货款，款项存入银行。

（8）月末结转本月已售出A、B两种产品的实际成本（见表4-8）。

表4-8　A、B两种产品的实际成本　金额单位：元

| 名称 | 销量（件） | 单位生产成本 | 总成本 |
|---|---|---|---|
| A产品 | 1 500 | 80 | 120 000 |
| B产品 | 4 100 | 90 | 369 000 |
| 合计 | | | 489 000 |

（9）月末，计提本月应交城市维护建设税14 000元，应交教育费附加6 000元。

要求：编制以上经济业务的会计分录。

5.练习财务成果核算过程主要经济业务的核算

（1）预提本月短期借款利息600元。

（2）取得罚款收入1 500元，已存入银行。

（3）仓库发生意外火灾，损失甲材料一批，成本为2 100元。

（4）月末，结转本月发生的管理费用32 000元。

（5）月末，结转本月发生的财务费用6 000元。

（6）月末，结转本月主营业务收入793 000元。

（7）月末，结转本月其他业务收入3 000元。

（8）月末，结转本月主营业务成本489 000元。

（9）月末，结转本月销售费用20 300元。

（10）月末，结转本月发生的税金及附加4 100元。

（11）月末，结转本月发生的其他业务成本1 060元。

（12）根据（4）—（11）的资料结转“本年利润”。

要求：编制以上经济业务的会计分录。

6.练习财务成果分配过程主要经济业务的核算

（1）企业将本期实现的净利润200万元转入“利润分配——未分配利润”账户。

（2）按企业本期实现净利润的10%提取法定盈余公积。

（3）企业将本期实现的净利润的40%给投资者分红。

（4）结平“利润分配——未分配利润”账户。

要求：编制以上经济业务的会计分录。

项目测试及答案

# 项目五
# 编制和审核会计凭证

# 项目五　编制和审核会计凭证

◇ **学习目标**

1.掌握会计凭证的概念和种类；
2.了解填制、审核会计凭证的重要意义；
3.掌握会计凭证的填制、审核、传递的基本要求和方法；
4.学会正确使用会计凭证。

# 任务一　认知会计凭证

## 一、会计凭证的意义

为了如实地反映会计主体经济业务的发生情况，明确各项经济业务经办人的经济责任，在经济业务发生时，必须取得和填制有关的会计凭证。例如，从银行提取一笔现金备用，这笔经济业务需开具现金支票，在支票中应填明提取现金的用途、金额，加盖单位财务专用章及其他相关印章等，将现金支票的正联送交银行据以提取现金，单位留下存根联，作为从银行提取现金这笔业务的会计凭证。这样，既能如实地反映该项经济业务的发生，又能明确经济责任，同时还能作为登记库存现金日记账等账簿的依据。又如，外购材料一批，已付款。为如实反映这笔经济业务的发生情况，必须从销货方取得该批材料的发票，发票中应填明销货方名称、购货方名称以及材料的数量、单价、金额等，同时须加盖销货方的有关印章以示责任；另外，支付购料款的过程中应填制有关付款凭证并向对方索取收据。以上发票、付款凭证、收款收据均作为该笔经济业务的会计凭证，以示在途物资、付款业务的发生，同时可明确有关单位、经办人的责任，又可作为登记材料等有关账簿的依据。如实地填制和有效地审核会计凭证，具有如下的意义：

### （一）可以如实地反映经济业务的完成情况

会计凭证是经济业务的载体，每项经济业务的发生都将在会计凭证中加以反映。所有经济业务执行、完成情况的原始面貌，都会在会计凭证中显示出来。这样，既可以满足会计核算客观性原则的要求，又为进一步进行会计核算提供真实、可靠的原始依据。

### （二）可以加强经济责任制

会计凭证的填制，包括经办人员签名或者盖章这一内容。这样，可以促使经办人员明确自己的职责，增强其责任感，严格按照有关政策和制度处理经济业务。一旦出现经济纠纷等有关问题，便于检查和分清责任，从而加强经济责任制。

### （三）为登记账簿提供依据

进行会计凭证的填制和审核，其主要目的是为会计账簿的登记提供依据。以审核无误的会计凭证为依据进行账簿登记，可以分类提供连续、系统的会计信息资料。同时，也保证了会计账簿的可验证性。

### （四）发挥会计的监督作用，检查经济业务的合法性和合理性

通过对会计凭证的审核，可以检查经济业务是否符合国家有关政策、法令、制度，有无违法乱纪行为。例如，通过有关结算凭证的审核，可以检查结算业务是否符合银行结算纪律；通过对有关费用成本原始凭证的审核，可以检查费用成本的发生是否遵守了国家规定的

成本开支范围等。另外，通过会计凭证审核，可以检查经济业务的合理性，发现不合理现象，并查明原因，及时予以制止或者防止以后再度发生。

## 二、会计凭证的种类

由于经济业务多种多样，使得不同经济业务的会计凭证从具体格式到填制的内容都不尽相同，但是，可以将其按照一定的标准进行分类。一般地，会计凭证按照填制程序和用途进行分类，可分为原始凭证和记账凭证两大类。

### （一）原始凭证

原始凭证是指在经济业务发生时取得或填制的，用来记录经济业务发生或完成情况，具有法律效力的书面证明。

原始凭证是伴随着经济业务的发生而出现的，是进行会计核算的初始资料和依据。因此，原始凭证必须能够证明经济业务已经发生或者完成。例如，采购材料的“发票”，就能够证明在途物资业务已经发生；银行存款的付款凭证（如“转账支票”），就能证明付款业务已经发生并完成；如“收料单”、“领料单”、“收据”和“借据”等，均可作为会计核算的原始凭证。不能证明经济业务已经发生或完成的“貌似”原始凭证的书面资料如“经济合同”、“材料请购单”等，均不能作为会计核算的原始凭证。

微课：会计凭证的种类

原始凭证又可以按不同标准进一步分为不同类别，具体分类标准及分类结果如下：

1. 按来源不同，原始凭证可分为外来原始凭证和自制原始凭证

外来原始凭证是指经济业务发生时，从其他单位或个人处取得的原始凭证，如购买材料从外单位取得的“发票”、从运输部门取得的“运货单”、银行转来的“收款通知单”和“付款通知单”等。

自制原始凭证是指本单位内部经办业务的部门和人员，在办理经济业务时自行填制的原始凭证，如材料验收入库时的“收料单”、材料领用出库时的“领料单”等。

2. 按填制次数不同，原始凭证可分为一次凭证和累计凭证

一次凭证是指在经济业务发生时一次填制完成，用来记录一项或者若干项同类经济业务的原始凭证。如上述外来原始凭证都是一次凭证。

累计凭证是指在一定时期内连续多次记载若干项不断重复发生的相同经济业务的原始凭证。累计凭证可连续填制到期末，并以期间内的累计数作为记账的依据，如工业企业发出材料时填制的“限额领料单”，如图5-1所示。

3. 按记录经济业务数量不同，原始凭证可分为单项原始凭证和汇总原始凭证

单项原始凭证是指只记录一项经济业务的原始凭证，如外来原始凭证和销货时的“发货单”等自制原始凭证。

汇总原始凭证是指按反映一定期间许多同类经济业务的原始凭证汇总编制的原始凭证，如“工资结算汇总表”、“收料汇总表”和“发料凭证汇总表”（见表5-1）等。

4. 按适用范围不同，原始凭证可分为通用原始凭证和单位内部使用原始凭证

通用原始凭证是指在全国或者某一地区统一格式、统一印制、统一使用的原始凭证，如“增值税专用发票”、银行的有关结算凭证等，单位内部使用原始凭证是指根据单位自身经济业务特点，自行设计印制且仅限于本单位使用的原始凭证，如“收料单”“领料单”“差旅费报销单”“借款单”等。

## 限额领料单

领料单位：加工车间　　　　编　　号：限领1

用　　途：生产钢电车线　　2019年8月　　发料仓库：1号库

| 材料类别 | 材料编号 | 材料名称及规格 | 计量单位 | 全月领用限额 | 实际领用 | | | 备注 |
|---|---|---|---|---|---|---|---|---|
| | | | | | 数量 | 单位成本（元） | 金额（元） | |
| 原材料 | 1107 | 1°钢电解质 | 吨 | 40 | 40 | 5 000 | 200 000 | |

| 日期 | 请领 | | 实发 | | | 退回 | | | 限额结余 |
|---|---|---|---|---|---|---|---|---|---|
| | 数量 | 领料单位负责人签章 | 数量 | 发料人签章 | 领料人签章 | 数量 | 收料人签章 | 退料人签章 | |
| 8.2 | 8 | 高忠 | 8 | 李兵 | 李明 | | | | 32 |
| 8.12 | 10 | 高忠 | 10 | 李兵 | 李明 | | | | 22 |
| 8.20 | 12 | 高忠 | 12 | 李兵 | 李明 | | | | 10 |
| 8.28 | 10 | 高忠 | 10 | 李兵 | 李明 | | | | 0 |
| 合计 | 40 | | 40 | | | | | | |

生产计划部门负责人：张华　　供应部门负责人：王成　　仓库负责人：李兵

图5-1　限额领料单

表5-1

发料凭证汇总表

2019年8月　　单位：元

| 项目 | | 生产成本 | 制造费用 | 管理费用 | 在建工程 | 合计 |
|---|---|---|---|---|---|---|
| 原材料 | 原材料及主要材料 | 13 000 | 2 000 | 1 000 | 4 000 | 20 000 |
| | 辅助材料 | 2 000 | 1 000 | 2 000 | 5 000 | 10 000 |
| | 外购件 | 4 000 | 1 000 | 1 000 | 4 000 | 10 000 |
| | 燃料 | 1 000 | 6 000 | 2 000 | | 9 000 |
| 合计 | | 20 000 | 10 000 | 6 000 | 13 000 | 49 000 |

制表：刘玉

上述各种原始凭证，无论是自制的原始凭证、外来的原始凭证还是汇总原始凭证，一般都是以实际发生的经济业务为依据填制的。但也有一些自制原始凭证，是根据账簿记录，把某一项经济业务加以归类、整理而重新编制的。例如，在月末提取折旧时编制的“固定资产折旧计算表”，是根据固定资产明细账的记录汇总编制的；在计算产品成本时编制的“原材料成本计算表”，是根据原材料明细账的记录数字编制的。这种根据账簿记录编制的原始凭证，称为记账编制凭证，其格式和内容见表5-2。

表5-2　　　　　　　　　　　　原材料成本计算表

2019年8月25日

| 材料类别 | | 月初 | | | 本月购入 | | | 合计 | | |
|---|---|---|---|---|---|---|---|---|---|---|
| | | 数量（吨） | 单价（元/吨） | 金额（元） | 数量（吨） | 单价（元/吨） | 金额（元） | 数量（吨） | 单价（元/吨） | 金额（元） |
| 原材料 | 铁板 | 10 | 2 110 | 21 100 | 100 | 2 000 | 200 000 | 110 | 2 010 | 221 100 |
| | 钢管 | 5 | 12 950 | 64 750 | 10 | 13 100 | 131 000 | 15 | 13 050 | 195 750 |
| | 钢板 | 20 | 6 200 | 124 000 | 20 | 6 100 | 122 000 | 40 | 6 150 | 246 000 |
| | 套件 | 10 | 981 | 9 810 | 800 | 900 | 720 000 | 810 | 901 | 729 810 |
| | 仪表 | 50 | 910 | 45 500 | 500 | 800 | 400 000 | 550 | 810 | 445 500 |
| 合计 | | 95 | | 265 160 | 1 430 | | 1 573 000 | 1 525 | | 1 838 160 |

会计主管：李华　　　　　　　　　　　　　　制单：刘玉

### （二）记账凭证

记账凭证是指根据审核无误后的原始凭证填制的，用来确定会计分录并直接作为记账依据的会计凭证。换言之，在实际会计工作中，编制会计分录是通过记账凭证来实现的。记账凭证可以进一步分类如下：

1.按适用的经济业务不同，记账凭证可分为通用记账凭证和专用记账凭证

通用记账凭证是适用于任何经济业务的记账凭证，即无论何种业务均采用相同格式的记账凭证，如图5-2所示。

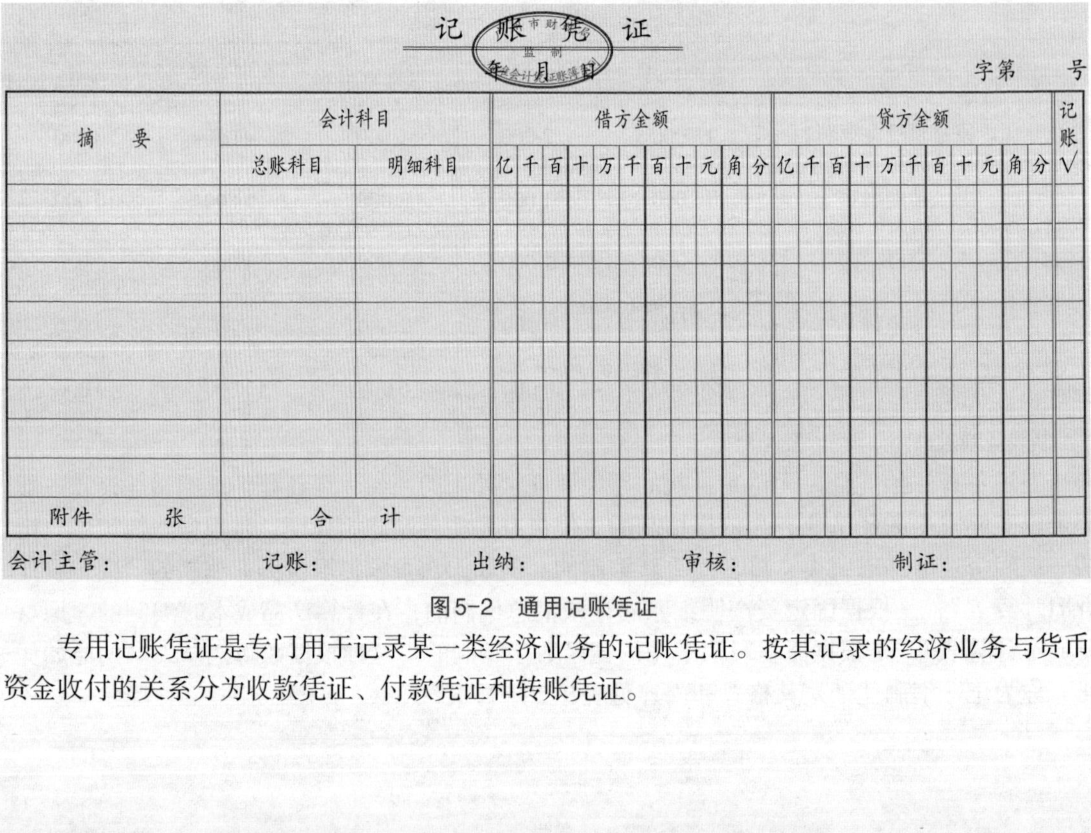
记账凭证

年　月　日　　　　　　　　　　　　字第　　号

| 摘要 | 会计科目 | | 借方金额 | | | | | | | | | | | 贷方金额 | | | | | | | | | | | 记账√ |
|---|---|---|---|---|---|---|---|---|---|---|---|---|---|---|---|---|---|---|---|---|---|---|---|---|---|
| | 总账科目 | 明细科目 | 亿 | 千 | 百 | 十 | 万 | 千 | 百 | 十 | 元 | 角 | 分 | 亿 | 千 | 百 | 十 | 万 | 千 | 百 | 十 | 元 | 角 | 分 | |
| 附件　张 | 合计 | | | | | | | | | | | | | | | | | | | | | | | | |

会计主管：　　记账：　　出纳：　　审核：　　制证：

图5-2　通用记账凭证

专用记账凭证是专门用于记录某一类经济业务的记账凭证。按其记录的经济业务与货币资金收付的关系分为收款凭证、付款凭证和转账凭证。

（1）收款凭证。收款凭证是指反映现金、银行存款收入业务的记账凭证。其具体可分为现金收款凭证和银行存款收款凭证，如图5-3所示。

**收　款　凭　证**

借方科目：　　　　　　　　　年　月　日　　　　　　　　　字第　　号

| 摘　要 | 贷方科目 | | 金　额 | | | | | | | | | | | 记账√ |
|---|---|---|---|---|---|---|---|---|---|---|---|---|---|---|
| | 总账科目 | 明细科目 | 亿 | 千 | 百 | 十 | 万 | 千 | 百 | 十 | 元 | 角 | 分 | |
| | | | | | | | | | | | | | | |
| | | | | | | | | | | | | | | |
| | | | | | | | | | | | | | | |
| | | | | | | | | | | | | | | |
| | | | | | | | | | | | | | | |
| | | | | | | | | | | | | | | |
| | | | | | | | | | | | | | | |
| | | | | | | | | | | | | | | |
| 附件　张 | 合　计 | | | | | | | | | | | | | |

会计主管：　　　　记账：　　　　出纳：　　　　审核：　　　　制证：

图5-3　收款凭证

（2）付款凭证。付款凭证是指反映库存现金、银行存款付出业务的记账凭证。其具体可分为现金付款凭证和银行存款付款凭证，如图5-4所示。

**付　款　凭　证**

贷方科目：　　　　　　　　　年　月　日　　　　　　　　　字第　　号

| 摘　要 | 借方科目 | | 金　额 | | | | | | | | | | | 记账√ |
|---|---|---|---|---|---|---|---|---|---|---|---|---|---|---|
| | 总账科目 | 明细科目 | 亿 | 千 | 百 | 十 | 万 | 千 | 百 | 十 | 元 | 角 | 分 | |
| | | | | | | | | | | | | | | |
| | | | | | | | | | | | | | | |
| | | | | | | | | | | | | | | |
| | | | | | | | | | | | | | | |
| | | | | | | | | | | | | | | |
| | | | | | | | | | | | | | | |
| | | | | | | | | | | | | | | |
| | | | | | | | | | | | | | | |
| 附件　张 | 合　计 | | | | | | | | | | | | | |

会计主管：　　　　记账：　　　　出纳：　　　　审核：　　　　制证：

图5-4　付款凭证

（3）转账凭证。转账凭证是指反映与库存现金、银行存款收付无关的经济业务（转账业务）的记账凭证，如图5-5所示。

2.按填制的方式不同，记账凭证可分为单式记账凭证和复式记账凭证

单式记账凭证是指把一项经济业务所涉及的借贷双方会计科目及金额分别填列在不同的记账凭证中，每张凭证只填列一个会计科目及相应金额的记账凭证。

转账凭证

年 月 日　　　　字第 号

| 摘要 | 会计科目 | | 借方金额 | | | | | | | | | | | 贷方金额 | | | | | | | | | | | 记账√ |
|---|---|---|---|---|---|---|---|---|---|---|---|---|---|---|---|---|---|---|---|---|---|---|---|---|---|
| | 总账科目 | 明细科目 | 亿 | 千 | 百 | 十 | 万 | 千 | 百 | 十 | 元 | 角 | 分 | 亿 | 千 | 百 | 十 | 万 | 千 | 百 | 十 | 元 | 角 | 分 | |
| | | | | | | | | | | | | | | | | | | | | | | | | | |
| | | | | | | | | | | | | | | | | | | | | | | | | | |
| | | | | | | | | | | | | | | | | | | | | | | | | | |
| | | | | | | | | | | | | | | | | | | | | | | | | | |
| | | | | | | | | | | | | | | | | | | | | | | | | | |
| | | | | | | | | | | | | | | | | | | | | | | | | | |
| | | | | | | | | | | | | | | | | | | | | | | | | | |
| | | | | | | | | | | | | | | | | | | | | | | | | | |
| 附件 张 | 合计 | | | | | | | | | | | | | | | | | | | | | | | | |

会计主管： 记账： 出纳： 审核： 制证：

图5-5 转账凭证

复式记账凭证是指把一项经济业务所涉及的借贷双方会计科目及金额集中填列在一张凭证中的记账凭证。

3.按汇总方式不同，记账凭证可分为分类汇总记账凭证和综合汇总记账凭证

分类汇总记账凭证是指分别对收款凭证、付款凭证、转账凭证定期进行汇总的记账凭证。它包括汇总收款凭证、汇总付款凭证、汇总转账凭证。

综合汇总记账凭证是指定期对全部记账凭证按照相同会计科目进行汇总的记账凭证。

它又可称为科目汇总表或者记账凭证汇总表。

原始凭证和记账凭证之间存在着密切的联系。原始凭证是记账凭证的基础，在编制记账凭证时，原始凭证就是记账凭证的附件；记账凭证是对原始凭证内容的概括和说明，当某些账户所属明细账户较多时，原始凭证是登记明细账户的依据。两者关系密切，不能分割。

## 任务二　填制与审核原始凭证

### 一、原始凭证的基本内容

会计凭证是记录经济业务，明确经济责任的书面证明，是登记账簿的依据。

原始凭证是用来记录经济业务发生或者完成情况的，而经济业务又是多种多样的，那么就需分别填制或者取得内容各不相同的原始凭证。但是，不论什么原始凭证，都要遵循如实反映经济业务发生的原貌（发生的时间、内容、数量、金额等）、明确经办人员责任等原则。

在原始凭证的格式上，有共同的构成要素：①原始凭证的名称。②填制凭证的日期。③填制凭证单位名称或者填制人姓名。④接受凭证单位名称。⑤经济业务内容。⑥数量、单价和金额。⑦经办人员的签名或者盖章。

原始凭证除了必须具备以上基本要素外，还可根据单位自身经济活动的特点及经营管理的需要，补充一些必要的内容。

## 二、原始凭证的填制

### （一）原始凭证的填制要求

为了保证原始凭证能够及时、准确、清晰地反映经济业务的真实情况，提高会计工作质量，填制原始凭证时必须遵循以下要求：

（1）填制必须及时。原始凭证应在经济业务发生时及时填制，不得拖延。

（2）内容必须真实可靠。原始凭证应如实地对经济业务发生情况进行记录，不得弄虚作假。

（3）记录必须完整清晰。原始凭证中有关项目必须逐项填写齐全，不得遗漏。各项目要填写清晰，特别是文字说明应字迹工整，简单明了。一式几联的原始凭证，必须用双面复写纸套写（本身具备复写功能的除外），连续编号，并注明各联的用途。

（4）数字必须准确无误。首先，数字书写应规范。阿拉伯数字应单个书写不得连笔，金额大写应用汉字规范书写，即壹、贰、叁、肆、伍、陆、柒、捌、玖、拾、佰、仟、万、亿、元、角、分、零、整等。其次，阿拉伯数字前应书写人民币符号“￥”；凡阿拉伯数字前面写有人民币符号的，数字后面不再写货币单位。以“元”为单位的阿拉伯数字应填写到角、分，无角分的，角位和分位可分别填写“0”或符号“—”，有角无分的，分位应书写“0”，此时不能用符号“—”。填写大写金额时，事先印好的“人民币”字样与大写数字之间不得留空；大写金额数字到元或者角为止的，应在其后书写“整”字，如到分为止的，后面可不写“整”字；阿拉伯数字中间有“0”时汉字大写金额要对应书写“零”字；阿拉伯数字金额中间连续有几个“0”时，汉字大写金额中可以只写一个“零”字；阿拉伯数字金额元位是零，或者数字中间连续有几个“0”，元位也是“0”，但角位不是“0”时，汉字大写金额可以只写一个“零”字，也可以不写“零”字。最后，数字计算应正确，大小写金额应相符。

（5）责任必须明确。经办业务的单位和个人，一定要认真填写、审查原始凭证，确认无误后，要在原始凭证上指定位置签名或者盖章，以便明确责任。按规定，从外单位取得的原始凭证，必须盖有填制单位的公章；从个人取得的原始凭证，必须有填制人签名或者印章；自制原始凭证必须有经办单位领导人或者其指定的人员签名或者盖章；对外开出的原始凭证，必须加盖本单位的公章。

（6）原始凭证不得涂改、挖补。发现原始凭证有错误的，应当由开出单位重开或者按规定进行更正，更正处应当加盖开出单位的公章。

### （二）原始凭证的填制方法

按照原始凭证的填制要求，现分别举例说明一次凭证、累计凭证和汇总原始凭证的填制方法。

微课：原始凭证的填制方法

1.一次凭证的填制方法

一次凭证手续简单，在经济业务发生时，一次即可填制完成。现以“增值税专用发票”“收料单”为例进行说明。

企业单位销售商品时，首先，须填制发票一式数联，如为增值税一般纳税人，即为“增值税专用发票”，一般一式三联，那么就需复写；其次，应填明开票日期、购货单位名称、地址、出售商品或者劳务名称、商品或劳务的数量、单价、金额、增值税税率、税额、销货单位名称等内容。“增值税专用发票”的具体格式及填制如图5-6所示。

2104121133　　辽宁增值税专用发票　　№ 41311845

此联不作报销、扣税凭证使用　　开票日期：2020年01月05日

| | | | | | | | |
|---|---|---|---|---|---|---|---|
| 购买方 | 名　　称：抚顺罕王商场<br>纳税人识别号：912104023366991712<br>地址、电话：抚顺市新抚区东四路15号22525252<br>开户行及账号：工行新抚支行8654321123456789 | | | 密码区 | （略） | | |
| 货物或应税劳务、服务名称 | 规格型号 | 单位 | 数量 | 单价 | 金额 | 税率 | 税额 |
| *交通运输设备*婴儿车 | | 台 | 50 | 480.00 | 24 000.00 | 13% | 3 120.00 |
| *玩具*儿童多功能车 | | 辆 | 80 | 580.00 | 46 400.00 | 13% | 6 032.00 |
| 合计 | | | | | ¥70 400.00 | | ¥9 152.00 |
| 价税合计（大写） | ⊗柒万玖仟伍佰伍拾贰元整 | | | | | | （小写）¥79 552.00 |
| 销售方 | 名　　称：抚顺好宝贝童车厂<br>纳税人识别号：912104113000000990<br>地址、电话：抚顺市顺城区临江路18号77770000<br>开户行及账号：建设银行永安支行66602220000897 | | | 备注 | 抚顺好宝贝童车厂 发票专用章 912104113000000990 | | |

收款人：张小凤　　复核：　　开票人：张小凤　　销售方：（章）

第一联：记账联　销售方记账凭证

图5-6　增值税专用发票

对于购入材料入库业务，仓库保管员或者其他收料人应根据发票及实际收到的材料等填写“收料单”原始凭证。在“收料单”中应填明收到材料的品种、规格、数量、单价、金额等，并签名盖章。“收料单”的具体格式及填制如图5-7所示。

供应商________　　收　料　单

发票　　号　　年　月　日　　第　　号

| 材料名称及规格 | 说　明 | 单位 | 数　量 | 单　价 | 金　额 | | | | | | | | 明细账 | |
|---|---|---|---|---|---|---|---|---|---|---|---|---|---|---|
| | | | | | 十 | 万 | 千 | 百 | 十 | 元 | 角 | 分 | 页 | 号 |
| | | | | | | | | | | | | | | |
| | | | | | | | | | | | | | | |
| | | | | | | | | | | | | | | |
| | | | | | | | | | | | | | | |
| 合　计 | | | | | | | | | | | | | | |

单位负责人：　　会计：　　出纳：　　复核：　　仓库：　　制单：

黑　存根　红　转会计附单据　绿　转仓库

图5-7　收料单

“收料单”一般一式三联，一联仓库留存，一联交财会部门据以记账，一联由供应部门保留。

2. 累计凭证的填制方法

累计凭证是相对于一次凭证而言的，它要求在一张凭证上连续、累计登记一定时期内相

同经济业务，这样可以在一张凭证上反映出同类经济业务的累计发生情况，同时可简化核算手续，减少凭证数量。例如，工业企业常用的“限额领料单”即是反映一定时期内（一般为1个月）连续领用同一种材料的原始凭证，并且对领用材料的数量规定有最高限额，一定时期内的领用数量不得超过该限额，目的在于控制材料消耗、降低成本。“限额领料单”的具体格式及填制如图5-1所示。

“限额领料单”由生产计划部门和供应部门根据生产情况和材料供应情况具体制定，一般根据当期产品计划产量和材料消耗定额计算。“限额领料单”一式数联（一般是三联），其中一联交仓库据以发料。每次领料时，应在单中填明请领数量，由领料单位负责人签章后，向仓库领料。仓库发料后，应将实发数量和发料后的限额结余填入“限额领料单”中并由领料和发料双方签章，月末时计算出实际领用数量和金额。

3.汇总原始凭证的填制方法

汇总原始凭证又称原始凭证汇总表，是将许多同类经济业务的原始凭证进行汇总编制而成的原始凭证。其目的是简化核算手续，提高核算工作效率，为企业管理提供综合性指标。工业企业常用的“发料凭证汇总表”即为汇总原始凭证，其格式及填制方法见表5-1。

表5-1“发料凭证汇总表”是根据原始凭证“发料单”分别按材料的领用部门及用途定期（如按旬按月）汇总而成的。

## 三、原始凭证的审核

原始凭证由于来源不同，经办单位和人员各异，为保证原始凭证的真实性和它所反映经济业务的合法性、合理性，必须对其进行严格的审核。审核原始凭证，是贯彻国家的有关方针政策和财经纪律、加强管理、发挥会计监督职能的重要手段，是会计确认的重要步骤，是保证会计核算质量、会计信息正确可靠的重要措施。

### （一）审核原始凭证所记录经济业务的真实性、合法性、合理性

首先，进行真实性审核，即审核原始凭证及所记载的经济业务是否真实，有无伪造现象。经济业务的经办单位和个人、经济业务发生的时间和地点、填制凭证的日期和内容，经济业务引起的实物量和价值量等各方面变化都必须是真实的。其次，进行合法性审核，即审核原始凭证所记载的经济业务是否符合有关财经纪律、法规、制度等的规定，有无违法乱纪行为；若有，应予以揭露和制止。根据我国《会计法》的规定，对不真实、不合法的原始凭证，有权不予接受；并向单位负责人报告。最后，进行合理性审核，即审核经济业务的发生是否符合事先制订的有关经济业务计划、预算等的要求；有无不讲经济效益、脱离目标的现象，是否符合费用开支标准，有无铺张浪费的行为等。

### （二）审核原始凭证是否符合填制要求

对照前述原始凭证的填制要求进行审核。首先，审核原始凭证的各构成要素是否齐全。其次，审核各要素内容的填制是否正确、完整、清晰，特别是对凭证中所记录的数量、金额的正确性要进行认真审核，检查金额计算有无差错，大小写金额是否一致等。最后，审核各经办单位和人员签章是否齐全。根据我国《会计法》的规定，对记载不准确、不完整的原始凭证予以退回，并要求按照国家统一的会计制度的规定更正、补充。

审核原始凭证是一项政策性、业务性很强且十分细致的工作，因此，要求会计人员既要熟悉有关财经政策、法规、制度，又要了解本单位生产经营情况；同时，又要求会计人员做

到认真、细致、逐项进行审核。所以，会计人员应当不断提高自身的政策水平、业务水平，增强责任心，严把审核关。

## 任务三 填制与审核记账凭证

### 一、记账凭证的基本内容

各单位依据自身经营业务特点，可设计、使用不同格式的记账凭证。但出于确定会计分录、据以登账这一共同目的，所有记账凭证都必须具备以下内容：①记账凭证的填制日期。②记账凭证的编号。③经济业务的内容摘要。④应借应贷账户名称和金额（即会计分录）。⑤所附原始凭证张数。⑥填制凭证人员、稽核人员、记账人员、会计机构负责人、会计主管人员签名或盖章，收款、付款记账凭证还应当由出纳人员签名或者盖章。

### 二、记账凭证的填制

#### （一）记账凭证填制的基本要求

记账凭证的填制是在对原始凭证进行整理、分类的基础上，借助复式记账方法，确定经济业务所涉及的账户名称、记账方向及金额，即确定会计分录的工作，是会计核算的重要环节。记账凭证是登账的直接依据，在填制时应遵循以下要求：

（1）要以审核无误的原始凭证为依据。

（2）摘要的填写既要简明扼要又要说明经济业务的发生情况。这样便于了解经济业务的概况，对于查阅凭证、登记账簿都十分有利。

（3）会计分录编制要正确。会计分录是记账凭证记载的重要内容，要求做到正确无误。

首先，会计科目运用要正确。必须按照会计制度规定的会计科目名称及核算内容进行运用，明细科目名称也要如实、正确地填写。其次，记账方向要正确。在借贷记账法下，应借、应贷对应关系要清晰明确，以便反映经济业务的来龙去脉。因此，一张记账凭证只能记录一项经济业务或者汇总记录同一类经济业务，不得把不同类型的经济业务记录在同一张记账凭证上。最后，金额计算要正确。一是借贷双方金额要相等；二是总账科目金额与所属明细账科目金额之和应相等。

（4）附件张数要注明。记账凭证的附件即原始凭证，要认真查对，整理并附在记账凭证的后面，同时在记账凭证上注明所附原始凭证的张数。结账和更正错误的记账凭证可以不附原始凭证。如果原始凭证内容十分重要或者数量过多且须单独保存的，要在摘要栏说明；如果同一张原始凭证需填制两张或者两张以上记账凭证时，必须在未附原始凭证的记账凭证的摘要栏注明“××单据附在××号记账凭证上”，以便查对。

（5）记账凭证的编号，应根据不同情况采用不同的方法。如果单位的各种经济业务采用通用格式的记账凭证，则凭证的编号可采用顺序编号法，即将所有的记账凭证按日期顺序编号；如果是将经济业务分类填制记账凭证的，如区分收款业务、付款业务、转账业务进行记账凭证填制的，记账凭证的编号则要采用按字顺序编号法。例如，对收款、付款、转账三类业务，分别按“收”“付”“转”字顺序编号，具体可编号为“收字第××号”“付字第××号”“转字第××号”；如果收、付款业务需按库存现金、银行存款的收、付款业务分别反映，则按字顺序编号法可具体编号为“现收字第××号”“银收字第××号”“现付字第××号”“银付字第××号”“转字第××号”；如果一笔经济业务需填制一张以上记账凭证时，可采用分数编号法。例如，某项转账业务需填三张记账凭证，而该项业务本身属第20号转账业务，则填制的三张记账凭证的编号分别为“转字第20 1/3号”“转字第20 2/3号”“转字第20 3/3号”。分数中分母为该笔经济业务填制的记账凭证总张数，分子分别表示在总张数中属第几张凭证。采用上述编号方法进行编号，到期末时，应在最后一张记账凭证的编号旁加注“全”字，以便检查。

（6）记账凭证的填制人员及有关负责人，应于记账凭证填制齐全、确认正确无误后，在凭证相应位置签章以示责任。

（7）如果记账凭证填制有误，若尚未据以入账，应当重新填制；若已据以登记入账，如果是当年发现的，要按规定的方法进行纠正；如果是以后年度发现的，应当用蓝字填制一张更正的记账凭证并记账。

（8）记账凭证填制完经济业务事项后，如有空行，应当将金额栏最后一笔金额数字下、合计金额数字上的空行划线注销。

## （二）不同类型记账凭证的格式及填制方法

1.通用记账凭证的格式及填制方法

通用记账凭证是指适用于所有类别经济业务的记账凭证。其格式如图5-2所示。

微课：记账凭证的填制方法

【例5-1】有诚公司2020年3月7日计算应付车间甲产品生产工人工资60 000元，车间管理人员工资7 000元，应付行政部管理人员工资8 000元。

根据记录该项经济业务的原始凭证，确定会计分录填入通用记账凭证中。其中，凭证中年、月、日按经济业务发生的日期填写；右上方的凭证编号按经济业务排列；借、贷金额应相等。其通用记账凭证的具体填制格式如图5-8所示。

记　账　凭　证

市财　监制

2020年3月7日　　　　记字第　19　号

| 摘　要 | 会计科目 | | 借方金额 | | | | | | | | | | | 贷方金额 | | | | | | | | | | | 记账 |
|---|---|---|---|---|---|---|---|---|---|---|---|---|---|---|---|---|---|---|---|---|---|---|---|---|---|
| | 总账科目 | 明细科目 | 亿 | 千 | 百 | 十 | 万 | 千 | 百 | 十 | 元 | 角 | 分 | 亿 | 千 | 百 | 十 | 万 | 千 | 百 | 十 | 元 | 角 | 分 | √ |
| 分配工资 | 生产成本 | 甲产品 | | | | | 6 | 0 | 0 | 0 | 0 | 0 | 0 | | | | | | | | | | | | √ |
| | 制造费用 | | | | | | | 7 | 0 | 0 | 0 | 0 | 0 | | | | | | | | | | | | √ |
| | 管理费用 | | | | | | | 8 | 0 | 0 | 0 | 0 | 0 | | | | | | | | | | | | √ |
| | 应付职工薪酬 | 工资 | | | | | | | | | | | | | | | | 7 | 5 | 0 | 0 | 0 | 0 | 0 | √ |
| | | | | | | | | | | | | | | | | | | | | | | | | | |
| | | | | | | | | | | | | | | | | | | | | | | | | | |
| | | | | | | | | | | | | | | | | | | | | | | | | | |
| | | | | | | | | | | | | | | | | | | | | | | | | | |
| 附件　　张 | 合　　计 | | | | | ¥ | 7 | 5 | 0 | 0 | 0 | 0 | 0 | | | | ¥ | 7 | 5 | 0 | 0 | 0 | 0 | 0 | |

会计主管：钱彬　　记账：王五　　出纳：　　审核：李四　　制证：张三

图5-8　填制通用记账凭证

2. 收款凭证、付款凭证、转账凭证的格式及填制方法

对于货币资金收付款业务比较频繁的单位，可将经济业务按与货币资金收付是否有关分为收款业务、付款业务及转账业务，那么相应的就需填制收款凭证、付款凭证和转账凭证。

收款凭证是根据现金、银行存款收款业务的原始凭证填制的，因此，凭证左上方“借方科目”处应填写“库存现金”“银行存款”科目；年、月、日应填写经济业务发生的日期；右上方凭证字号应按“收字第×号”或者“现收字第×号”“银收字第×号”顺序编写；贷方科目即“库存现金”或者“银行存款”科目的对应科目；金额栏中填写贷方科目的金额，贷方金额合计也即借方科目的金额；“记账”栏应注明根据该凭证记入账簿中的页码或以“√”表示已经过账；附件张数即所附原始凭证张数。

【例5-2】有诚公司2020年9月18日收回应收中远公司商品货款200 000元存入银行，银行转来“收款通知”一联通知记账。假设该公司分别按现金、银行存款收款业务编号，该项业务为本期银行存款第3笔收款业务。收款凭证具体填制如图5-9所示。

收 款 凭 证

借方科目：银行存款　　2020年9月18日　　银收字第 3 号

| 摘　要 | 贷方科目 | | 金额 | | | | | | | | | | | 记账 |
|---|---|---|---|---|---|---|---|---|---|---|---|---|---|---|
| | 总账科目 | 明细科目 | 亿 | 千 | 百 | 十 | 万 | 千 | 百 | 十 | 元 | 角 | 分 | √ |
| 收回中远公司货款 | 应收账款 | 中远公司 | | | | 2 | 0 | 0 | 0 | 0 | 0 | 0 | 0 | √ |
| | | | | | | | | | | | | | | |
| | | | | | | | | | | | | | | |
| | | | | | | | | | | | | | | |
| | | | | | | | | | | | | | | |
| | | | | | | | | | | | | | | |
| | | | | | | | | | | | | | | |
| | | | | | | | | | | | | | | |
| 附件 1 张 | 合　计 | | | | ¥ | 2 | 0 | 0 | 0 | 0 | 0 | 0 | 0 | |

会计主管：钱彬　　记账：王五　　出纳：赵婷　　审核：李四　　制证：张三

图5-9　填制收款凭证

付款凭证是根据现金、银行存款付款业务的原始凭证填制的，因此，凭证左上方“贷方科目”处应填写“库存现金”“银行存款”科目；凭证字号应按“付字第×号”或者“现付字第×号”“银付字第×号”顺序编号；金额栏中应填写借方科目金额，借方金额之和即为贷方科目金额。“记账”栏应注明根据该凭证记入账簿中的页码或以“√”表示已经过账；附件张数即所附原始凭证张数。

【例5-3】有诚公司2020年6月12日购买厂部行政办公用品，“发票”列明价款1 000元，用现金支付。该业务为本期第8项现金付款业务，付款凭证具体填制如图5-10所示。

在填制收款凭证和付款凭证时，对于库存现金和银行存款之间相互划转的业务（即从银行提取现金、将现金存入银行的业务），一般只编付款凭证，不编收款凭证。如对于从银行提取现金的业务，则只需编制银行存款付款凭证，不编现金收款凭证。因为，银行付款凭证既能反映银行存款的付出，又能反映现金的收入，如再编制现金收款凭证，很容易造成重复记账。

**付款凭证**

贷方科目：库存现金　　　　2020年6月12日　　　　现付字第 8 号

| 摘要 | 借方科目 | | 金额 | | | | | | | | | | | 记账 |
|---|---|---|---|---|---|---|---|---|---|---|---|---|---|---|
| | 总账科目 | 明细科目 | 亿 | 千 | 百 | 十 | 万 | 千 | 百 | 十 | 元 | 角 | 分 | √ |
| 购买厂部办公用品 | 管理费用 | | | | | | | 1 | 0 | 0 | 0 | 0 | 0 | √ |
| | | | | | | | | | | | | | | |
| | | | | | | | | | | | | | | |
| | | | | | | | | | | | | | | |
| | | | | | | | | | | | | | | |
| | | | | | | | | | | | | | | |
| | | | | | | | | | | | | | | |
| | | | | | | | | | | | | | | |
| 附件 1 张 | 合计 | | | | | | ¥ | 1 | 0 | 0 | 0 | 0 | 0 | |

会计主管：钱彬　　记账：王五　　出纳：赵婷　　审核：李四　　制证：张三

图5-10 填制付款凭证

另外，出纳人员根据收、付款记账凭证收、付款项后，应在收款凭证上加盖"收讫"戳记，在付款账凭证上加盖"付讫"戳记，以免重收或者重付。

转账凭证是根据转账业务原始凭证填制的。在会计科目中，一般按照先借后贷的顺序填写会计科目；金额栏中明细科目金额之和即为总账科目金额，借方金额合计应等于贷方金额合计；凭证字号按转账业务顺序填写"转字第×号"。"记账"栏应注明根据该凭证记入账簿中的页码或以"√"表示已经过账；附件张数即所附原始凭证张数。

【例5-4】有诚公司2020年6月末结转已入库甲、乙材料的采购成本。甲在途物资成本为58 000元，乙在途物资成本为42 000元，原始凭证为甲、乙材料"入库单"两张。假设该笔业务为第30号转账业务，转账凭证具体填制如图5-11所示。

**转账凭证**

2020年6月30日　　　　转字第30号

| 摘要 | 会计科目 | | 借方金额 | | | | | | | | | | | 贷方金额 | | | | | | | | | | | 记账 |
|---|---|---|---|---|---|---|---|---|---|---|---|---|---|---|---|---|---|---|---|---|---|---|---|---|---|
| | 总账科目 | 明细科目 | 亿 | 千 | 百 | 十 | 万 | 千 | 百 | 十 | 元 | 角 | 分 | 亿 | 千 | 百 | 十 | 万 | 千 | 百 | 十 | 元 | 角 | 分 | √ |
| 甲、乙材料入库 | 原材料 | 甲材料 | | | | | 5 | 8 | 0 | 0 | 0 | 0 | 0 | | | | | | | | | | | | √ |
| | 原材料 | 乙材料 | | | | | 4 | 2 | 0 | 0 | 0 | 0 | 0 | | | | | | | | | | | | √ |
| | 在途物资 | 甲材料 | | | | | | | | | | | | | | | | 5 | 8 | 0 | 0 | 0 | 0 | 0 | √ |
| | 在途物资 | 乙材料 | | | | | | | | | | | | | | | | 4 | 2 | 0 | 0 | 0 | 0 | 0 | √ |
| | | | | | | | | | | | | | | | | | | | | | | | | | |
| | | | | | | | | | | | | | | | | | | | | | | | | | |
| | | | | | | | | | | | | | | | | | | | | | | | | | |
| | | | | | | | | | | | | | | | | | | | | | | | | | |
| 附件 2 张 | 合计 | | | | ¥ | 1 | 0 | 0 | 0 | 0 | 0 | 0 | 0 | | | ¥ | 1 | 0 | 0 | 0 | 0 | 0 | 0 | 0 | |

会计主管：钱彬　　记账：王五　　出纳：　　审核：李四　　制证：张三

图5-11 填制转账凭证

### 三、记账凭证的审核

记账凭证是登记账簿的直接依据，为了保证账簿记录的正确性，记账凭证填制完毕以后，必须进行认真审核。其审核的内容有如下几个方面：

（1）所附原始凭证是否完整，记账凭证内容与原始凭证记载的内容是否一致。

（2）记账凭证中会计分录是否正确。

（3）记账凭证中各项内容是否填写齐全、正确，有关人员是否签名盖章。

（4）数字大、小写书写是否规范。

（5）有无涂改、伪造记账凭证的现象。

在审核中，如发现差错或者遗漏，应按规定及时更正或补充；如已登记入账，要按规定方法进行更正；对伪造、涂改记账凭证等现象，应严厉制止并纠正。只有审核无误的记账凭证才能据以入账。

## 任务四 传递与保管会计凭证

### 一、会计凭证的传递

微课：会计凭证的传递和保管要求

会计凭证的传递是指会计凭证从填制、审核、整理、记账、装订到归档保管为止，在本单位内部有关部门和人员之间，按照规定的路线、时间进行传递、处理的程序。

一项经济业务，往往要由单位内部若干职能部门分工完成。例如，在途物资入库业务，要由采购部门、仓库部门、财会部门共同完成。因此，会计凭证也要随着经济业务的进程在这些部门之间进行传递。一般地，取得采购材料的“发票”等有关原始凭证并经采购人员、采购部门负责人签章后连同材料一并送交仓库据以验收入库，并填制“收料单”原始凭证（一般一式三份，一份仓库留存，一份交采购部门存查，一份连同“发票”等送交财会部门）。财会部门经过审核后，即可填制采购成本发生、结转入库在途物资成本的记账凭证并登记有关账户。在途物资的上述有关原始凭证、记账凭证登账后，就可装订归档保管。可见，正确、及时地组织会计凭证的传递，对于及时传递经济业务信息、有效组织经济活动、提高会计工作质量、实行会计监督具有重要意义。因此，会计部门应在调查研究的基础上，会同有关部门共同制定、贯彻执行会计凭证传递程序。

#### （一）确定会计凭证的传递路线

结合不同经济业务发生情况及单位内部机构组织和人员分工情况，设计每种会计凭证的份数，规定会计凭证必须经过的环节，使得各有关部门和人员能了解经济业务的情况，及时办理凭证手续。同时要避免凭证传递经过不必要的环节，以提高工作效率。合理的会计凭证传递程序，可以协调单位内部有关部门和人员的行为，搞好分工协作，并且还可使经办业务的有关部门和有关人员之间形成一种相互牵制、相互监督的关系，从而督促有关部门和人员及时、正确地完成各自经办的业务。

#### （二）规定会计凭证的传递时间

根据会计凭证的传递程序，规定凭证在每个环节上的停留时间。在不影响会计工作质量的前提下，尽量节约凭证传递时间，切忌拖延和积压会计凭证。

### （三）严密凭证交接手续

会计凭证在各有关部门和人员之间进行传递，就需要办理凭证交接手续。应制定严密的交接手续，即凭证的签收、交接制度。这样，一方面有利于加强岗位责任制；另一方面便于保证会计凭证的安全完整。

## 二、会计凭证的保管

会计凭证是单位重要的经济资料，是会计档案的重要组成部分。因此，在根据记账凭证登记账簿以后，要定期对会计凭证进行归类整理。会计凭证整理的具体方法和要求如下：

### （一）会计凭证的整理

1.编号

将会计凭证按编号顺序整理，检查有无缺号、重复编号情况，记账凭证所附原始凭证是否齐全。

2.装订

按期将记账凭证连同所附的原始凭证或者原始凭证汇总表按照编号顺序折叠整齐，装订成册，厚度一般不要超过3厘米，并加具封面，注明单位名称、年度、月份和起讫日期、凭证种类、起讫号码等，由装订人在装订线封签处签名或者盖章。

对业务性质相同、数量很大的原始凭证或者重要的原始凭证，可以单独装订保管，但必须在与之相关的记账凭证上加以说明，以便查对。

3.归档

年度结束后，会计凭证应归入档案。会计凭证档案封面格式如图5-12所示。

凭　证　封　面

| | | | | | | | |
|---|---|---|---|---|---|---|---|
| 立档单位 | | | | | | | |
| 凭证类别 | □______收款凭证□______付款凭证　□转账凭证　□通用凭证 | | | | | | |
| 起止日期 | 自　　年　　月　　日至　　年　　月　　日 | | | | | | |
| 凭证册数 | 本月共　　册　本册是第　　册 | | | | | | |
| 凭证号数 | 本册共　　号　本册自第　　号至第　　号 | | | | | | |
| 附注 | | | | | | | |
| 全宗号 | | 目录号 | | 案卷号 | | 保管号 | |

财务主管　　　　会　计　　　　装订人　　　　保管年限　　　　年

图5-12　会计凭证档案封面

### （二）会计凭证的借阅

会计凭证整理后应指定专人负责保管，年度终了后，应移交档案室登记归档并严格调阅制度。在一般情况下，本单位会计凭证不得外借，其他单位如因特殊情况需要调阅时，需经本单位会计机构负责人、会计主管人员批准，可以复制，并在专设的登记簿上登记，并由提供人员和调阅人员共同签名或者盖章。本单位人员调阅会计凭证，也应办理有关手续，如登记调阅档案名称、调阅日期、调阅人、归还时间等。从外单位取得的原始凭证如有遗失，应当取得原开出单位盖有公章的证明，并注明原来凭证的号码、金额和内容等，由经办单位会计机构负责人、会计主管人员和单位领导人批准后，才能代作原始凭证。如无法取得证明的，如火车票、飞机票等，应由当事人写出详细情况，经有关领导批准后代作原始凭证。

各种会计凭证应按会计档案保管的有关规定，保存一定的年限，以便检查单位的经济活动情况。会计凭证保管期满后，应按规定进行销毁。销毁时，须开列清单，报经批准后由财会部门和档案部门会同销毁，并在销毁清单上签章，以便明确责任。

### 知识链接：XBRL可扩展商业报告语言

会计数据经历了手工会计数据阶段和信息化会计数据阶段，手工会计系统中的会计数据处理流程是：原始凭证—记账凭证—登记账簿—结账；信息化会计系统下的会计数据处理流程则是：记账凭证—审核—记账—结账。

手工会计采用的源数据是原始凭证，包括结构化会计数据和非结构化会计数据，包含了大量经济业务发生的具体事件。由于手工处理的困难，只选取了会计关注的要素转换成结构化的数据——记账凭证，舍弃了原始凭证中的非结构化数据。实际上，在转换过程中，已经丢弃了很多反映经济业务的信息，根源是受手工处理的困难所限。传统的会计信息系统仅是手工会计的模拟过程，是手工会计的翻版。它选取结构化的会计数据记账凭证作为数据源，不再关注原始凭证中的其他信息，能够较好地表现经济业务的原始凭证不包含在会计信息系统中，只是作为打印的记账凭证的附件，用于装订存档。而记账凭证又是原始凭证压缩后的结果，直接造成会计信息系统中的数据源——记账凭证无法完整地反映经济活动的实现。

综上所述，手工会计与会计信息系统为信息使用者提供信息时都采用了“经济业务—数据压缩—会计数据—数据处理—会计信息—财务会计报告”的过程，都是典型的漏斗式数据处理过程，使经济信息的价值大打折扣。

在互联网时代下，XBRL（可扩展商业报告语言）实现了从结构化数据处理向半结构化数据和非结构化数据的大数据处理和分析的转变，满足了会计信息使用者个性化的信息需求。

XBRL是基于互联网、跨平台操作，专门用于财务会计报告编制、披露和使用的计算机语言，它是国际上将会计准则与计算机语言相结合，用于非结构化数据，尤其是财务信息交换的一项最新公认标准和技术。通过对数据统一进行特定的识别和分类，可直接为使用者或者其他软件所读取及进一步处理，实现一次录入、多次使用。

它的特点在于它根据财务信息披露规则，将财务会计报告内容分解成不同的数据元（data elements），再根据信息技术规则对数据元赋予唯一的数据标记，从而形成标准化规范。以这种语言为基础，通过对网络财务会计报告信息的标准化处理，可以编制出先进的网络财务会计报告，将以往不能自动读取的信息转换为一种可以自动读取的信息，大大地方便信息使用者对信息的批量需要和批量利用。

以XBRL为基础的网络财务报告具有以下的一些特点：①降低信息交换成本、提高财务信息的可获得性、间接增加了财务信息的可比性。②通过互联网提供具有时效性的信息，提高信息的相关性，增强财务信息的利用效率。③可自动交换并摘录财务信息而不受个别公司软件和信息系统的限制，为投资者或分析者使用财务信息提供方便。④可以减少为了不同格式需求的资料而重复输入的问题。⑤降低了信息供给成本，有利于信息供给者提高财务会计报告编制效率。

## 项目测试

姓名________　学号________　成绩________

一、单项选择题

1. 原始凭证中下列各项出现错误、不得更正，只能由原始凭证开具单位重新开具的是（　　）。

A. 金额　　B. 汉字

C. 计量单位　　D. 会计科目

2. 下列各项一般由税务局等部门统一印制，或经税务部门批准由经营单位印制的是（　　）。

A. 外来原始凭证　B. 自制原始凭证　C. 限额领料单　D. 收料单

3. 下列各项不属于原始凭证的基本内容的是（　　）。

A. 接受凭证单位的名称

B. 交易或事项的内容、数量、单价和金额

C. 经办人员签名或盖章

D. 应记会计科目名称和记账方向

4. 会计凭证的传递，是指（　　）在单位内部有关部门和人员之间的传递程序。

A. 会计凭证的取得或填制时起至归档保管过程中

B. 会计凭证的填制到登记账簿止

C. 会计凭证审核后到归档止

D. 会计凭证的填制或取得到汇总登记账簿止

5. 下列各项不属于记账凭证审核内容的是（　　）。

A. 所使用的会计科目是否符合企业会计准则等规定

B. 记账凭证汇总表的内容与其所依据的记账凭证的内容是否一致

C. 审核所记录的经济业务是否符合生产经营活动的需要

D. 审核记账凭证各项目填写是否齐全

6. 下列各项关于记账凭证填制基本要求的表述中，错误的是（　　）。

A. 记账凭证可以根据若干张同类原始凭证汇总编制

B. 记账凭证的书写应清楚、规范

C. 所有记账凭证都必须附有原始凭证

D.发现以前年度记账凭证有误的，应当用蓝字填制一张更正的记账凭证

7.完成记账凭证填制的是（　　）。

A.出纳人员　　B.会计人员　　C.经办人员　　D.主管人员

8.下列各项关于收款凭证左上角的会计科目性质的表述中，正确的是（　　）。

A.库存商品　　B.固定资产　　C.借方　　D.贷方

9.下列各项用来记录库存现金和银行存款收款业务的记账凭证的是（　　）。

A.收款凭证　　B.付款凭证　　C.转账凭证　　D.复式记账

10.下列各项属于审核原始凭证真实性的是（　　）。

A.凭证日期是否真实、业务内容是否真实

B.审核原始凭证所记录经济业务是否有违反国家法律法规的情况

C.审核原始凭证各项基本要素是否齐全，是否有漏项情况

D.审核原始凭证各项金额的计算及填写是否正确

11.其他单位如果因特殊原因需要使用原始凭证时，经本单位会计机构负责人批准，下列各项行为中正确的是（　　）。

A.只可以查阅不能复制　　B.可以外借

C.可以复制　　D.不可查阅或复制

12.出差人员预借差旅费应当填写借款单，下列各项表述正确的是（　　）。

A.借款单是一种自制的原始凭证

B.借款单是一种外来原始凭证

C.借款单是一种付款凭证

D.借款单是一种单式凭证

13.下列各项属于原始凭证必须具备而记账凭证不具备的是（　　）。

A.填制单位签章　　B.经济业务内容　　C.有关人员签章　　D.金额

14.关于会计凭证的保管，下列说法不正确的是（　　）。

A.会计凭证应定期装订成册，防止散失

B.会计主管人员和保管人员应在封面上签章

C.原始凭证不得外借，其他单位如有特殊原因确实需要使用时，经本单位会计机构负责人（会计主管人员）批准，可以复制

D.经单位领导批准，会计凭证在保管期满前可以销毁

15.下列各项记账凭证中可以不附原始凭证的是（　　）。

A.更正错误的记账凭证　　B.从银行提取现金的记账凭证

C.以现金发放工资的记账凭证　　D.职工临时性借款的记账凭证

16.从银行提取现金或把现金存入银行的经济业务，一般（　　）。

A.只填制付款凭证，不填制收款凭证

B.只填制收款凭证，不填制付款凭证

C.既填制付款凭证，又填制收款凭证

D.填制付款凭证或填制收款凭证

17.记账凭证按凭证的用途可分为（　　）。

A.收款凭证、付款凭证和转账凭证

B. 一次凭证、累计凭证和汇总凭证
C. 复式记账凭证和单式记账凭证
D. 通用记账凭证和专用记账凭证

18. 某公司出纳将公司现金交存开户银行，应编制（　　）。
A. 现金收款凭证　　B. 现金付款凭证
C. 银行存款收款凭证　　D. 银行存款付款凭证

19. 原始凭证所记录的经济业务是否符合有关的计划、预算，这属于审核原始凭证的（　　）。
A. 合法性　　B. 真实性　　C. 完整性　　D. 合理性

20. 为了便于填制汇总转账凭证，平时填制转账凭证时，应尽可能使账户的对应关系保持（　　）。
A. “一借一贷”或“一贷多借”　　B. “一借一贷”或“一借多贷”
C. “一贷多借”或“多借多贷”　　D. “一借多贷”或“多借多贷”

二、多项选择题

1. 记账凭证与原始凭证的区别有（　　）。
A. 填制人员不同　　B. 填制方式不同
C. 填制依据不同　　D. 发挥作用不同

2. 下列人员属于需要在自制原始凭证上签名或盖章的有（　　）。
A. 经办单位领导人指定的人员　　B. 出纳人员
C. 记账人员　　D. 经办单位的领导人

3. 在会计凭证的封面中，应该注明的是（　　）。
A. 年度　　B. 会计主管人员　　C. 装订人员　　D. 月份

4. 在制定会计凭证传递程序和方法时，应当注意考虑（　　）。
A. 会计凭证的传递程序
B. 会计凭证在每个传递环节上停留的时间
C. 会计凭证交接的签收制度
D. 会计凭证的整理、归类和装订成册

5. 下列各项属于记账凭证审核的主要内容的有（　　）。
A. 内容是否真实　　B. 项目是否齐全
C. 科目、金额、书写是否正确　　D. 填制是否及时

6. 除（　　）的记账凭证可以不附原始凭证外，其他记账凭证必须附有原始凭证。
A. 成本结转　　B. 结账　　C. 更正错误　　D. 提取现金

7. 下列各项属于记账凭证基本内容的有（　　）。
A. 经济业务事项所涉及的会计科目　　B. 记账凭证日期、编号
C. 经济业务事项的摘要和金额　　D. 所附原始凭证的张数

8. 下列各项属于记账凭证按照用途不同所分的类别的有（　　）。
A. 通用记账凭证　　B. 专用记账凭证　　C. 复式记账凭证　　D. 单式记账凭证

9. 收款凭证左上方的“借方科目”中可以填写的会计科目有（　　）。

A.库存现金　　B.产品销售收入　　C.材料　　D.银行存款

10.原始凭证的审核内容包括审核原始凭证的（　）等方面。

A.真实性　　B.合法性、合理性

C.正确性、及时性　　D.完整性

11.下列金额表示方法正确的有（　）。

A.￥86.00　　B.人民币柒拾陆元整

C.人民币伍拾陆元捌角伍分整　　D.￥508.00

12.下列各项关于原始凭证汇总表的说法中，正确的有（　）。

A.汇总凭证也称原始凭证汇总表，是指对一定时期内反映经济业务内容相同的若干张原始凭证，按照一定标准综合填制的原始凭证

B.合并了同类型经济业务，简化了记账工作量

C.发料凭证汇总表属于原始凭证汇总表

D.汇总凭证可以将经济业务内容不同的业务汇总在一起，填列在一张汇总原始凭证上

13.会计凭证在会计核算中的作用有（　）。

A.记录经济业务，提供记账依据

B.明确经济责任，强化内部控制

C.监督经济活动，控制经济运行

D.预测经济前景，提高经济效益

14.下列关于收料单的说法中，正确的有（　）。

A.企业购进材料验收入库时，由仓库保管人员根据购入材料的实际验收情况来填制

B.一式三联

C.一联留仓库，一联随发票账单到会计处报账，一联交采购人员存查

D.是一次填制完成的

15.下列属于原始凭证的基本内容的是（　）。

A.经办人员的签名或盖章　　B.填制凭证的日期

C.经济业务的内容　　D.填制单位名称或填制人员姓名

三、判断题

1.记账凭证与原始凭证发挥的作用不同是因为原始凭证是记账凭证的附件，是填制记账凭证的依据，而记账凭证是登记账簿的直接依据。（　）

2.汇总凭证只能将类型相同的经济业务进行汇总，不能汇总两类或两类以上的经济业务。汇总原始凭证是有关责任者根据经济管理的需要定期编制的。（　）

3.支付款项的原始凭证，要有收款单位和收款人的收款证明，或者已支付款项的有关凭证如银行汇款凭证等代替。（　）

4.制定会计凭证传递程序和方法时，应着重考虑会计凭证的整理、归类和装订成册。（　）

5.记账凭证是否附有原始凭证，及其所附原始凭证的张数是否相符，是审核记账凭证的一项重要内容。（　）

6.若一笔经济业务涉及的会计科目较多，需填制多张记账凭证的，可采用“分数编号法”。（　　）

7.收、付款凭证的日期应按照货币收、付的日期填写，转账凭证的日期应按照原始凭证记录的日期填写。（　　）

8.会计分录应编制在记账凭证上。（　　）

9.通用记账凭证和专用记账凭证由于均用以记录经济业务，故二者的格式无差别。（　　）

10.对于真实、合法、合理但内容不够完整、填写有错误的原始凭证，会计机构和会计人员不予以接受。（　　）

项目测试及答案

# 项目六
# 登记账簿

# 项目六 登记账簿

### ◇ 学习目标

1. 了解账簿的定义和分类；
2. 掌握账簿的基本结构；
3. 掌握基本记账技术规则；
4. 了解各类账簿的登记方法；
5. 了解对账的内容；
6. 掌握错账的更正方法；
7. 掌握结账的程序、内容与方法。

# 任务一　设置会计账簿

## 一、账簿的定义与种类

### （一）账簿的定义

账簿是由具有一定格式、相互联系的账页组成的，用来连续、系统、全面地记录和反映各项经济业务的簿籍。簿籍是账簿的外表形式，而账户记录则是账簿的内容。设置账簿是会计工作的一个重要环节，登记账簿是会计核算的一种专门方法。由簿籍记录提供的有关经济项目的分类信息，是企业编制财务报表的基础。

### （二）账簿的种类

会计核算中应用的账簿很多，不同的账簿，其用途、形式、内容和登记方法都各不相同。为了更好地了解和使用各种账簿，就需要对账簿按一定的标准进行分类，在实务中，通常根据账簿的用途、外在格式等进行账簿分类。

1. 按照用途分类

账簿按其用途分类，一般可分为序时账簿、分类账簿和备查账簿。

微课：账簿按用途分类

（1）序时账簿是按照经济业务发生时间的先后顺序逐日逐笔登记的账簿，也称日记账。序时账簿有两种：一种用来登记全部经济业务，称为普通日记账；另一种用来登记某一类经济业务，称为特种日记账，如库存现金日记账、银行存款日记账等，如图6-1所示。

图6-1　特种日记账

（2）分类账簿是对各项经济业务按照账户进行分类登记的账簿，简称分类账。按账簿反映内容详略的不同，又分为总分类账（简称总账）和明细分类账（简称明细账），如图6-2所示。总分类账是根据一级科目开设的，用来总结反映全部经济业务，提供各种资产、负债、所有者权益、收入、费用、利润等总括核算资料的分类账簿；明细分类账是根据二级及以下明细科目设置的，反映资产、负债、所有者权益、收入、费用、利润等详细情况的账簿。明细分类账是对总分类账的补充和具体化，并受总分类账的控制和统驭。

图6-2　总账与明细账

（3）备查账簿，也称辅助登记簿，是对某些在日记账和分类账等主要账簿中未能记载的事项进行补充登记的账簿。它可以为某些经济业务的内容提供必要的参考资料，如租入固定资产登记簿、受托加工材料登记簿、商业票据登记簿等。备查登记簿由各单位根据需要自行设置，如图6-3所示。

应收票据备查账簿

| 收票日期 | 凭证号 | 承兑单位 | 票据种类 | 票面金额 | 利率 | 到期日 | 到期值 | 收款日期 | 收款金额 | 转入应收账款 | 备注 |
|---|---|---|---|---|---|---|---|---|---|---|---|
| 2016年7月18日 | 56 | 辽宁博丰塑业有限公司 | 银行承兑汇票 | 100 000.00 | | 2017年1月18日 | 100 000.00 | 2017年1月18日 | 100 000.00 | | 结账 |
| 2016年10月9日 | 78 | 辽宁博丰塑业有限公司 | 银行承兑汇票 | 128 000.00 | | 2017年4月9日 | 128 000.00 | | | | |
| 2016年12月10日 | 22 | 抚顺新抚钢厂 | 银行承兑汇票 | 560 000.00 | 5% | 2017年6月10日 | 574 000.00 | | | | |
| | | | | | | | | | | | |
| | | | | | | | | | | | |
| | | | | | | | | | | | |
| | | | | | | | | | | | |
| | | | | | | | | | | | |
| | | | | | | | | | | | |
| | | | | | | | | | | | |

图6-3　备查账簿

2.按外表形式分类

账簿按其外表形式分类，可以分为订本式账簿、活页式账簿和卡片式账簿。

（1）订本式账簿也称订本账，是在使用前就把若干账页固定地装订成册的账簿。在实际工作中，总分类账、库存现金日记账和银行存款日记账一般都采用订本式账簿，如图6-4所示。

图6-4　订本式账簿

（2）活页式账簿也称活页账，是把分散的账页用特制的账夹固定在一起，并可以随时取放（增减）账页的账簿。明细账较多采用活页式账簿，如图6-5所示。

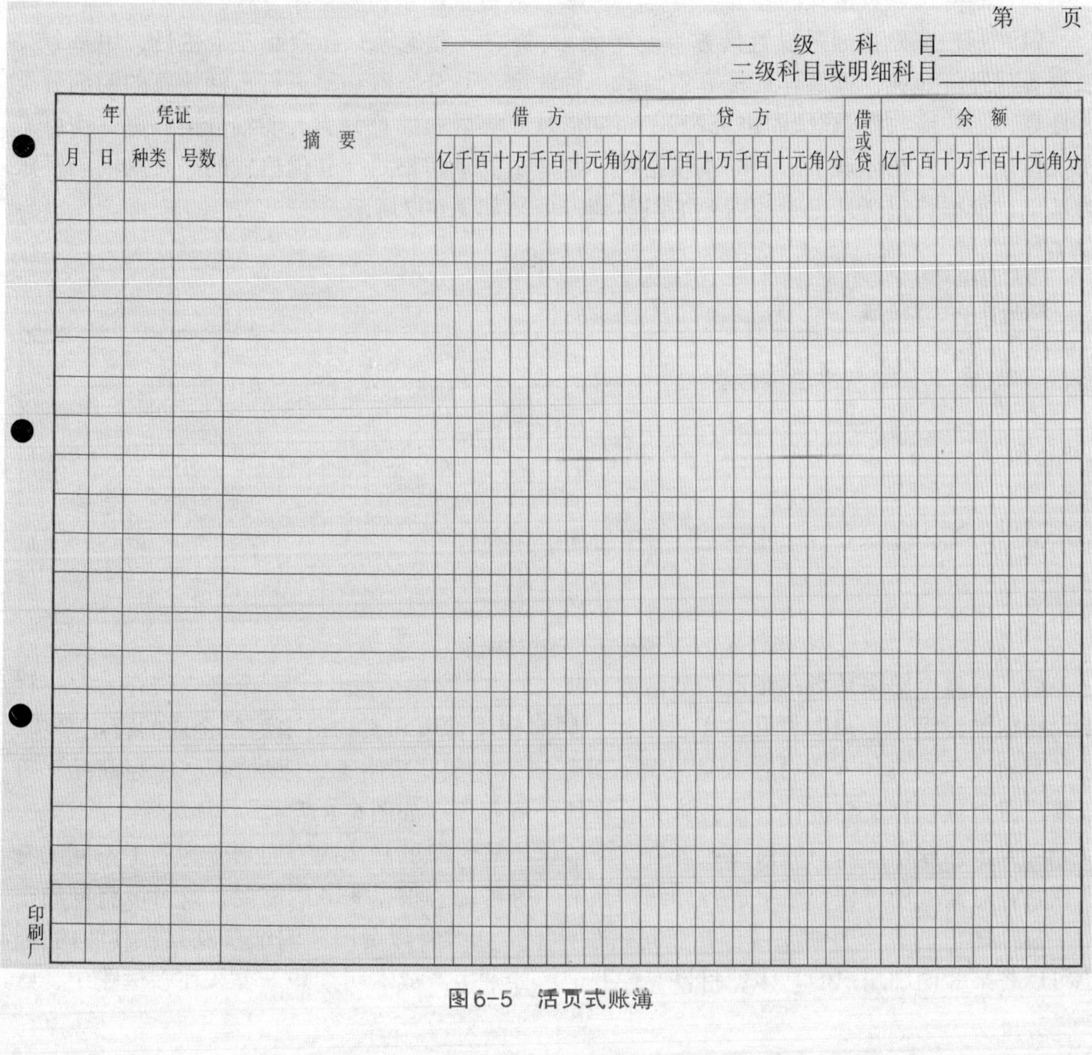

第　页

一　级　科　目＿＿＿＿

二级科目或明细科目＿＿＿＿

| 年 | | 凭证 | | 摘要 | 借方 | | | | | | | | | 贷方 | | | | | | | | | 借或贷 | 余额 | | | | | | | | |
|---|---|---|---|---|---|---|---|---|---|---|---|---|---|---|---|---|---|---|---|---|---|---|---|---|---|---|---|---|---|---|---|---|
| 月 | 日 | 种类 | 号数 | | 亿 | 千 | 百 | 十 | 万 | 千 | 百 | 十 | 元 | 角 | 分 | 亿 | 千 | 百 | 十 | 万 | 千 | 百 | 十 | 元 | 角 | 分 | | 亿 | 千 | 百 | 十 | 万 | 千 | 百 | 十 | 元 | 角 | 分 |

印刷厂

图6-5　活页式账簿

（3）卡片式账簿也称卡片账，是由许多分散的，具有一定格式的卡片，存放在卡片箱中保管的账簿。卡片账可跨年度使用。在实际工作中，企业的固定资产明细账常常采用卡片账的形式，如图6-6所示。

**固定资产卡片** 主卡

资产编号：SCYF003　　原　值：216000
资产名称：成品仓库　　数　量：1
规格型号：
产　　地：
存放地点：一车间
购置日期：2000-12-31　　SCYF003

×××市场监督管理局　　打印日期：2005-12-29

图6-6　卡片式账簿

3.按账页格式分类

会计账簿按账页格式的差异，分为三栏账、数量金额账和多栏账三种。

（1）三栏账是指通过设置借方（发生额）、贷方（发生额）和余额三个栏目，用来分类核算各项经济业务，提供详细核算资料的一种账簿。总分类账和只进行金额核算的明细分类账核算，如“应收账款”“固定资产”“短期借款”等内容的总分类、明细分类核算，均可采用三栏账。三栏账体现了账户的基本结构，是账页的基本格式，其他格式的账页均以三栏账为基础，依据特定会计记录的需要加以演变产生，如图6-7所示。

总第____页　分第____页　　　应付账款
____级科目编号及名称红星材料厂
____级科目编号及名称____

| 2017年 | | 凭证 | | 摘要 | 日期 | 借方 | | | | | | | | | 贷方 | | | | | | | | | 借或贷 | 余额 | | | | | | | | |
|---|---|---|---|---|---|---|---|---|---|---|---|---|---|---|---|---|---|---|---|---|---|---|---|---|---|---|---|---|---|---|---|---|---|
| 月 | 日 | 种类 | 号数 | | | 百 | 十 | 万 | 千 | 百 | 十 | 元 | 角 | 分 | 百 | 十 | 万 | 千 | 百 | 十 | 元 | 角 | 分 | | 百 | 十 | 万 | 千 | 百 | 十 | 元 | 角 | 分 |
| 7 | 1 | | | 期初余额 | | | | | | | | | | | | | | | | | | | | 贷 | | | 1 | 0 | 0 | 0 | 0 | 0 | 0 |
| 7 | 3 | 记 | 6 | 偿付前欠货款 | | | | 1 | 0 | 0 | 0 | 0 | 0 | 0 | | | | | | | | | | 平 | | | | | | | θ | | |
| 7 | 4 | 记 | 10 | 冲销7月3日多记金额 | | | | | 9 | 0 | 0 | 0 | 0 | 0 | | | | | | | | | | 贷 | | | | 9 | 0 | 0 | 0 | 0 | 0 |
| | | | | | | | | | | | | | | | | | | | | | | | | | | | | | | | | | |

图6-7　三栏式账页

（2）数量金额账是指在账页的“借方（收入）”“贷方（发出）”“余额（结存）”三栏下，再附加设置“数量”栏和“单价”栏，同时使用货币和实物量来记录企业的特定事项，以核算对应事项具体变化过程和结果的一种账簿。它主要适用于“原材料”“库存商品”等既要进行金额核算又要进行数量核算和管理的经济事项，如图6-8所示。

（3）多栏账指在账页的借方或者贷方，依据核算对象的具体内容而划分为若干不同的专门栏目，对其变动过程和结果进行详细记录的一种账簿。根据实务的需要，既可以将同属于一个总账账户的各个明细项目合并在同一账页上，如“管理费用”明细账及其各具体内容；也可以将某一明细账户的具体项目设专栏登记，如“生产成本明细账”等。在多栏账中，账页借方栏或者贷方栏中的某一栏（通常为借方栏）需要细分为若干专栏，如图6-9所示。

| 账号 | 总页次 |
|---|---|
| 页次 | |

**原　材　料**

货名 A材料 货号＿＿＿ 类别＿＿＿ 规格＿＿＿ 计量单位＿＿＿ 储存地点＿＿＿

| 2017年 | | 凭证 | | 摘要 | 收入 | | | | | | | | | | 发出 | | | | | | | | | | 结存 | | | | | | | | | |
|---|---|---|---|---|---|---|---|---|---|---|---|---|---|---|---|---|---|---|---|---|---|---|---|---|---|---|---|---|---|---|---|---|---|---|
| 月 | 日 | 种类 | 号数 | | 数量 | 单价 | 金额 | | | | | | | | 数量 | 单价 | 金额 | | | | | | | | 数量 | 单价 | 金额 | | | | | | | |
| | | | | | | | 十 | 万 | 千 | 百 | 十 | 元 | 角 | 分 | | | 十 | 万 | 千 | 百 | 十 | 元 | 角 | 分 | | | 十 | 万 | 千 | 百 | 十 | 元 | 角 | 分 |
| 7 | 1 | | | 期初余额 | | | | | | | | | | | | | | | | | | | | | 18 880.00 | 1.00 | | 1 | 8 | 8 | 8 | 0 | 0 | 0 |
| | | | | | | | | | | | | | | | | | | | | | | | | | | | | | | | | | | |
| | | | | | | | | | | | | | | | | | | | | | | | | | | | | | | | | | | |
| | | | | | | | | | | | | | | | | | | | | | | | | | | | | | | | | | | |

图6-8　数量金额式账页

**生产成本明细账**

会计科目或编号：　　　　总第　页

子目、户名或编号：2#强化地板　　　　分第　页

| 2017年 | | 记账凭证 | | 摘要 | 借方 | | | | | 贷方 | 余额 |
|---|---|---|---|---|---|---|---|---|---|---|---|
| 月 | 日 | 类别 | 号数 | | 直接材料费 | 直接人工费 | 制造费用 | | 合计 | | |
| 12 | 1 | | | 期初余额 | 46 930 | | | | 46 930 | | 46 930 |
| | 31 | 转 | 3 | 分配材料费 | 47 922.5 | | | | 47 922.5 | | 94 852.5 |
| | 31 | 转 | 5 | 分配工资费用 | | 38 430 | | | 38 430 | | 133 282.5 |
| | 31 | 转 | 6 | 计提福利费 | | 5 381.6 | | | 5 381.6 | | 138 664.1 |
| | 31 | 转 | 8 | 分配制造费用 | | | 14 448.2 | | 14 448.2 | | 153 112.3 |
| | 31 | 转 | 9 | 结转完工产品成本 | | | | | | 153 112.3 | 0 |
| | 31 | | | 本月合计 | 47 922.5 | 43 811.6 | 14 448.2 | | 106 182.30 | 153 112.3 | 0 |
| | | | | | | | | | | | |
| | | | | | | | | | | | |

图6-9　多栏式账页

## 二、会计账簿的基本结构

会计账簿包括总分类账、明细分类账、日记账和其他辅助性账簿。为使各种散乱、繁杂的经济业务信息或者数据成为有用的会计信息，需通过不同种类的会计账簿对单位的经济业务信息或者数据进行连续的、相互衔接的分类归集和整理加工。这些账簿分别存在于会计信息形成过程中的不同环节，为达成预定会计目标提供了实现的手段。

会计账簿格式多种多样，总分类账、明细分类账和日记账等主要账簿一般由封面、扉页、目录和账页等构成。

### （一）封面

封面主要用来载明账簿的名称。

### （二）扉页

扉页主要用来登载经管人员一览表，其主要内容包括单位名称、账簿名称、起止页数、启用日期、单位领导人、会计主管人员、经管人员、移交人和移交日期、接管人和接管日期等，如图6-10所示。

**账簿使用登记表**

辽财账会计证　号

| 单位名称 | 抚顺环宇机械厂 | | | 负责人 | 职　务 | 姓　名 | 贴印花处 |
|---|---|---|---|---|---|---|---|
| 账簿名称 | 生产成本　账簿第　册 | | | 单位负责人 | 企业法人 | 王红 | |
| 账簿号码 | 第　号 | 启用日期 | 2020年01月01日 | 单位主管财会工作负责人 | 财务科长 | 万方 | |
| 账簿页数 | 本账簿共计200页 | | | 会计机构负责人<br>会计主管人员 | | 万　方 | |

经　管　本　账　簿　人　员　一　览　表

| 记　账　人　员 | | | 接　管 | 移　交 | 监交人员 | | 备　注 | 单位公章 |
|---|---|---|---|---|---|---|---|---|
| 职务 | 姓名 | 盖章 | 年　月　日 | 年　月　日 | 职务 | 姓名 | | 抚顺环宇机械厂 |
| 会计 | 王晓 | 王　晓 | 2020.01.01 | | | | | |
| | | | | | | | | |
| | | | | | | | | |
| | | | | | | | | |

图6-10　扉页

### （三）目录

目录页主要用来对账页内容进行索引，因在多数情况下账页内容存在变动，所以订本账的目录在编制时应预留空白，活页账需在装订成册时补充完成目录页，如图6-11所示。

**账　户　目　录**

| 账号 | 科目及子目 | 页数 | 账号 | 科目及子目 | 页数 | 账号 | 科目及子目 | 页数 |
|---|---|---|---|---|---|---|---|---|
| | | | | | | | | |
| | | | | | | | | |
| | | | | | | | | |
| | | | | | | | | |
| | | | | | | | | |
| | | | | | | | | |
| | | | | | | | | |
| | | | | | | | | |
| | | | | | | | | |
| | | | | | | | | |
| | | | | | | | | |

图6-11　账户目录

### （四）账页

账页是账簿的主体。在每张账页上，应载明账户名称（即会计科目或者明细科目）、记账日期、记账凭证的种类和号数、摘要及金额。

## 三、账簿的启用

### （一）填写账簿名称

在封面列明账簿名称和记账单位名称，如“有诚公司总账”“有诚公司××明细账”“有诚公司库存现金日记账”等。

### （二）填写账簿使用记录

在账簿的扉页上，登记对应的事项，包括启用日期、账簿页数、册次、账簿经管人员情况、交接记录等信息。新账簿启用时，有关人员需如实填写账簿启用表并签章。若年度内出现工作交接，则接任会计人员和监交人员需要填写账簿交接表，如图6-12所示。

**账簿启用及接交表**

<table>
<tr><td>单位名称</td><td></td><td>公　章</td></tr>
<tr><td>账簿名称</td><td>（第　　册）</td><td rowspan="4"></td></tr>
<tr><td>账簿编号</td><td></td></tr>
<tr><td>账簿页数</td><td>本账簿共计　　页（本账簿页数<br>检点人盖章　　）</td></tr>
<tr><td>启用日期</td><td>公元　　年　　月　　日</td></tr>
</table>

<table>
<tr><td rowspan="3">经管人员</td><td colspan="2">单位主管</td><td colspan="2">财务主管</td><td colspan="2">复核</td><td colspan="2">记账</td></tr>
<tr><td>姓名</td><td>盖章</td><td>姓名</td><td>盖章</td><td>姓名</td><td>盖章</td><td>姓名</td><td>盖章</td></tr>
<tr><td></td><td></td><td></td><td></td><td></td><td></td><td></td><td></td></tr>
</table>

<table>
<tr><td rowspan="6">接交记录</td><td colspan="2">经管人员</td><td colspan="4">接管</td><td colspan="4">交出</td></tr>
<tr><td>职别</td><td>姓名</td><td>年</td><td>月</td><td>日</td><td>盖章</td><td>年</td><td>月</td><td>日</td><td>盖章</td></tr>
<tr><td></td><td></td><td></td><td></td><td></td><td></td><td></td><td></td><td></td><td></td></tr>
<tr><td></td><td></td><td></td><td></td><td></td><td></td><td></td><td></td><td></td><td></td></tr>
<tr><td></td><td></td><td></td><td></td><td></td><td></td><td></td><td></td><td></td><td></td></tr>
<tr><td></td><td></td><td></td><td></td><td></td><td></td><td></td><td></td><td></td><td></td></tr>
<tr><td>备注</td><td colspan="10"></td></tr>
</table>

图6-12　启用账簿

### （三）填写账簿内的账户目录

账簿内的账户目录的初始状态为空白，账户目录可以由账簿启用人员在开设账页户头后，按顺序将账户的名称、页码逐个登记，以便查阅。如果是活页账，因账簿使用过程中存在页数变动的可能，暂时无法确定页码，可留待年终装订归档时，再补充填写。

# 任务二　登记会计账簿

## 一、会计账簿登记的基本要求

账簿作为重要的会计档案和会计信息的主要处理工具，必须按规定的方法，依据审核无误的记账凭证进行登记。进行登记时，应按如下基本要求进行。

### （一）准确完整

登记会计账簿时，应当将会计凭证日期、编号、业务内容摘要、金额和其他有关资料逐项记入账页内，做到数字准确、摘要清楚、登记及时、字迹工整。每一项会计事项，一方面要记入有关的总账；另一方面要记入该总账所属的明细账。登记账簿要及时，但各种账簿的登记间隔时间的长短没有统一规定，一般来说，要根据本企业所采用的具体会计核算形式而定。

### （二）注明记账符号

登记完毕后，要在记账凭证上签名或者盖章，并注明已经登账的符号，表示已经记账。在记账凭证上设有专门的栏目供注明记账的符号，以免发生重记或漏记。

### （三）书写留空

账簿中书写的文字和数字上面要留有适当的空格，不要写满格，一般应不超过格高1/2。这样，一旦发生登记错误，能比较容易地进行更正，同时也方便查账。

### （四）用笔要求

正常登记账簿时，要用蓝黑墨水或者碳素墨水书写，不得使用圆珠笔（银行的复写账簿除外）或者铅笔书写。在会计上，数字的颜色是重要的语素之一，它同数字和文字一起传达特定会计信息。如同数字和文字错误会表达错误的信息一样，书写墨水的颜色用错了，也会导致信息混乱。

红色在会计账务处理中有特殊含义，在下列特殊账务处理的情况下，可以用红色墨水记账：

（1）按照红字冲账的记账凭证，冲销错误记录，如图6-13所示。

总第______页　分第______页

应付账款

______级科目编号及名称红星材料厂

______级科目编号及名称______

| 2020年 | | 凭证 | | 摘要 | 日期 | 借方 | | | | | | | | | 贷方 | | | | | | | | | 借或贷 | 余额 | | | | | | | | |
|---|---|---|---|---|---|---|---|---|---|---|---|---|---|---|---|---|---|---|---|---|---|---|---|---|---|---|---|---|---|---|---|---|---|
| 月 | 日 | 种类 | 号数 | | | 百 | 十 | 万 | 千 | 百 | 十 | 元 | 角 | 分 | 百 | 十 | 万 | 千 | 百 | 十 | 元 | 角 | 分 | | 百 | 十 | 万 | 千 | 百 | 十 | 元 | 角 | 分 |
| 7 | 1 | | | 期初余额 | | | | | | | | | | | | | | | | | | | | 贷 | | | 1 | 0 | 0 | 0 | 0 | 0 | 0 |
| 7 | 3 | 记 | 6 | 偿付前欠货款 | | | | 1 | 0 | 0 | 0 | 0 | 0 | 0 | | | | | | | | | | 平 | | | | | | | θ | | |
| 7 | 5 | 记 | 10 | 冲销7月3日多记金额 | | | | | 9 | 0 | 0 | 0 | 0 | 0 | | | | | | | | | | 贷 | | | | 9 | 0 | 0 | 0 | 0 | 0 |
| | | | | | | | | | | | | | | | | | | | | | | | | | | | | | | | | | |

图6-13　红字冲账

（2）在不设借方栏或者贷方栏的多栏式账页中，登记减少数，如图6-14所示。

生产成本明细账

户名：A产品　　　　　　　　　　　　　　　　　　　　　　　　　　第　号

| 2020年 | | 凭证字号 | 摘要 | 成本项目 | | | | | | 合计 |
|---|---|---|---|---|---|---|---|---|---|---|
| 月 | 日 | | | 直接材料 | 直接人工 | 制造费用 | | | | |
| 9 | 01 | | 期初余额 | 24 000.00 | 10 000.00 | 6 000.00 | | | | 40 000.00 |
| | 01 | 记06 | 领用材料 | 20 000.00 | | | | | | 20 000.00 |
| | 30 | 记16 | 分配工资 | | 19 000.00 | | | | | 19 000.00 |
| | 30 | 记17 | 结转制造费用 | | | 12 900.00 | | | | 12 900.00 |
| | 30 | 记18 | 结转完工产品成本 | 36 280.00 | 16 000.00 | 10 000.00 | | | | 62 280.00 |
| 9 | 30 | | 月末余额 | 7 720.00 | 13 000.00 | 8 900.00 | | | | 29 620.00 |

图6-14　红字登记减少

（3）在三栏式账户的余额栏前，未印明余额方向的，在余额栏内登记负数余额，如图6-15所示。

银行存款日记账

| 2020年 | | 凭证 | | 对方科目 | 摘　要 | 总页 | 收入金额 | | | | | | | | | | 付出金额 | | | | | | | | | | 结存金额 | | | | | | | | | |
|---|---|---|---|---|---|---|---|---|---|---|---|---|---|---|---|---|---|---|---|---|---|---|---|---|---|---|---|---|---|---|---|---|---|---|---|---|
| 月 | 日 | 种类 | 号数 | | | | 千 | 百 | 十 | 万 | 千 | 百 | 十 | 元 | 角 | 分 | 千 | 百 | 十 | 万 | 千 | 百 | 十 | 元 | 角 | 分 | 千 | 百 | 十 | 万 | 千 | 百 | 十 | 元 | 角 | 分 |
| 7 | 1 | | | | 期初余额 | | | | | | | | | | | | | | | | | | | | | | | | 1 | 9 | 3 | 4 | 5 | 0 | 0 | 0 |
| | 1 | 记 | 1 | 库存现金 | 提现备用 | | | | | | | | | | | | | | | | 1 | 0 | 0 | 0 | 0 | 0 | | | 1 | 9 | 2 | 4 | 5 | 0 | 0 | 0 |
| | 3 | 记 | 6 | 应付账款 | 偿付前欠货款 | | | | | | | | | | | | | | 2 | 4 | 7 | 3 | 3 | 4 | 0 | 0 | | | | 5 | 4 | 8 | 8 | 4 | 0 | 0 |
| | 3 | 记 | 7 | 短期借款 | 借入短期借款，存入银行 | | | | 1 | 8 | 0 | 0 | 0 | 0 | 0 | 0 | | | | | | | | | | | | | 1 | 2 | 5 | 1 | 1 | 6 | 0 | 0 |

图6-15　红字登记负数

（4）根据国家统一会计制度的规定可以用红字登记的其他会计记录。

**（五）顺序连续登记**

各种账簿应按页次顺序连续登记，不得跳行、隔页。如果发生跳行、隔页，应当将空行空页划线注销，或者注明“此行空白”“此页空白”字样，并由记账人员签名或者盖章，目的在于堵塞在账簿登记中可能出现的漏洞和舞弊行为，如图6-16所示。

**（六）过次承前**

每一账页登记完毕结转下页时，应当结出本页合计数及余额，写在本页最后一行和下页第一行有关栏内，并在摘要栏内注明“过次页”和“承前页”字样；也可以将本页合计数及金额只写在下页第一行有关栏内，并在摘要栏内注明“承前页”字样。也就是说，“过次页”和“承前页”的方法有两种：一是在本页最后一行内结出发生额合计数及余额，然后过次页并在次页第一页承前页；二是只在次页第一行承前页写出发生额合计数及余额，如图6-17所示。

应收账款明细账

| 本账页数 | |
|---|---|
| 本户页数 | |

新华工厂科目

| 2020年 | | 记账凭证号数 | 摘要 | 对方科目 | 页数 | 借方 | | | | | | | | | | | | 贷方 | | | | | | | | | | | | 借或贷 | 余额 | | | | | | | | | | | |
|---|---|---|---|---|---|---|---|---|---|---|---|---|---|---|---|---|---|---|---|---|---|---|---|---|---|---|---|---|---|---|---|---|---|---|---|---|---|---|---|---|---|---|
| 月 | 日 | | | | | 十 | 亿 | 千 | 百 | 十 | 万 | 千 | 百 | 十 | 元 | 角 | 分 | 十 | 亿 | 千 | 百 | 十 | 万 | 千 | 百 | 十 | 元 | 角 | 分 | | 十 | 亿 | 千 | 百 | 十 | 万 | 千 | 百 | 十 | 元 | 角 | 分 |

此页空白

王晓

图6-16 注销空白页

辽宁省财政厅检印 C04

银行存款日记账

第2页

| 2020年 | | 凭证号 | 摘要 | 对方科目 | 凭证 | | 借方 | | | | | | | | | | | | 核对号 | 贷方 | | | | | | | | | | | | 核对号 | 余额 | | | | | | | | | | | |
|---|---|---|---|---|---|---|---|---|---|---|---|---|---|---|---|---|---|---|---|---|---|---|---|---|---|---|---|---|---|---|---|---|---|---|---|---|---|---|---|---|---|---|---|---|
| 月 | 日 | | | | 种类 | 票号 | 十 | 亿 | 千 | 百 | 十 | 万 | 千 | 百 | 十 | 元 | 角 | 分 | | 十 | 亿 | 千 | 百 | 十 | 万 | 千 | 百 | 十 | 元 | 角 | 分 | | 十 | 亿 | 千 | 百 | 十 | 万 | 千 | 百 | 十 | 元 | 角 | 分 |
| | 7 | | 承前页 | | | | | | | 2 | 3 | 8 | 2 | 3 | 6 | 8 | 0 | 0 | | | | | | 3 | 2 | 1 | 9 | 4 | 2 | 6 | 2 | | | | | 2 | 1 | 5 | 5 | 4 | 8 | 5 | 5 | 8 |
| | 9 | 13 | 预付货款 | 预付账款 | | | | | | | | | | | | | | | | | | | | 1 | 0 | 0 | 0 | 0 | 0 | 0 | 0 | | | | | | | | | | | | | |
| | - | 14 | 支付前欠货款 | 应付账款 | | | | | | | | | | | | | | | | | | | | 1 | 8 | 8 | 6 | 6 | 2 | 5 | 0 | | | | | | | | | | | | | |
| | - | 16 | 收到前欠货款 | 应收账款 | | | | | | | 1 | 3 | 7 | 5 | 9 | 2 | 0 | 0 | | | | | | | | | | | | | | | | | | 2 | 0 | 0 | 4 | 4 | 1 | 5 | 0 | 8 |
| | 10 | 17 | 支付社保费 | 应付职工薪酬 | | | | | | | | | | | | | | | | | | | | | 6 | 6 | 0 | 9 | 7 | 0 | 2 | | | | | 1 | 9 | 3 | 8 | 3 | 1 | 8 | 0 | 6 |
| | 11 | 19 | 支付前欠货款 | 应付账款 | | | | | | | | | | | | | | | | | | | | | | 2 | 5 | 0 | 0 | 0 | 0 | | | | | | | | | | | | | |
| | - | 21 | 收到到期票据款 | 应收票据 | | | | | | | 6 | 7 | 8 | 6 | 0 | 0 | 0 | 0 | | | | | | | | | | | | | | | | | | | | | | | | | | |
| | - | 24 | 补付预付不足款 | 预付账款 | | | | | | | | | | | | | | | | | | | | 2 | 2 | 7 | 6 | 0 | 0 | 0 | 0 | | | | | | | | | | | | | |
| | - | 26 | 存现金 | 库存现金 | | | | | | | | | 2 | 0 | 0 | 0 | 0 | 0 | | | | | | | | | | | | | | | | | | 2 | 3 | 8 | 8 | 8 | 1 | 8 | 0 | 6 |
| | 12 | 27 | 还本付息 | 短期借款 | | | | | | | | | | | | | | | | | | | | 5 | 0 | 3 | 5 | 5 | 0 | 0 | 0 | | | | | 1 | 8 | 8 | 5 | 2 | 6 | 8 | 0 | 6 |
| | | | 过次页 | | | | | | | 3 | 2 | 0 | 0 | 5 | 6 | 0 | 0 | 0 | | | | | 1 | 4 | 1 | 0 | 3 | 5 | 2 | 1 | 4 | | | | | 1 | 8 | 8 | 5 | 2 | 6 | 8 | 0 | 6 |

图6-17 过次承前

## 二、日记账的登记

### （一）库存现金日记账

库存现金日记账是用来登记库存现金收入、付出和结存情况的账簿。由出纳人员根据与库存现金收付有关的收款凭证和付款凭证，按时间顺序逐日逐笔登记。库存现金日记账一般采用三栏式，格式如图6-18所示。

库存现金日记账　　2

| 年 | | 凭证号数 | 摘要 | √ | 借方 | | | | | | | | | | | 贷方 | | | | | | | | | | | 借或贷 | 余额 | | | | | | | | | | |
|---|---|---|---|---|---|---|---|---|---|---|---|---|---|---|---|---|---|---|---|---|---|---|---|---|---|---|---|---|---|---|---|---|---|---|---|---|---|---|
| 月 | 日 | | | | 亿 | 千 | 百 | 十 | 万 | 千 | 百 | 十 | 元 | 角 | 分 | 亿 | 千 | 百 | 十 | 万 | 千 | 百 | 十 | 元 | 角 | 分 | | 亿 | 千 | 百 | 十 | 万 | 千 | 百 | 十 | 元 | 角 | 分 |
| | | | | | | | | | | | | | | | | | | | | | | | | | | | | | | | | | | | | | | |
| | | | | | | | | | | | | | | | | | | | | | | | | | | | | | | | | | | | | | | |
| | | | | | | | | | | | | | | | | | | | | | | | | | | | | | | | | | | | | | | |
| | | | | | | | | | | | | | | | | | | | | | | | | | | | | | | | | | | | | | | |
| | | | | | | | | | | | | | | | | | | | | | | | | | | | | | | | | | | | | | | |
| | | | | | | | | | | | | | | | | | | | | | | | | | | | | | | | | | | | | | | |
| | | | | | | | | | | | | | | | | | | | | | | | | | | | | | | | | | | | | | | |
| | | | | | | | | | | | | | | | | | | | | | | | | | | | | | | | | | | | | | | |
| | | | | | | | | | | | | | | | | | | | | | | | | | | | | | | | | | | | | | | |
| | | | | | | | | | | | | | | | | | | | | | | | | | | | | | | | | | | | | | | |

图6-18　库存现金日记账

“凭证号数”栏登记每笔账所依据的收、付款凭证号数（凭证记账后，也要在记账凭证上注明所登记账簿的页数），以便日后查对；“摘要”栏根据记账凭证的摘要填写，简要说明经济业务的内容；“借方”栏根据收款凭证登记；“贷方”栏根据付款凭证登记。但对于从银行提取现金的业务，由于已填制银行存款付款凭证，为避免重复记账，一般不再填制库存现金的收款凭证，所以对于从银行提取现金的现金收入数额，应根据银行存款付款凭证登记库存现金日记账的借方栏。每日终了，结算出余额，并与实存现金数额相核对。

### （二）银行存款日记账

银行存款日记账是用来逐日反映企业银行存款的增加、减少和结存情况的账簿，一般也是由出纳人员根据各种银行存款的收、付款凭证按时间顺序逐日逐笔登记的。其格式如图6-19所示。

银行存款日记账的登记方法与库存现金日记账的登记方法基本相同，这里不再赘述。但银行存款日记账设有结算凭证种类和号数栏，这是因为银行存款的收付都是根据银行规定的结算方式办理的，为了便于与银行对账，需要单独列出每笔存款收付所依据的结算凭证种类和号数，以便日后与银行进行账务比对时，对于出现的差错，双方能及时准确地进行查证。

## 三、分类账的格式及登记

分类账是分类登记经济业务的账簿，设置分类账的目的就是要从各个账户中取得总括或者详细的核算资料。各个账户一般在分类账里都占有独立的账页，账页的多少应视账户的经济内容而定。经济业务内容少的账户，往往一个账户只需一张账页；而内容多的账户，则需要用若干连续的账页。

根据提供资料的详细程度不同，分类账可分为总分类账和明细分类账。

**银行存款日记账**

第5号

| 开户行 | |
| --- | --- |
| 账　号 | |

| 年 | | 记账凭证 | | 对方科目 | 摘要 | 支票 | | 借方 | | | | | | | | | | | | 贷方 | | | | | | | | | | | | √ | 余额 | | | | | | | | | | | |
| --- | --- | --- | --- | --- | --- | --- | --- | --- | --- | --- | --- | --- | --- | --- | --- | --- | --- | --- | --- | --- | --- | --- | --- | --- | --- | --- | --- | --- | --- | --- | --- | --- | --- | --- | --- | --- | --- | --- | --- | --- | --- | --- | --- | --- |
| 月 | 日 | 字 | 号 | | | 种类 | 号码 | 十 | 亿 | 千 | 百 | 十 | 万 | 千 | 百 | 十 | 元 | 角 | 分 | 十 | 亿 | 千 | 百 | 十 | 万 | 千 | 百 | 十 | 元 | 角 | 分 | | 十 | 亿 | 千 | 百 | 十 | 万 | 千 | 百 | 十 | 元 | 角 | 分 |
| | | | | | | | | | | | | | | | | | | | | | | | | | | | | | | | | | | | | | | | | | | | | |
| | | | | | | | | | | | | | | | | | | | | | | | | | | | | | | | | | | | | | | | | | | | | |
| | | | | | | | | | | | | | | | | | | | | | | | | | | | | | | | | | | | | | | | | | | | | |
| | | | | | | | | | | | | | | | | | | | | | | | | | | | | | | | | | | | | | | | | | | | | |
| | | | | | | | | | | | | | | | | | | | | | | | | | | | | | | | | | | | | | | | | | | | | |
| | | | | | | | | | | | | | | | | | | | | | | | | | | | | | | | | | | | | | | | | | | | | |
| | | | | | | | | | | | | | | | | | | | | | | | | | | | | | | | | | | | | | | | | | | | | |
| | | | | | | | | | | | | | | | | | | | | | | | | | | | | | | | | | | | | | | | | | | | | |
| | | | | | | | | | | | | | | | | | | | | | | | | | | | | | | | | | | | | | | | | | | | | |
| | | | | | | | | | | | | | | | | | | | | | | | | | | | | | | | | | | | | | | | | | | | | |
| | | | | | | | | | | | | | | | | | | | | | | | | | | | | | | | | | | | | | | | | | | | | |
| | | | | | | | | | | | | | | | | | | | | | | | | | | | | | | | | | | | | | | | | | | | | |
| | | | | | | | | | | | | | | | | | | | | | | | | | | | | | | | | | | | | | | | | | | | | |
| | | | | | | | | | | | | | | | | | | | | | | | | | | | | | | | | | | | | | | | | | | | | |
| | | | | | | | | | | | | | | | | | | | | | | | | | | | | | | | | | | | | | | | | | | | | |
| | | | | | | | | | | | | | | | | | | | | | | | | | | | | | | | | | | | | | | | | | | | | |

图6-19　银行存款日记账

## (一) 总分类账

总分类账简称总账，它是总括反映企业经济活动及资产、负债、所有者权益、收入、费用、利润等状况的账簿。它按照规定的一级账户分设账页，以集中登记属于该账户的业务及其相关的增减变动。

总分类核算只运用货币度量价值量的变动，因此总分类账的格式比较简单，采用较多的是三栏式结构，称为三栏式总账。其格式如图6-20所示。

**总　　账**

科目 原材料

| 2020年 | | 凭证 | | 摘　要 | 借　方 | | | | | | | | | | | √ | 贷　方 | | | | | | | | | | | √ | 借或贷 | 余　额 | | | | | | | | | | | √ |
| --- | --- | --- | --- | --- | --- | --- | --- | --- | --- | --- | --- | --- | --- | --- | --- | --- | --- | --- | --- | --- | --- | --- | --- | --- | --- | --- | --- | --- | --- | --- | --- | --- | --- | --- | --- | --- | --- | --- | --- | --- | --- |
| 月 | 日 | 字 | 号 | | 亿 | 千 | 百 | 十 | 万 | 千 | 百 | 十 | 元 | 角 | 分 | | 亿 | 千 | 百 | 十 | 万 | 千 | 百 | 十 | 元 | 角 | 分 | | | 亿 | 千 | 百 | 十 | 万 | 千 | 百 | 十 | 元 | 角 | 分 | |
| 1 | 1 | | | 上年结转 | | | | | | | | | | | | | | | | | | | | | | | | | 借 | | | | | 5 | 5 | 2 | 0 | 0 | 0 | 0 | |
| | 6 | 银付 | 2 | 采购材料 | | | | | | 1 | 9 | 2 | 0 | 0 | 0 | | | | | | | | | | | | | | 借 | | | | | 5 | 7 | 1 | 2 | 0 | 0 | 0 | |
| | 11 | 转字 | 2 | 采购材料 | | | | | 1 | 5 | 3 | 6 | 0 | 0 | 0 | | | | | | | | | | | | | | 借 | | | | | 7 | 2 | 4 | 8 | 0 | 0 | 0 | |
| | 25 | 转字 | 4 | 领用材料 | | | | | | | | | | | | | | | | | 3 | 0 | 0 | 0 | 0 | 0 | 0 | | 借 | | | | | 4 | 2 | 4 | 8 | 0 | 0 | 0 | |
| | 31 | | | 本月合计 | | | | | 1 | 7 | 2 | 8 | 0 | 0 | 0 | | | | | | 3 | 0 | 0 | 0 | 0 | 0 | 0 | | 借 | | | | | 4 | 2 | 4 | 8 | 0 | 0 | 0 | |
| | | | | | | | | | | | | | | | | | | | | | | | | | | | | | | | | | | | | | | | | | |
| | | | | | | | | | | | | | | | | | | | | | | | | | | | | | | | | | | | | | | | | | |
| | | | | | | | | | | | | | | | | | | | | | | | | | | | | | | | | | | | | | | | | | |
| | | | | | | | | | | | | | | | | | | | | | | | | | | | | | | | | | | | | | | | | | |

图6-20　原材料总账

三栏式总账的登记既可以根据记账凭证登记，也可以根据经汇总处理过的“科目汇总表”或者“汇总记账凭证”登记，相应地形成了不同的会计核算组织程序，各单位可以根据实际情况自行确定具体采用哪一种会计核算形式。

### （二）明细分类账

明细分类账简称明细账，应根据原始凭证、原始凭证汇总表和记账凭证逐笔进行登记，也可以定期（3天、5天或者10天）登记。但债权债务明细账和财产物资明细账应当每天登记，以便随时与对方单位结算，核对库存余额。明细账的格式需要根据其所反映经济业务内容的特点以及实物管理的不同要求来设计，一般有三栏式、数量金额式和多栏式三种明细账。

1. 三栏式明细账

三栏式明细账与三栏式总账格式相同，主要适用于只要求反映金额的经济业务（如应收账款、应付账款、其他应收款等）的明细分类核算。它根据记账凭证和有关原始凭证逐笔登记，其格式如图6-21所示。

**应　收　票　据**

总第＿1＿页　分第＿1＿页

贰 级科目编号及名称 青胜蓝商场

＿级科目编号及名称＿＿

| 2020年 月 | 日 | 凭证 种类 | 号数 | 摘要 | 对方科目 | 总页 | 借方（亿千百十万千百十元角分） | √ | 贷方（亿千百十万千百十元角分） | √ | 借或贷 | 余额（亿千百十万千百十元角分） | √ |
|---|---|---|---|---|---|---|---|---|---|---|---|---|---|
| 1 | 1 | | | 上年结转 | | | | | | | 借 | 4200000 | |
| 11 | 30 | | | 1—11月发生额 | | | 16125000 | | 15100000 | | 借 | 5225000 | |
| 11 | 30 | | | 月结 | | | 16125000 | | 15100000 | | 借 | 5225000 | |
| 11 | 30 | | | 1—11月份累计 | | | 16125000 | | 15100000 | | 借 | 5225000 | |
| 12 | 9 | 收 | 10 | 收到商业承兑票款 | 银行存款 | | | | 1500000 | | 借 | 3725000 | |
| 12 | 17 | 转 | 8 | 销售产品收到商业承兑汇票 | 主营业务收入、应交税费 | | 2223000 | | | | 借 | 5948000 | |
| 12 | 22 | 收 | 19 | 收到商业承兑汇票 | 银行存款 | | | | 1872000 | | 借 | 4076000 | |
| | 31 | | | 月结 | | | 2223000 | | 3372000 | | 借 | 4076000 | |
| | | | | 本年累计 | | | 18348000 | | 18472000 | | 借 | 4076000 | |
| | 31 | | | 结转下年 | | | | | | | 借 | 4076000 | |

图6-21　应收票据明细账

2. 数量金额式明细账

数量金额式明细账适用于既需要反映金额，又需要反映数量的经济业务（如原材料、产成品等）的明细核算，根据材料或产品等收发凭证逐笔登记。这种明细账可以提供材料、产成品等收、发、存的详细资料，便于加强对这些财产物资的实物监督，其格式如图6-22所示。

3. 多栏式明细账

多栏式明细账适用于生产成本、管理费用、销售费用等的明细分类核算。多栏式明细账是根据各业务的经济内容和提供资料的要求，在一张账页上按明细项目分设专栏，以提供这类经济业务的详细资料，因此专栏的设置各不相同，如“销售费用”账户需要反映销售费用来源的项目等，其明细账格式如图6-23所示。

**原材料明细账**

总页号　分页号

最高存量 10 000　　　　　　　　　　　　　　　　　　　　　　编 号 1432

最低存量 1 000　存储地点 乙仓库　规 格　类 别　计量单位 千克　品 名 B材料

| 2020年 | | 凭证 | | 摘要 | 借方 | | | 贷方 | | | 余额 | | |
|---|---|---|---|---|---|---|---|---|---|---|---|---|---|
| 月 | 日 | 种类 | 号数 | | 数量 | 单价 | 金额（千百十万千百十元角分） | 数量 | 单价 | 金额（千百十万千百十元角分） | 数量 | 单价 | 金额（千百十万千百十元角分） |
| 1 | 1 | | | 上年结转 | | | | | | | 1 200 | 16.00 | 1 9 2 0 0 0 0 |
| | 6 | 银付 | 2 | 采购材料 | 120 | 16.00 | 1 9 2 0 0 0 | | | | 1 320 | 16.00 | 2 1 1 2 0 0 0 |
| | 11 | 转字 | 2 | 采购材料 | 540 | 16.00 | 8 6 4 0 0 0 | | | | 1 860 | 16.00 | 2 9 7 6 0 0 0 |
| | 25 | 转字 | 4 | 领用材料 | | | | 800 | 16.00 | 1 2 8 0 0 0 0 | 1 060 | 16.00 | 1 6 9 6 0 0 0 |
| | 31 | | | 本月合计 | 660 | 16.00 | 1 0 5 6 0 0 0 | 800 | 16.00 | 1 2 8 0 0 0 0 | 1 060 | 16.00 | 1 6 9 6 0 0 0 |
| | | | | | | | | | | | | | |
| | | | | | | | | | | | | | |
| | | | | | | | | | | | | | |

图6-22　原材料明细账

## 四、总分类账与明细分类账的平行登记

### （一）平行登记的意义

所谓平行登记，是指经济业务发生后，根据会计凭证，一方面要登记有关的总分类账户，另一方面也要登记该总分类账户所属的各有关明细分类账户。

如前所述，总分类账户是依据总分类科目开设，用来提供总括核算指标的账簿；明细分类账是依据明细分类科目开设，用来提供详细核算指标的账簿。所以，在总分类账中进行的核算，称为总分类核算；在明细分类账中进行的核算，称为明细分类核算。

各企业在进行总分类核算的同时，应根据管理的需要，进行必要的明细分类核算。总分类账和明细分类账虽然都用来提供会计核算指标，但从其提供指标之间的关系考虑，总分类账对其所属的明细分类账起着统驭和控制作用，可称为统驭账户；明细分类账对其总分类账起着补充和说明作用，所以称为从属账户。总分类账与其所属的明细分类账反映的会计事项相同，登账的初始依据是同一原始凭证，不同的只是分别以总括指标和详细指标的形式加以反映。为了使总分类账与其所属的明细分类账能各自发挥自身的作用，便于账户核对，并确保核算资料的正确、完整，在总分类账及其所属的明细分类账中进行记录时必须采用平行登记的方法。

微课：账簿的平行登记

### （二）平行登记的要点

平行登记的要点如下：

（1）对于需要提供详细指标的经济业务，应根据审核无误的记账凭证，一方面记入有关的总分类账，另一方面记入同期总分类账所属的各有关明细分类账。这里所指的同期是指在同一会计期间，而并非同时。因为明细账一般根据记账凭证及其所附的原始凭证于平时登记，而总分类账因会计核算组织形式不同，可能在平时登记，也可能定期登记，但登记总分类账和明细分类账必须在同一会计期间内完成。

分页：1　总页：2

# 销售费用明细账

一级科目：销售费用

级科目：

| 202[illegible]年 月 | 日 | 凭证号数 | 摘要 | 广告费 | 展览费 | 工资 | 五险一金 | 差旅费 | 运费 | 合计 | | |
|---|---|---|---|---|---|---|---|---|---|---|---|---|
| 1 | 5 | 015 | 支付广告费 | 2000000 | | | | | | 2000000 | | |
| | 8 | 028 | 支付展览费 | | 300000 | | | | | 300000 | | |
| | 31 | 131 | 计提销售人员工资及其他费用 | | | 1732800 | 376405 | | | 2109205 | | |
| | 31 | 132 | 结转费用类账户 | 2000000 | 300000 | 1732800 | 376405 | | | 4409295 | | |
| 2 | 12 | 042 | 赵新报销差旅费 | | | | | 260000 | | 260000 | | |
| | 26 | 128 | 计提销售人员工资及其他费用 | | | 1732800 | 376405 | | | 2109205 | | |
| | 26 | 129 | 结转费用类账户 | | | 1732800 | 376405 | 260000 | | 2369205 | | |
| 3 | 13 | 063 | 支付运费 | | | | | | 5000000 | 5000000 | | |
| | 31 | 131 | 计提销售人员工资及其他费用 | | | 1732800 | 376405 | | | 2109205 | | |
| | 31 | 132 | 结转费用类账户 | | | 1732800 | 376405 | | 5000000 | 7109205 | | |
| 4 | 20 | 080 | 支付展览费 | | 500000 | | | | | 500000 | | |
| | 30 | 130 | 计提销售人员工资及其他费用 | | | 1732800 | 376405 | | | 2109205 | | |
| | 30 | 131 | 结转费用类账户 | | 500000 | 1732800 | 376405 | | | 2609205 | | |
| 5 | 15 | 065 | 李毓报销差旅费 | | | | | 96000 | | 96000 | | |
| | 31 | 131 | 计提销售人员工资及其他费用 | | | 1732800 | 376405 | | | 2109205 | | |
| | 31 | 132 | 结转费用类账户 | | | 1732800 | 376405 | 96000 | | 2205205 | | |
| 6 | 8 | 028 | 支付广告费 | 1000000 | | | | | | 1000000 | | |
| | 30 | 130 | 计提销售人员工资及其他费用 | | | 1732800 | 376405 | | | 2109205 | | |
| | 30 | 131 | 结转费用类账户 | 1000000 | | 1732800 | 376405 | | | 3109205 | | |
| 7 | 31 | 091 | 支付运费 | | | | | | 310000000 | 31000000 | | |
| | | | 过次页 | | | | | | | 31000000 | | |

图6-23　销售费用明细账

(2) 登记总分类账及其所属的明细分类账的方向应当相同。这里所指的方向，是指所体现的增减变动方向，而并非相同的记账方向。在一般情况下，总分类账及其所属的明细分类账都按借方、贷方和余额设栏登记，这时在总分类账及其所属明细分类账中的记账方向是相同的，如债权债务结算账户即属于这种情况。但有些明细分类账户不按借方、贷方和余额设栏登记，而是按收入、发出、结存或者其他容易理解的增减符号设栏登记。例如，材料明细账有时按收入、发出和结存设数量金额式明细账。

还有一些明细账按组成项目设多栏记录，采用多栏式明细账格式。在这种情况下，对于某项需要冲减有关组成项目金额的事项，只能用红字记入其相反的记账方向，以红字在其相反的记账方向登记来表示总分类账中的相同方向的记录。例如，"管理费用"账户按其组成项目设置借方多栏式明细账，发生需冲减管理费用的经济业务时，总分类账中记入贷方，而其明细账中则以红字记入管理费用相应项目的借方。这时，在总分类账及其所属的明细分类账中，就不可能以相同的记账符号按相同的记账方向进行登记，而只能以相同的变动方向进行登记。

(3) 记入总分类账的金额与记入其所属的各明细分类账的合计金额相等。总分类账户提供总括指标，明细分类账提供总分类账所记内容的具体指标，所以记入总分类账的金额与记入其所属各明细分类账的合计金额相等。

综上所述，总分类账与其所属明细分类账，按平行登记规则进行登记，可以概括为：依据相同，方向相同，金额相同。

根据总分类账与其所属明细分类账的平行登记规则记账之后，总分类账与所属明细分类账之间产生了下列数量关系：

总分类账本期发生额合计数 = 相关明细分类账本期发生额合计数之和

总分类账期末余额 = 相关明细分类账期末余额之和

(4) 在会计核算工作中，可利用上述关系检查账簿记录的正确性。检查时，根据总分类账与明细分类账之间的数量关系，编制明细分类账的本期发生额和余额明细表，同其相应的总分类账本期发生额和余额相互核对。明细分类账本期发生额和余额明细表根据不同的业务内容，可以分别采用不同的格式。以原材料科目为例，明细分类账户的本期发生额和余额明细表，既列示金额，又列示数量，以金额同总分类账户相核对，以数量同实物保管账相核对。其总分类账与明细分类账的关系如图6-24和图6-25所示。

账户名称：原材料　　　　**总分类账**　　　　单位：元

| 2019年 | | 凭证号 | 摘 要 | 借方 | 贷方 | 借或贷 | 余额 |
|---|---|---|---|---|---|---|---|
| 月 | 日 | | | | | | |
| 1 | 1 | | 上年结转 | | | 借 | 20 000 |
| | 略 | 略 | ①购入材料 | 1 000 | | 借 | 21 000 |
| | | | ③购入材料 | 5 000 | | 借 | 26 000 |
| 1 | 31 | | 本月合计 | 6 000 | | 借 | 26 000 |

图6-24　原材料总分类账

账户名称：螺栓　　原材料明细分类账　　计量单位：千克

| 2019年 | | 凭证号 | 摘 要 | 借方 | | | 贷方 | | | 余额 | | |
|---|---|---|---|---|---|---|---|---|---|---|---|---|
| 月 | 日 | | | 数量 | 单价 | 金额 | 数量 | 单价 | 金额 | 数量 | 单价 | 金额 |
| 1 | 1 | | 上年结转 | | | | | | | 100 | 50 | 5 000 |
| | 略 | 略 | ①购入 | 8 | 50 | 400 | | | | 108 | 50 | 5 400 |
| | | | ③购入 | 20 | 50 | 1 000 | | | | 128 | 50 | 6 400 |
| 1 | 31 | | 本月合计 | 28 | 50 | 1 400 | | | | 128 | 50 | 6 400 |

账户名称：灯泡　　原材料明细分类账　　计量单位：只

| 2019年 | | 凭证号 | 摘 要 | 借方 | | | 贷方 | | | 余额 | | |
|---|---|---|---|---|---|---|---|---|---|---|---|---|
| 月 | 日 | | | 数量 | 单价 | 金额 | 数量 | 单价 | 金额 | 数量 | 单价 | 金额 |
| 1 | 1 | | 上年结转 | | | | | | | 15 000 | 1 | 15 000 |
| | 略 | 略 | ①购入 | 600 | 1 | 600 | | | | 15 600 | 1 | 15 600 |
| | | | ③购入 | 4 000 | 1 | 4 000 | | | | 19 600 | 1 | 19 600 |
| 1 | 31 | | 本月合计 | 4 600 | 1 | 4 600 | | | | 19 600 | 1 | 19 600 |

图6-25　原材料明细分类账

## 任务三　查找和更正错账

### 一、账簿核对

为了保证账簿记录的真实、正确与可靠，需对账簿所记录的有关数据加以检查和核对，这项工作在会计上称为账簿核对，简称对账，是会计核算的一项重要内容。各单位应当定期对账簿记录的有关数字与库存实物、货币资金、往来单位或者个人等进行相互核对，保证账证相符、账账相符、账实相符，对账工作每年至少进行一次。对账的主要内容如下：

#### （一）账证核对

即核对会计账簿记录与原始凭证和记账凭证的时间、凭证字号、内容、金额是否一致，记账方向是否相符。

#### （二）账账核对

即核对会计账簿记录是否相符，包括总账有关账户的余额核对、总账与明细账核对、总账与日记账核对、会计部门的财产物资明细账与财产物资保管和使用部门的有关明细账核对等。

#### （三）账实核对

即核对会计账簿记录与财产等实有数额是否相符，包括库存现金日记账账面余额与库存现金实际库存数核对，银行存款日记账账面余额与银行对账单核对，各种材料物资明细账账面余额与材料物资实存数额核对，各种应收、应付款明细账账面余额与有关债务债权单位或者个人核对等。

## 二、试算平衡

### （一）试算平衡原理

试算平衡就是根据资产和权益的平衡关系，按照记账规则的要求，通过汇总计算和比较，借以检查账户记录正确性、完整性的核对工作。它也是进行账簿核对的一个依据。

试算平衡通常是通过编制总分类账户试算平衡表来完成的。按照借贷记账法的“有借必有贷，借贷必相等”的记账规则，每一笔经济业务的会计分录，借贷双方的发生额必然相等。所以，当一定会计期间（月、季、年）的全部经济业务的会计分录都记入相关账户后，所有账户的借方发生额与贷方发生额的合计数也必然相等。以此类推，全部账户的借方期末余额与贷方期末余额的合计数也必然相等。试算平衡就是运用上述原理，检查和验证账户记录是否正确，完成对账簿记录准确性与完整性的核对工作。这种相等关系用公式表示如下：

（1）会计分录试算平衡公式：

借方科目金额=贷方科目金额

（2）发生额试算平衡公式：

全部账户本期借方发生额合计=全部账户本期贷方发生额合计

（3）余额试算平衡公式：

全部账户期末借方余额合计=全部账户期末贷方余额合计

### （二）试算平衡表的编制

下面将通过举例说明，如何采用借贷记账法编制会计分录、登记账户和进行试算平衡。

【例6-1】有诚公司2020年6月份总分类账户的月初余额见表6-1。

表6-1　　总分类账户的月初余额

2020年6月　　单位：元

| 资产 | 金额 | 负债和所有者权益 | 金额 |
|---|---|---|---|
| 银行存款 | 20 000 | 短期借款 | 20 000 |
| 原材料 | 50 000 | 应付账款 | 3 000 |
| 库存商品 | 8 000 | 实收资本 | 200 000 |
| 固定资产 | 160 000 | 资本公积 | 10 000 |
| 生产成本 | 5 000 | 盈余公积 | 10 000 |
| 合计 | 243 000 | 合计 | 243 000 |

该公司6月份发生下列经济业务（不考虑相关税费）：

（1）用银行存款购入原材料6 000元，已验收入库。

（2）向银行借入短期借款2 000元，直接归还应付账款。

（3）用银行存款偿还一季度的短期借款10 000元。

（4）收到投资者追加投资50 000元，款项已存入银行。

（5）本期生产产品领用原材料一批，账面成本为8 000元。

根据上述经济业务，编制会计分录如下：

经济业务（1）：

借：原材料　　6 000

　　贷：银行存款　　6 000

经济业务（2）：

借：应付账款　　2 000

　　贷：短期借款　　2 000

经济业务（3）：

借：短期借款　　10 000

　　贷：银行存款　　10 000

经济业务（4）：

借：银行存款　　50 000

　　贷：实收资本　　50 000

经济业务（5）：

借：生产成本　　8 000

　　贷：原材料　　8 000

根据以上会计分录登记相关账户，期末结出这些账户的本期发生额和期末余额（单位为元），如图6-26所示。

银行存款

| | | | |
|---|---|---|---|
| 期初余额 | 20 000 | | |
| ④ | 50 000 | ① | 6 000 |
| | | ③ | 10 000 |
| 本期发生额 | 50 000 | 本期发生额 | 16 000 |
| 期末余额 | 54 000 | | |

原材料

| | | | |
|---|---|---|---|
| 期初余额 | 50 000 | | |
| ① | 6 000 | ⑤ | 8 000 |
| 本期发生额 | 6 000 | 本期发生额 | 8 000 |
| 期末余额 | 48 000 | | |

库存商品

| | | | |
|---|---|---|---|
| 期初余额 | 8 000 | | |
| | | | |
| 本期发生额 | 0 | 本期发生额 | 0 |
| 期末余额 | 8 000 | | |

固定资产

| | | | |
|---|---|---|---|
| 期初余额 | 160 000 | | |
| | | | |
| 本期发生额 | 0 | 本期发生额 | 0 |
| 期末余额 | 160 000 | | |

续图

生产成本

| | | | |
|---|---|---|---|
| 期初余额 | 5 000 | | |
| ⑤ | 8 000 | | |
| 本期发生额 | 8 000 | 本期发生额 | 0 |
| 期末余额 | 13 000 | | |

短期借款

| | | | |
|---|---|---|---|
| | | 期初余额 | 20 000 |
| ③ | 10 000 | ② | 2 000 |
| 本期发生额 | 10 000 | 本期发生额 | 2 000 |
| | | 期末余额 | 12 000 |

应付账款

| | | | |
|---|---|---|---|
| | | 期初余额 | 3 000 |
| ② | 2 000 | | |
| 本期发生额 | 2 000 | 本期发生额 | 0 |
| | | 期末余额 | 1 000 |

实收资本

| | | | |
|---|---|---|---|
| | | 期初余额 | 200 000 |
| | | ③ | 50 000 |
| 本期发生额 | 0 | 本期发生额 | 50 000 |
| | | 期末余额 | 250 000 |

资本公积

| | | | |
|---|---|---|---|
| | | 期初余额 | 100 000 |
| | | | |
| 本期发生额 | 0 | 本期发生额 | 0 |
| | | 期末余额 | 100 000 |

盈余公积

| | | | |
|---|---|---|---|
| | | 期初余额 | 100 000 |
| | | | |
| 本期发生额 | 0 | 本期发生额 | 0 |
| | | 期末余额 | 100 000 |

图6-26 登记账户并结出本期发生额和期末余额

根据账户记录表进行试算平衡（见表6-2）。

表6-2　　　　　　　　　　　　发生额及余额试算平衡表　　　　　　　　　　　　单位：元

| 会计科目 | 期初余额 | | 本期发生额 | | 期末余额 | |
|---|---|---|---|---|---|---|
| | 借方 | 贷方 | 借方 | 贷方 | 借方 | 贷方 |
| 银行存款 | 20 000 | | 50 000 | 16 000 | 54 000 | |
| 原材料 | 50 000 | | 6 000 | 8 000 | 48 000 | |
| 库存商品 | 8 000 | | | | 8 000 | |
| 固定资产 | 160 000 | | | | 160 000 | |
| 生产成本 | 5 000 | | 8 000 | | 13 000 | |
| 短期借款 | | 20 000 | 10 000 | 2 000 | | 12 000 |
| 应付账款 | | 3 000 | 2 000 | | | 1 000 |
| 实收资本 | | 200 000 | | 50 000 | | 250 000 |
| 资本公积 | | 10 000 | | | | 10 000 |
| 盈余公积 | | 10 000 | | | | 10 000 |
| 合计 | 243 000 | 243 000 | 76 000 | 76 000 | 283 000 | 283 000 |

通过表6-2的记录，我们可以看到，相关账户的期初余额、本期发生额及期末余额的合计都体现了借、贷相等的关系。但要特别说明的是，试算平衡只是用来检查账户记录是否正确的一种方法。如果借贷双方发生额或余额相等，表明账户记录基本正确，但有些错误并不影响借贷双方的平衡，因此，试算不平衡，表示记账一定有错误，但试算平衡时，不能表明记账一定正确。

不影响借贷双方平衡关系的错误通常有：（1）漏记某项经济业务，使本期借贷双方的发生额等额减少，借贷仍然平衡；（2）重记某项经济业务，使本期借贷双方的发生额等额虚增，借贷仍然平衡；（3）某项经济业务记录的应借、应贷科目正确，但借贷双方金额多记或少记，且金额一致，借贷仍然平衡；（4）某项经济业务记错有关账户，借贷仍然平衡；（5）某项经济业务在账户记录中，颠倒了记账方向，借贷仍然平衡；（6）某借方或贷方发生额中，偶然发生多记和少记并相互抵销，借贷仍然平衡。由于账户记录可能存在这些不能由试算平衡表发现的错误，所以需要对一切会计记录进行日常或定期的复核，以保证账户记录的正确性。。

### 三、错账更正

微课：错账更正

在账簿登记过程中，难免因为各种原因导致账簿记录出现偏差，有些差错在账务记录的当时即可发现，有些差错则可能在后续的对账、财产清查等环节才能发现。按照我国《会计法》的要求，账簿记录发生错误，不准涂改、挖补、刮擦或者用药水消除，不准重新抄写，需要根据错误的不同情况，采用不同的方法对原账簿记录进行更正，以使账簿记录真实反映经济事项。根据账簿记录的差错情况，可分如下三种情况进行更正：

### （一）抄写性差错

此种差错是指原始凭证和记账凭证均正确无误，会计人员在手工登记账簿的过程中，出现了文字、数字及账页使用等方面的差错。针对此类差错，需要采用“划线更正法”，对账簿记录进行调整。

按照规定，应当将错误的文字、数字，在确保原字迹辨认不受影响的情况下，用红线划线注销，然后在划线的上方填写正确的文字或者数字，并由更正人员在更正处签章，以明确责任。需要注意的是，对错误的数字，应当全部划线注销，不能仅就错误部分更正。文字性错误不受此限。

对出现的空行、空页也需要用红笔划线注销，实务中通常采用在金额栏内自左下至右上划线，更正人员还需在划线上签章，在摘要处注明“此行空白”“此页空白”等字样。

从会计实务的发展趋势看，随着会计信息化的普及，手工账逐渐被电子账取代，此种错误已日益减少。

### （二）记账凭证科目差错

由于记账凭证在科目运用上出现差错，导致记账凭证反映的内容与原始凭证记载不符，从而出现账务记录差错，并形成账实不符。针对此类差错，需分两步加以更正，首先借助“红字更正法”，编制红字凭证，即填制一张与原错误凭证内容相同、金额相反（通常为负）的记账凭证，据以红字登账，从而冲销原错误凭证记录的账务影响；其次以蓝字填制一张正确的记账凭证，予以补充登记。编制的红字及蓝字凭证，摘要通常注明“冲×××号凭证”“补××号凭证错记”，附件可以为对应原始凭证的复印件。

### （三）记账凭证金额差错

1. 所记金额大于应记的正确金额（包括重记）

原记账凭证中的借、贷账户正确，但所记金额较正确金额大，应采用“红字更正法”，填制一张与原错误记账凭证内容相同，金额用红字、数量为多记金额的记账凭证，并据以用红字登记入账，以冲销多记的金额。摘要通常为“冲正××号凭证多记”，在电子账的情况下，红字通常以负数表示。

2. 所记金额小于应记的正确金额（包括漏记）

原记账凭证中的借、贷账户正确，但所记金额较正确金额小，应采用“补充登记法”，填制一张与原错误记账凭证内容相同，金额为少记金额的记账凭证，并据以登记入账，以补充少记的金额，摘要通常为“补充××号凭证少记”。

除上述三种情况外，如果出现因原始凭证事项错误，导致后续记账凭证和账簿登记相应出现的差错，应属于账实不符内容，需通过财产清查差异处理的步骤予以调整（详见项目七），不在此差错更正范围。

## 任务四　结算会计账簿

### 一、结账的主要内容

结账是在将对账过程中检查出的差错予以更正，切实做到账证、账账、账实相符的基础上，在会计期末对各个账户的本期发生额和期末余额进行结算的工作。

结账是在会计分期的基础上，定期对企业“持续”的经营活动状况及其成果进行总结，特别是计算确定企业当期实现的损益，从而保证会计工作及时处理各种信息，为使用者提供对决策有用的信息。

结账的主要内容包括以下几个方面：

（1）检查确保当期发生的各项经济业务已全部正确入账，做到账证、账账、账实相符。

（2）按照权责发生制的要求，调整有关账项，以使当期损益的计算更为准确合理。

（3）将各损益类账户的期末余额结转至“本年利润”账户的对应方向。

（4）计算各账户本期借方和贷方发生额合计数和期末余额；如果是年终结账，还需将各账户余额结转至下年新账。

（5）结束旧账。

## 二、结账的步骤与方法

微课：结账的步骤与方法

### （一）不需按月结计本期发生额的账户的结账方法

每次记账以后，都要随时结出余额，每月最后一笔余额是月末余额，即月末余额就是本月最后一笔经济业务记录的同一行内余额。月末结账时，只需要在最后一笔经济业务记录之下通栏划单红线，不需要再次结计余额，如图6-27所示。

应收账款——红星公司　　账号　页次　总页

| 2020年 月 | 日 | 凭证 种类 | 号数 | 摘要 | 日期 | 借方（百十万千百十元角分） | 贷方（百十万千百十元角分） | 借或贷 | 余额（百十万千百十元角分） |
|---|---|---|---|---|---|---|---|---|---|
| | | | | 承前页 | | | | 借 | 400000 |
| 11 | 07 | 记 | 15 | 收到货款，存入银行 | | | 400000 | 平 | θ |
| | 08 | 记 | 23 | 销售产品，款未收 | | 930150 | | 借 | 930150 |
| | 14 | 记 | 43 | 收到货款，存入银行 | | | 930150 | 平 | θ |
| | 20 | 记 | 55 | 销售产品，款未收 | | 2825550 | | 借 | 2825550 |
| | 25 | 记 | 63 | 收到货款，存入银行 | | | 2825550 | 平 | θ |
| 12 | 08 | 记 | 21 | 销售产品，款未收 | | 1053000 | | 借 | 1053000 |
| | 26 | 记 | 65 | 销售产品，款未收 | | 1942200 | | 借 | 1942200 |

图6-27　月结单红线

### （二）需要按月结计本期发生额的账户的结账方法

库存现金、银行存款日记账和需要按月结计发生额的收入、费用等明细账每月结账时，要在最后一笔经济业务记录下面通栏划单红线，结出本月发生额和余额，在摘要栏内注明“本月合计”字样，并在下面通栏划单红线，如图6-28所示。

### （三）总账的结账方法

总账账户平时只需结出月末余额。

年终结账时，要将所有总账账户结出全年发生额和年末余额，在摘要栏内注明“本年合计”字样，并在合计数下通栏划双红线，如图6-29所示。

银行存款日记账

| 2020年 | | 凭证 | | 对方科目 | 摘要 | 总页 | 借方 | | | | | | | | | | 贷方 | | | | | | | | | | 余额 | | | | | | | | | |
|---|---|---|---|---|---|---|---|---|---|---|---|---|---|---|---|---|---|---|---|---|---|---|---|---|---|---|---|---|---|---|---|---|---|---|---|---|
| 月 | 日 | 种类 | 号数 | | | | 千 | 百 | 十 | 万 | 千 | 百 | 十 | 元 | 角 | 分 | 千 | 百 | 十 | 万 | 千 | 百 | 十 | 元 | 角 | 分 | 千 | 百 | 十 | 万 | 千 | 百 | 十 | 元 | 角 | 分 |
| | | | | | 承前页 | | | | 3 | 5 | 4 | 2 | 5 | 3 | 3 | 0 | | | 2 | 5 | 1 | 0 | 7 | 7 | 6 | 0 | | | 2 | 9 | 6 | 6 | 2 | 5 | 7 | 0 |
| 11 | 24 | 记 | 61 | 库存现金 | 提现备用 | | | | | | | | | | | | | | | | 1 | 0 | 0 | 0 | 0 | 0 | | | 2 | 9 | 5 | 6 | 2 | 5 | 7 | 0 |
| | 25 | 记 | 62 | 营业外支出 | 对外捐款 | | | | | | | | | | | | | | | | 2 | 0 | 0 | 0 | 0 | 0 | | | 2 | 9 | 3 | 6 | 2 | 5 | 7 | 0 |
| | 25 | 记 | 63 | 应收账款 | 收到货款，存入银行 | | | | | 2 | 8 | 2 | 5 | 5 | 5 | 0 | | | | | | | | | | | | | 3 | 2 | 1 | 8 | 8 | 1 | 2 | 0 |
| | 26 | 记 | 64 | 应付账款 | 偿付前欠货款 | | | | | | | | | | | | | | | 2 | 5 | 6 | 7 | 2 | 0 | 0 | | | 2 | 9 | 6 | 2 | 0 | 9 | 2 | 0 |
| | 26 | 记 | 66 | 管理费用 | 支付水电费 | | | | | | | | | | | | | | | | 2 | 9 | 0 | 0 | 0 | 0 | | | 2 | 9 | 3 | 3 | 0 | 9 | 2 | 0 |
| | 27 | 记 | 67 | 原材料等 | 购进材料，验收入库，款已付 | | | | | | | | | | | | | | | | 1 | 8 | 6 | 5 | 2 | 0 | | | 2 | 9 | 1 | 4 | 4 | 4 | 0 | 0 |
| | 29 | 记 | 69 | 主营业务收入等 | 销售产品，货款收存银行 | | | | | 7 | 6 | 5 | 1 | 8 | 0 | 0 | | | | | | | | | | | | | 3 | 6 | 7 | 9 | 6 | 2 | 0 | 0 |
| | 31 | | | | 本月合计 | | | | 4 | 5 | 9 | 0 | 2 | 6 | 8 | 0 | | | 2 | 8 | 4 | 5 | 1 | 4 | 8 | 0 | | | 3 | 6 | 7 | 9 | 6 | 2 | 0 | 0 |
| | | | | | | | | | | | | | | | | | | | | | | | | | | | | | | | | | | | | |

图6-28　月结两根单红线

应收账款——红星公司

| 账号 | | 总页 | |
|---|---|---|---|
| 页次 | | | |

| 2020年 | | 凭证 | | 摘要 | 日期 | 借方 | | | | | | | | | 贷方 | | | | | | | | | 借或贷 | 余额 | | | | | | | | |
|---|---|---|---|---|---|---|---|---|---|---|---|---|---|---|---|---|---|---|---|---|---|---|---|---|---|---|---|---|---|---|---|---|---|
| 月 | 日 | 种类 | 号数 | | | 百 | 十 | 万 | 千 | 百 | 十 | 元 | 角 | 分 | 百 | 十 | 万 | 千 | 百 | 十 | 元 | 角 | 分 | | 百 | 十 | 万 | 千 | 百 | 十 | 元 | 角 | 分 |
| | | | | 承前页 | | | 2 | 1 | 7 | 4 | 4 | 1 | 0 | 0 | | 2 | 1 | 7 | 1 | 1 | 0 | 0 | 0 | 借 | | | | 1 | 1 | 3 | 0 | 0 | 0 |
| 11 | 20 | 记汇 | 32 | 11—20日发生额 | | | | 1 | 9 | 2 | 0 | 0 | 0 | 0 | | | 2 | 0 | 1 | 0 | 0 | 0 | 0 | 借 | | | | | 2 | 3 | 0 | 0 | 0 |
| | 30 | 记汇 | 33 | 21—30日发生额 | | | | | 1 | 0 | 1 | 0 | 0 | 0 | | | | | | | | | | 借 | | | | 1 | 2 | 4 | 0 | 0 | 0 |
| 12 | 10 | 记汇 | 34 | 1—10日发生额 | | | | | 1 | 0 | 8 | 0 | 0 | 0 | | | | | 9 | 0 | 0 | 0 | 0 | 借 | | | | 1 | 4 | 2 | 0 | 0 | 0 |
| | 20 | 记汇 | 35 | 11—20日发生额 | | | | 1 | 7 | 2 | 8 | 0 | 0 | 0 | | | 1 | 8 | 0 | 9 | 0 | 0 | 0 | 借 | | | | | 6 | 1 | 0 | 0 | 0 |
| | 31 | 记汇 | 36 | 21—31日发生额 | | | | | | 9 | 0 | 9 | 0 | 0 | | | | | | | | | | 借 | | | | 1 | 5 | 1 | 9 | 0 | 0 |
| | | | | 本年合计 | | | 2 | 5 | 6 | 9 | 2 | 0 | 0 | 0 | | 2 | 5 | 6 | 2 | 0 | 0 | 0 | 0 | 借 | | | | 1 | 5 | 1 | 9 | 0 | 0 |
| | | | | 结转下年 | | | | | | | | | | | | | | | | | | | | | | | | | | | | | |

图6-29　总账结账

### （四）对于需要结计本年累计发生额的明细账户的结账方法

每月结账时，应在“本月合计”行下结出自年初起至本月末止的累计发生额，登记在月份发生额下面，在摘要栏内注明“本年累计”字样，并在下面通栏划单红线。12月末的“本年累计”就是全年累计发生额，全年累计发生额下通栏划双红线，如图6-30所示。

### （五）结转下年

年度终了结账时，有余额的账户，应将其余额结转下年，并在摘要栏注明“结转下年”字样，如图6-31所示。

**主营业务收入——甲产品**

| 账号 | | 总页 | |
|---|---|---|---|
| 页次 | | | |

| 2020年 | | 凭证 | | 摘要 | 日期 | 借方 | | | | | | | | | 贷方 | | | | | | | | | 借或贷 | 余额 | | | | | | | | |
|---|---|---|---|---|---|---|---|---|---|---|---|---|---|---|---|---|---|---|---|---|---|---|---|---|---|---|---|---|---|---|---|---|---|
| 月 | 日 | 种类 | 号数 | | | 百 | 十 | 万 | 千 | 百 | 十 | 元 | 角 | 分 | 百 | 十 | 万 | 千 | 百 | 十 | 元 | 角 | 分 | | 百 | 十 | 万 | 千 | 百 | 十 | 元 | 角 | 分 |
| | | | | 承前页 | | | 3 | 5 | 7 | 2 | 1 | 0 | 0 | 0 | | 3 | 5 | 7 | 2 | 1 | 0 | 0 | 0 | 贷 | | | 1 | 7 | 7 | 0 | 0 | 0 | 0 |
| 11 | 24 | 记 | 60 | 销售产品，收到部分货款 | | | | | | | | | | | | | | 3 | 7 | 5 | 0 | 0 | 0 | 贷 | | | 2 | 1 | 4 | 5 | 0 | 0 | 0 |
| | 26 | 记 | 65 | 销售产品，款未收 | | | | | | | | | | | | | 1 | 5 | 0 | 0 | 0 | 0 | 0 | 贷 | | | 3 | 6 | 4 | 5 | 0 | 0 | 0 |
| | 30 | 记 | 81 | 结转本月收入 | | | | 3 | 6 | 4 | 5 | 0 | 0 | 0 | | | | | | | | | | 平 | | | | | | | θ | | |
| | 30 | | | 本月合计 | | | | 3 | 6 | 4 | 5 | 0 | 0 | 0 | | | 3 | 6 | 4 | 5 | 0 | 0 | 0 | 平 | | | | | | | θ | | |
| | | | | 本年累计 | | | 3 | 9 | 3 | 6 | 6 | 0 | 0 | 0 | | 3 | 9 | 3 | 6 | 6 | 0 | 0 | 0 | 平 | | | | | | | θ | | |
| 12 | 26 | 记 | 65 | 销售产品，款未收 | | | | | | | | | | | | | 2 | 4 | 4 | 5 | 0 | 0 | 0 | 贷 | | | 2 | 4 | 4 | 5 | 0 | 0 | 0 |
| | 28 | 记 | 72 | 销售产品，货款收存银行 | | | | | | | | | | | | | 2 | 4 | 1 | 5 | 0 | 0 | 0 | 贷 | | | 4 | 8 | 6 | 0 | 0 | 0 | 0 |
| | 31 | 记 | 81 | 结转本月收入 | | | | 4 | 8 | 6 | 0 | 0 | 0 | 0 | | | | | | | | | | 平 | | | | | | | θ | | |
| | 31 | | | 本月合计 | | | | 4 | 8 | 6 | 0 | 0 | 0 | 0 | | | 4 | 8 | 6 | 0 | 0 | 0 | 0 | 平 | | | | | | | θ | | |
| | 31 | | | 本年累计 | | | 4 | 4 | 2 | 2 | 6 | 0 | 0 | 0 | | 4 | 4 | 2 | 2 | 6 | 0 | 0 | 0 | 平 | | | | | | | θ | | |
| | | | | | | | | | | | | | | | | | | | | | | | | | | | | | | | | | |

图6-30　月结三根单红线

**库存现金**

| 账号 | | 总页 | |
|---|---|---|---|
| 页次 | | | |

| 2020年 | | 凭证 | | 摘要 | 日期 | 借方 | | | | | | | | | 贷方 | | | | | | | | | 借或贷 | 余额 | | | | | | | | |
|---|---|---|---|---|---|---|---|---|---|---|---|---|---|---|---|---|---|---|---|---|---|---|---|---|---|---|---|---|---|---|---|---|---|
| 月 | 日 | 种类 | 号数 | | | 百 | 十 | 万 | 千 | 百 | 十 | 元 | 角 | 分 | 百 | 十 | 万 | 千 | 百 | 十 | 元 | 角 | 分 | | 百 | 十 | 万 | 千 | 百 | 十 | 元 | 角 | 分 |
| 12 | 10 | 记汇 | 34 | 1—10日发生额 | | | | | 1 | 0 | 8 | 0 | 0 | 0 | | | | | 9 | 0 | 0 | 0 | 0 | 借 | | | | 1 | 4 | 2 | 0 | 0 | 0 |
| | 20 | 记汇 | 35 | 11—20日发生额 | | | | 1 | 7 | 2 | 8 | 0 | 0 | 0 | | | 1 | 8 | 0 | 9 | 0 | 0 | 0 | 借 | | | | | 6 | 1 | 0 | 0 | 0 |
| | 31 | 记汇 | 36 | 21—31日发生额 | | | | | | 9 | 0 | 9 | 0 | 0 | | | | | | | | | | 借 | | | | 1 | 5 | 1 | 9 | 0 | 0 |
| | | | | 本年合计 | | | 2 | 5 | 6 | 9 | 2 | 0 | 0 | 0 | | 2 | 5 | 6 | 2 | 0 | 0 | 0 | 0 | 借 | | | | 1 | 5 | 1 | 9 | 0 | 0 |
| | | | | 结转下年 | | | | | | | | | | | | | | | | | | | | | | | | | | | | | |

图6-31　结转下年

# 项目测试

姓名________ 学号________ 成绩________

一、单项选择题

1. 下列各账簿中，必须逐日逐笔登记的是（　　）。

A. 库存现金总账　　B. 银行存款日记账

C. 库存商品明细账　　D. 原材料明细账

2. 下列各项关于总账和明细账的表述正确的是（　　）。

A. 明细账根据明细分类科目设置

B. 总账的余额不一定等于其所属明细账的余额的合计数

C. 所有资产类总账的余额合计数应等于所有负债总账的余额合计数

D. 库存现金日记账实质上就是库存现金的总账

3. 会计账簿暂由本单位财务会计部门保管（　　），期满之后，由财务会计部门编造清册移交本单位的档案部门保管。

A.1年　　B.3年　　C.5年　　D.10年

4. 下列账簿中，不需要每年进行更换的账簿是（　　）。

A. 库存现金日记账　　B. 银行存款日记账

C. 总账　　D. 固定资产明细账

5. 需要结计本年累计发生额的账户，结计"过次页"的合计数为（　　）。

A. 自年初起至本日止累计数

B. 自年初起至本页末止累计数

C. 自月初至本页末止累计数

D. 自本页初至本页末止累计数

6. 下列各种方法中，（　　）适用于记账后发现账簿错误是由于记账凭证中会计科目运用错误引起的情况。

A. 划线更正法　　B. 红字更正法

C. 补充登记法　　D. 平行登记法

7. 收回货款1 500元存入银行，填制记账凭证时，会计科目无误，金额误填为15 000元，并已入账。正确的更正方法是（　　）。

A. 采用划线更正法

B. 用蓝字借记"银行存款"，贷记"应收账款"

C. 用蓝字借记"应收账款"，贷记"银行存款"

D. 用红字借记"银行存款"，贷记"应收账款"

8. 更正错账时，划线更正法的适用范围是（　　）。

A. 记账凭证上会计科目或记账方向错误，导致账簿记录错误

B. 记账凭证正确，在记账时发生错误，导致账簿记录错误

C. 记账凭证上会计科目或记账方向正确，所记金额大于应记金额，导致账簿记录错误

D. 记账凭证上会计科目或记账方向正确，所记金额小于应记金额，导致账簿记录错误

9. 对账簿记录所进行的核对工作，即核对账目，是指（　　）。

A. 对账　　B. 结账　　C. 错账更正　　D. 试算平衡

10. 银行存款日记账与银行对账单之间的核对属于（　　）。

A. 账证核对　　B. 账账核对　　C. 账实核对　　D. 余额核对

11. 下列各项关于银行存款账实核对的表述正确的是（　　）。

A. 将银行存款日记账的余额与银行存款的收付款凭证核对

B. 将银行存款日记账的余额与总账中的银行存款账户核对

C. 将银行存款日记账的余额与银行对账单核对

D. 将银行存款日记账的余额与银行金库中存款的实有数核对

12. 对账就是核对账目，其主要内容包括（　　）。

A. 账实核对、账表核对、账账核对

B. 账账核对、账证核对、账表核对

C. 账账核对、账证核对、表表核对

D. 账证核对、账账核对、账实核对

13. 下列各项关于对账的表述不正确的是（　　）。

A. 对账工作一般在月末进行，即在记账之后结账之前进行

B. 对账的内容包括账证核对、账账核对、账实核对、证表核对

C. 账证核对是指账簿记录与原始凭证、记账凭证的核对

D. 账实核对是指各项财产物资、债权债务等账面余额与实有数额之间的核对

14. 对总分类账格式和登记方法的要求错误的是（　　）。

A. 总分类账的账页格式有三栏式和多栏式两种

B. 总分类账一般不采用订本账

C. 总分类账应该按照总分类账户分类登记

D. 总分类账的登记方法取决于单位、企业采用的账务处理程序

15. 下列各项关于账页格式的选择，表述错误的是（　　）。

A. 库存现金日记账的格式主要有三栏式和多栏式

B. 总分类账以及资本、债权、债务明细账一般采用三栏式

C. 收入、成本、费用明细账一般采用三栏式

D. 原材料、库存商品等存货明细账一般采用数量金额式

16. 对所发生的每项经济业务事项，都要以会计凭证为依据，一方面记入有关总分类账户，另一方面记入总账所属明细分类账户。下列各项中，正确表明该方法的是（　　）。

A. 复式记账法　　B. 平行登记法　　C. 借贷记账法　　D. 同时登记法

17. 下列账簿形式中，适用于原材料、库存商品等存货类明细账的是（　　）。

A. 三栏式　　B. 多栏式　　C. 数量金额式　　D. 横线登记式

18. 下列各项不能作为明细分类账的记账依据的是（　　）。

A. 原始凭证　　B. 原始凭证汇总表

C. 科目汇总表　　D. 记账凭证

19.三栏式银行存款日记账属于（　　）。

A.序时账　　B.明细账　　C.总分类账　　D.备查账

20.下列各项关于库存现金日记账的表述正确的是（　　）。

A.库存现金日记账应当每月结出发生额和余额

B.库存现金日记账应当每十五天结出发生额

C.库存现金日记账应当每隔三至五天结出余额

D.库存现金日记账应当每日结出发生额和余额

二、多项选择题

1.下列各项属于错账产生的原因的有（　　）。

A.重记　　B.漏记　　C.数字颠倒　　D.数字记错

2.账簿与账户的关系包括（　　）。

A.账户存在于账簿之中，账簿中的每一账页就是账户的存在形式和载体

B.没有账簿，账户就无法存在

C.账簿序时、分类地记载经济业务，是在个别账户中完成的

D.账簿只是一个外在形式，账户才是它的真实内容

3.下列属于会计主体期末会计核算工作内容的有（　　）。

A.检查所有记账凭证是否全部入账

B.编制调整分录，合理确定应计入本期的收入和费用

C.编制结账分录并登记入账

D.根据全部过账数据资料，结账后编制试算平衡表

4.下列各项关于会计账簿更换的说法正确的有（　　）。

A.会计账簿的更换通常在新会计年度建账时进行

B.总账、日记账和多数明细账应每年更换一次

C.变动较小的明细账可以连续使用

D.各种备查账簿可以连续使用

5.下列各项结账方法正确的有（　　）。

A.库存现金、银行存款日记账，每月要结出本月发生额和余额，在摘要栏内注明“本月合计”字样，并在下面通栏划单红线

B.需要结计本年累计发生额的明细账，每月结账时，应在“本月合计”行下结出自年初起至本月末的累计发生额

C.总账账户平时只需结出月末余额。年终结账时，将所有总账账户结出全年发生额和年末余额，在摘要栏内注明“本年合计”字样，并在合计数下通栏划双红线

D.年度终了时，对有余额的账户，要将其余额结转下年，并在摘要栏注明“结转下年”字样

6.账簿记录发生错误，不准涂改、挖补、刮擦或者用药水消除字迹，不准重新抄写，而是应该按（　　）更正。

A.全冲全入法　　B.补充登记法　　C.红字更正法　　D.划线更正法

7.下列各项属于错账更正方法的有（　　）。

A.划线更正法　B.红字更正法　C.补充登记法　D.平行登记法

8.对账的主要内容包括（　　）。

A.账证核对　B.账账核对　C.账实核对　D.证表核对

9.下列各项关于明细分类账的说法正确的是（　　）。

A.明细分类账是根据二级账户或明细账户开设账页，分类、连续地登记经济业务以提供明细核算资料的账簿

B.明细分类账所提供的资料也是编制会计报表的依据之一

C.明细分类账一般采用订本式账簿

D.有的明细分类账可以采用卡片式账簿

10.总分类账可以根据（　　）登记。

A.记账凭证　B.科目汇总表　C.汇总记账凭证　D.试算平衡表

11.下列各项属于平行登记要点的有（　　）。

A.同一期间　B.同向　C.同时登记

D.计入总分类账的金额与计入明细账的合计金额相等

12.根据明细分类账的登记方法，下列明细账中应该逐日逐笔登记的有（　　）。

A.收入明细账　B.原材料明细账

C.固定资产明细账　D.债权、债务明细账

13.下列各项明细账既可逐日逐笔登记，也可定期汇总登记的有（　　）。

A.固定资产　B.库存商品　C.应收账款　D.管理费用

14.下列各项可以作为银行存款日记账的记账依据的有（　　）。

A.库存现金收款凭证　B.库存现金付款凭证

C.银行存款收款凭证　D.银行存款付款凭证

15.常见的特种日记账主要包括（　　）。

A.库存现金日记账　B.银行存款日记账

C.收入日记账　D.固定资产日记账

三、判断题

1.错账查找方法中的逆查法有利于全面检查账簿记录的正确性，但是查找工作量大。（　　）

2.错账查找方法中的逆查法属于局部抽查方法。（　　）

3.账簿只是一个外在形式，账户才是它的真实内容。账簿与账户的关系，是形式和内容的关系。（　　）

4.在记账过程中，可能由于种种原因会使账簿记录发生错误。对于发生的账簿记录错误，应采用正确、规范的方法予以更正，不得涂改、挖补、刮擦或者用药水消除字迹，不得重新抄写。（　　）

5.总分类账和明细分类账平行登记要求做到方向相同、期间一致、金额相等。（　　）

6.各种账簿必须按照国家统一规定的保存年限妥善保管，保管期满后可以销毁。（　　）

7.所有的账簿每年都要更换新账。（　　）

8.对既不要需要结计本月发生额也不需要结计本年累计发生额的账户，可以只将每页末的余额结转次页。（ ）

9.月结时，收入、费用类账户需要结出本月发生额和余额，记入最后一笔记录下的借方和贷方栏内，并在摘要栏内注明“本月合计”字样，同时在该行下划双红线，以完成月结工作。（ ）

10.如果在结账前发现账簿记录有文字或数字错误，而记账凭证没有错误，则可采用划线更正法，不可以采用红字更正法。（ ）

项目测试及答案

# 项目七
# 财产清查

# 项目七　财产清查

## ◇ 学习目标

1. 了解财产清查的意义，财产清查与账实相符的关系及其对会计工作的影响；
2. 掌握银行存款余额调节表的作用及编制方法；
3. 掌握存货盘存两种方法的内容与优缺点；
4. 掌握资产清查结果的处置程序与账务处理。

# 任务一　认识财产清查

### 一、财产清查的含义

微课：认识财产清查

财产清查是指通过对货币资金、实物资产和往来款项等资产内容的盘点或者核对，确定其实存数，并将清查盘点的结果与相关账簿记录资料进行核对，据以查明账存数与实存数是否相符的一种专门方法。

在会计实务中，企业日常发生交易或者事项后，通过编制会计凭证、登记会计账簿，形成了有效的会计记录，但记录的准确性仍需要与对应的实物资产进行核对，如出纳每日营业前保有的现金余额，加上当日现金收付后的变化，形成的营业结束后的现金余额，应当与每日的库存现金日记账余额一致。而从企业整体的实物保管工作角度看，由于分属于其他业务部门，会计账簿记录是对其必要的牵制和监督，有效的财产清查和账实相符的要求，可以防范企业管理中的舞弊和懈怠，提高管理效率。所以，财产清查既是会计工作方法的构成部分，也是会计实现监督职能的方式，还是企业经营管理中必不可少的一环。

### 二、财产清查的种类

在会计实务中，清查的执行单位、时间和范围等通常存在一定的差异，据此可以对财产清查进行如下的分类。

**（一）按照执行单位的不同，财产清查可以分为外部清查和内部清查**

外部清查是指由企业外部的有关部门或人员，根据特定工作安排和有关规定，对企业财产所进行的清查，如国有资产管理部门对国有企业进行的相关清产核资检查。

内部清查是指企业组织内部有关人员对本企业财产所进行的清查，如财务部门对出纳现金保管情况进行的核查。

**（二）按照清查时间的不同，财产清查可分为定期清查和不定期清查**

定期清查是依据预先规划的时间对企业财产所进行的清查。例如，依据我国《会计法》相关规定，企业每年至少进行一次财产清查。

不定期清查是根据工作需要，对企业财产所进行的临时清查。例如，更换财产物资保管人员和现金出纳人员；发生自然灾害和意外损失时；进行临时性的清产核资；财政、税务、银行以及审计等部门临时检查。

**（三）按照清查范围的不同，财产清查可分为全部清查和局部清查**

全部清查是对企业的所有财产（包括货币资金、实物资产和债权债务等）逐项进行核查。例如，年终决算之前，为确保年终决算会计信息的真实和准确；单位合并、撤销、改变原来隶属关系或中外合资、国内联营以及股份制改制；开展资产评估、清产核资等活动时；单位主要负责人调离工作前。

局部清查是根据需要对企业的一部分财产进行的清查。例如，现金，每日终了，应由出纳人员自行盘点；银行存款，每月至少要同银行核对一次；存货年内轮流盘点或重点抽查，各种贵重物资，每月都应清查一次；对于各种债权、债务，每年至少要同对方核对一至两次，发现问题及时解决，避免发生坏账损失。

上述分类只是为便于学习，依据财产清查的主要特征进行的分类，并不必然分离，在实务中存在多种交叉。例如，在年末根据事先的工作安排，由相关主管部门对企业进行的全面资产清查，就是定期由外部单位实施的全面清查。

## 三、财产清查的程序

财产清查工作一般包括成立清查组、清查准备工作和实施财产清查三个程序。

### （一）成立清查组

在财产清查前应成立清查组，其一般由会计部门、财产保管部门及使用部门等人员组成，由管理层研究制订财产清查计划，确定工作进度和方式方法。清查组负责财产清查的组织和管理。其主要职责是，实施清查前，合理安排清查工作；清查过程中，进行监督、检查和指导；清查结束后，提出处理意见和建议。

### （二）清查准备工作

准备工作由清查小组负责安排，主要包括以下内容：

（1）组织清查人员学习有关政策规定，掌握有关法律、法规和相关业务知识，以提高财产清查工作的质量。

（2）确定清查对象、范围，明确清查任务。

（3）制订清查方案，具体安排清查内容、时间、步骤方法，以及做好必要的清查前准备工作等。

### （三）实施财产清查

清查应本着先清查数量、核对有关账簿记录等，后认定质量的原则进行。在清查过程中，清查人员要做好盘点记录，填制盘存清单，列明所查财产物资的实存数量和款项、债权债务的实有数额。事后，根据盘存清单，填制实物、往来账项清查结果报告表。

在清查过程中，需要注意明确必要的责任和权限。清查现金，应有出纳人员在场，并登记现金盘点报告表；清查银行存款，应将银行存款日记账和银行对账单核对，并记录“未达账项登记表”，必要时还可以到银行查证；清查债权债务，可通过询证、函证进行核实，并登记“结算款项核对登记表”。

# 任务二　掌握财产清查的方法

## 一、货币资金的清查内容及方法

### （一）库存现金的清查

库存现金由企业存放于财会部门，是可随时满足日常交易或者事项支用的货币资金。库存现金是企业流动性最强的资产，通常是各种舞弊行为的首选目标，也是企业管理工作的重点。按照相关法规的要求，库存现金的日常保管要做到日清月结，所以库存现金的清查比较频繁，包括出纳人员的自查、财会部门自行组织和相关部门组织的库存现金盘点等。

微课：财产清查方法

1.清查方法

库存现金清查的基本方法是实地盘点法，即每日终了，需对“库存现金日记账”中记载的当日现金收、支变动额结出合计，并结出当日余额。在对库存现金实有数进行盘点后，将实际盘点数额与“库存现金日记账”结出的余额进行比对，确保账实相符。

2.清查手续

对库存现金盘点的结果，应如实填写“库存现金盘点报告表”（格式见表7-1），并由盘点人员和出纳人员共同签章，作为库存现金清查结果处理的重要原始凭据。

“库存现金盘点报告表”兼有盘存单和账存实存对比表的作用，是反映现金实有数和调整账簿记录的重要原始凭证。

表7-1　库存现金盘点报告表

单位名称：　　　　年　月　日

| 实存金额 | 账存金额 | 盈亏情况 | | 备注 |
|---|---|---|---|---|
| （盘点后得到的实际结存金额） | （企业库存现金日记账余额） | 盘盈（长款） | 盘亏（短款） | |
| | | （实存金额多于账面余额） | （实存金额少于账面余额） | |
| 处理意见： | | | | |

对库存现金清查中发现的盘盈（长款）、盘亏（短款），应认真查明原因，及时报请有关部门和负责人批复处理意见后，财会部门根据查明的原因和相关处置意见，进行必要的账务处理。

### （二）银行存款的清查

银行存款是企业存放于开户银行，用于日常结算备付的资金，银行存款清查的实质是对银行存款收付过程及余额的核查，通过与开户银行核对账目的方法进行，即将本单位的银行存款日记账与开户银行转来的对账单逐笔进行核对，检查账账是否相符。

银行对账单上的余额，常与企业银行存款日记账上的余额不一致，其原因有：

一是由于某一方记账有错误。如有的企业同时在几家银行开户，记账时会发生银行之间串户的错误，同样，银行也可能把各存款单位的账目相互混淆。

二是存在未达账项。

1.清查方法

通常采用将企业自己的“银行存款日记账”记录与“银行存款对账单”记录逐笔勾对，进而确定双方记录是否相符的方法进行。

2.清查手续

经过勾对，如果包括过程和余额在内的双方记录一致，表明不存在问题。如果双方记录不一致，则需进一步从如下两方面查明原因：一是双方中可能有一方或者两方存在账务记录错误，如属于企业自己的账务记录错误，应按会计账务差错处理的要求进行差错更正。如属于开户银行的记录错误，应及时通知对方加以纠正。二是双方记录间存在未达账项，则应编制“银行存款余额调节表”，借以说明双方记录不相符的合理性。

3. 未达账项

未达账项是指企业与其开户银行之间，由于结算凭证受银行结算程序影响，在传递时间上出现延迟，导致双方对于同一结算事项，在账务记录时间上出现不一致，出现一方已登记入账，另一方由于未收到相关结算凭证而暂未登记入账的款项。

根据双方结算凭证收、付的时间性差异，未达账项在实务中有四种情况：

（1）企业已收，银行未收（企收银未收）。此种情况通常出现于月末企业收到付款方票据后，自己登记银行存款收款，但银行当月尚未结算的情况。

（2）企业已付，银行未付（企付银未付）。此种情况通常出现于月末企业向收款方开具付款凭据后，自己登记银行存款付款，但银行当月尚未收到付款凭据，未进行转账结算的情况。

（3）银行已收，企业未收（银收企未收）。此种情况通常出现于月末银行收到付款方的款项，但银行的结算单据尚未传到企业，企业未能及时进行银行存款收款的账务处理。

（4）银行已付，企业未付（银付企未付）。此种情况通常出现于月末银行因委托收款等结算方式已转账付款，但结算单据尚未传到企业，企业未能及时进行付款的账务处理。

4. 编制“银行存款余额调节表”

企业在银行存款的清查过程中，如存在未达账项，应编制“银行存款余额调节表”（见表7-2）进行调节，借以确认在消除未达账项后，双方的记录是否能够一致。

表7-2 银行存款余额调节表

编制单位： 年 月 日 单位：元

| 项目 | 金额 | 项目 | 金额 |
|---|---|---|---|
| 银行存款日记账余额 | | 银行对账单余额 | |
| 加：银行收款、企业未收款 | | 加：企业收款、银行未收款 | |
| 减：银行付款、企业未付款 | | 减：企业付款、银行未付款 | |
| 调节后余额 | | 调节后余额 | |

银行存款余额调节表编制过程如下：

（1）先在表格对应位置处抄录相应余额。

（2）在企业银行存款日记账余额所在列，分别登录银行收款、企业未收款事项，作为企业银行存款日记账余额的增项调整，登录银行付款、企业未付款的事项，作为企业银行存款日记账余额的减项调整，然后结出本列余额。

（3）在银行对账单余额所在列，分别登录企业收款、银行未收款事项，作为银行对账单余额的增项调整，登录企业付款、银行未付款的事项，作为银行对账单余额的减项调整，然后结出本列余额。

（4）两列余额如果相等，表明双方余额的差异确由未达账项所致，调节后余额即为当前企业的实际可支配余额；如不等，则双方存在账务记录差错，需进一步核实。

$$\text{企业银行存款日记账调节后的余额} = \text{企业银行存款日记账月末余额} + \text{银行已收企业未收账项} - \text{银行已付企业未付账项}$$

$$\frac{\text{银行对账单}}{\text{调节后的余额}}=\frac{\text{银行对账单}}{\text{月末余额}}+\frac{\text{企业已收}}{\text{银行未收账项}}-\frac{\text{企业已付}}{\text{银行未付账项}}$$

5.“银行存款余额调节表”的注意事项

（1）银行存款余额调节表是一种对账记录或对账工具，不能作为调整账面记录的依据，即不能根据银行存款余额调节表中的未达账项来调整银行存款账面记录，未达账项只有在收到有关凭证后才能进行有关的账务处理。

（2）调节后的余额如果相等，通常说明企业和银行的账面记录一般没有错误，该余额通常为企业可以动用的银行存款实有数。

（3）调节后的余额如果不相等，通常说明一方或双方记账有误，需进一步追查，查明原因后予以更正和处理。

【例7-1】有诚公司2019年10月31日银行存款日记账的余额为112 000元，银行对账单的余额为148 000元，经核对发现下列未达账项：

（1）企业将收到的销货款4 000元存入银行，企业已登记银行存款增加，而银行尚未登记增加。

（2）企业开出转账支票36 000元支付购料款，企业已登记银行存款减少，而银行尚未登记减少。

（3）收到某单位汇来的购货款20 000元，银行已经登记增加，企业尚未登记增加。

（4）银行代企业支付水电费16 000元，银行已经登记减少，企业尚未登记减少。

根据未达账项编制银行存款余额调节表见表7-3。

表7-3　　银行存款余额调节表

编制单位：有诚公司　　2019年10月31日　　单位：元

| 项目 | 金额 | 项目 | 金额 |
|---|---|---|---|
| 银行存款日记账余额 | 112 000 | 银行对账单余额 | 148 000 |
| 加：银行收款、企业未收款 | 20 000 | 加：企业收款、银行未收款 | 4 000 |
| 减：银行付款、企业未付款 | 16 000 | 减：企业付款、银行未付款 | 36 000 |
| 调节后余额 | 116 000 | 调节后余额 | 116 000 |

## 二、存货清查的内容及方法

### （一）存货清查的内容

存货是企业具有实物形态的各种流动资产，对于生产企业而言，存货指购入的原材料、加工中的在产品和完工入库的库存商品等，涵盖了供、产、销三个经营环节。对存货进行清查，主要是查明各种存货的实际结存数量与其账面结存数量的一致情况。

在企业中，存货的品种、数量等事项繁杂、收发频繁，由于各种因素的影响也容易发生流失或者毁损，需要采用一定的方法对期末存货的结存数量进行盘存，以确实做到账实相符。进行存货清查时，首先应对各种存货进行盘点，确定仓库实际存放数；其次再与财务部门提供的账面结存数进行比对，进而确定账实是否一致。需要说明的是，在存货清查中，因为存在方法差异，结存数量会因不同的方法而产生差异。

### （二）存货数量盘存法

1. 永续盘存制

永续盘存制也称账面盘存制，是借助相关存货明细账的有效账务记录，逐笔登记存货的收入数和发出数，并可随时结出存货结存数量的方法。这种方法的最主要特点是先依据会计账务记录的情况，根据借贷记账法复式记录的内在逻辑，反映和控制存货的结存数量，再与盘点出的实际存放数进行比对。在此方法下，存货日常的增加（收入）或者减少（发出）需要随时记录，所以也可以根据需要随时结出账面余额（库存），见表7-4。

表7-4　永续盘存制

| 2020年 | | 摘要 | 收入 | 发出 | 结存 |
|---|---|---|---|---|---|
| 月 | 日 | | 数量 | 数量 | 数量 |
| 5 | 1 | 期初 | | | 150 |
| | 5 | 购入 | 100 | | 250 |
| | 11 | 销售 | | 150 | 100 |
| | 16 | 购入 | 300 | | 400 |
| | 20 | 销售 | | 350 | 50 |
| | 30 | 合计 | 400 | 500 | 50 |

此方法虽然逻辑严密，但在实务中由于各种主客观因素的影响，账面结存余额与实际库存余额仍然可能会出现差额，因此需要对各种存货进行定期或者不定期的清查盘点，借以查明账实是否存在出入，并进一步核实账实不符的原因，再按照规定的方法进行相应的账务处理，确保账实相符。其过程如下述公式所示：

期末盘存 = 账簿期初结存 + 账簿本期收入 − 账簿本期发出

从上述内容可以看出，永续盘存法是一种借助会计存货账簿的复式记录，可以随时掌握存货余额的方法，在逻辑上前后一致，其核心思想是以账面发出情况，确定期末应当结存的数量，即以支定存。但此种方法的优缺点也非常明显。

其优点在于：①便于动态掌握相关存货的变化情况和结存数量。②由于逻辑严密，账存余额与盘点余额双向比对，可以及时发现差异，找出差异原因并纠正，有利于企业加强对存货的管理。③由于会计账簿可随时掌握存货的出入库和结存情况，从而分析出存货实际数据与计划数据的差异，反映出库存不足或者积压等信息，进而及时采取补救措施，将存货保持在合理水平，提升企业存货管理能力。

其缺点在于：由于存货明细核算的工作会随着企业存货种类的增加而成倍增加，需要投入较多的人力，管理方面的费用也较多。

由于永续盘存法对于控制和保护企业的存货资产具有明显的优点，而随着信息技术的普及和深入应用，繁重的核算工作交由信息系统集成处理，工作量的影响日益减弱，因而在实务中应用的范围越来越广泛，成为绝大多数企业的首选。

2. 实地盘存法

实地盘存法是在会计期末，通过对存货的实地盘点，确定其结存数量，并据以确定本期存货发出数量的一种方法。在实地盘存法下，财务部门在日常核算中只对相关明细账簿登记本期收入（增加）数，不登记发出（减少）数，见表7-5。月末则根据实地盘点得到的结存数，倒推计算本期存货的发出数。其计算公式如下：

本期发出数 = 账簿期初余额 + 账簿本期收入 − 期末盘存数

表7-5　　实地盘存制

| 2020年 | | 摘要 | 收入 | 发出 | 结存 |
|---|---|---|---|---|---|
| 月 | 日 | | 数量 | 数量 | 数量 |
| 5 | 1 | 期初 | | | 150 |
| | 5 | 购入 | 100 | | 250 |
| | 16 | 购入 | 300 | | 550 |
| | 30 | 合计 | 400 | | 550 |

显然，此方法得出的结存数并非财务部门账簿记录的结果，只有在期末实地进行盘点后才能确定，而且存货的发出数也不是对实务发出情况的客观记录，而是借助数量关系倒推计算而来的。其核心思想是以期末盘点结存的数量，确定本期的存货发出数量，即以存定支。这些都使其与永续盘存法存在本质区别，优缺点也完全相反。

其优点在于：①可以减轻日常账簿登记工作量，存货成本计算工作也会随之减少。②相对简单，易于掌握。

其缺点在于：①无法随时反映存货的增减变动及结存数量，对存货的动态管理严重不足。②采用倒推方法计算的存货发出数，客观上掩盖了管理漏洞等不合理损耗，不利于加强对存货的管理和控制，易产生舞弊行为。

由于弊端较明显，此方法在实务中的应用有很大局限，通常只用于多品种、低价值、收发频繁、数量波动大、非正常损耗较多且难以控制的存货，如餐饮企业的库存米、面、油等。

**（三）存货实物盘点的方法**

由于存货的实物形态、存放地点差异和使用方式的多样，存货实物盘点的方法也各有不同，应用较多的有如下几种方法：

1.全面盘点法

全面盘点法是指对企业所有的存货资产，逐一通过点数、称重和丈量等方法，确切核定其实有数的一种方法。它一般适用于原材料、包装物、在产品和库存商品等。

2.技术推算法

技术推算法是指利用测量技术推断存货实有数的一种方法。它一般适用于零散堆放的大宗物资，如煤炭、砂石等。

3.抽样盘存法

抽样盘存法是指通过随机抽取一定数量的样品，借以判断全部存货的品质和数量状况的方法。它一般适用于数量较多、重量和体积等较为均衡的存货。

4.函证核对法

函证核对法是指通过向对方单位发函的方式，对实物资产的实有数加以确定的一种方法。它适用于委托加工或者保管、尚未收回的存货的盘点。

进行存货清查的过程中应如实填写“盘存单”（见表7-6），如账实不符，还应填制“实存账存对比表”（见表7-7），说明不符的情况。“盘存单”仅用于反映盘点过程和反映实存数量，不作记账依据。“账存实存对比表”则是在盘存过程中记录账实不符情况的原始依据，可作为账务调整的会计凭证。

表7-6 盘存单

单位名称： 盘点时间：

财产类别： 存放地点：

| 序号 | 名称 | 规格型号 | 计量单位 | 实存数量 | 单价 | 金额 | 备注 |
|---|---|---|---|---|---|---|---|
| | | | | | | | |
| | | | | | | | |
| | | | | | | | |
| | | | | | | | |

表7-7 实存账存对比表

单位名称：

| 财产名称 | 实存数 | 账存数 | 实存与账存对比 | | 备注 |
|---|---|---|---|---|---|
| | | | 盘盈 | 盘亏 | |
| | （盘点后确认的实际数） | （账面现有余额） | （实存数大于账面数） | （实存数小于账面数） | |
| | | | | | |
| | | | | | |
| | | | | | |

盘点人签章： 保管员签章：

**（四）存货的价值盘存**

除上述存货数量的盘存外，由于实务工作中存在多种存货发出计价方法的选用，企业的存货成本存在一定的人为影响因素，如果存货的市场价格波动较大，会导致存货的库存成本与市场价格差距过大，从而使得会计信息名不符实，所以对于存货的价值也需要进行盘查。

根据现行企业会计准则的谨慎性会计信息质量要求，当存货成本低于市价时，不作账务调整。当有确切证据表明存货成本高于市价时，可通过资产减值处理的方式，调减存货的账面成本，并将差额计入当期损益和对应的存货跌价准备。此部分知识属于“中级财务会计”课程的内容，此处不再展开。

## 三、固定资产清查的内容及方法

固定资产是企业购建的用于产品生产或者经营管理的长期性实物资产。对固定资产清查的主要目的在于查明其实际结存数量与账面数量是否一致，确保企业财产物资的安全，保证生产能力完整和会计资料的真实无误。

对固定资产清查的基本方法是实地盘点法，且多实行全面盘点，然后将盘点得到的实有数分别与其账面的结存数进行比对。对于两者不一致的情况，需填制必要的单证，为后续的会计账务处理提供依据。

固定资产清查过程中涉及的表单基本与存货一致，可参见存货清查部分。

### 四、往来款项清查的内容及方法

往来款项是企业的各项债权债务，其中债权主要由应收账款、预付账款等构成，债务主要包括应付账款、预收账款等。由于在实务中往来款项的清理头绪较多，易出现双方账务记录不一致，对往来款项的清查可以明确企业自身账务记录与债权债务的清收情况是否相符，以及对方单位对债权债务的确认情况，必要时应采取补救措施。

对往来款项的清查通常采用函证核对的方式，由企业在自身账务记录的基础上，开具"往来款项对账单"，交寄给对方单位进行账目核对，以确定账面记录与实际情况是否相符。根据对方在单据上签署的确认或不确认意见，进行后续的清收和处置。"往来款项对账单"的基本格式及内容如图7-1所示。

**往来款项对账单**

××公司：

贵公司于2019年11月21日购入我单位甲产品10件，总货款为人民币壹拾壹万柒仟元整（¥117 000.00），已于2020年2月10日归还人民币壹拾万元整（¥100 000.00），尚余壹万柒仟元整（¥17 000.00）未付，请核对后将回联单签章寄回。

核对单位：有诚公司（签章）

2020年4月30日

（沿此虚线剪开，将以下回联单寄回）

---

有诚公司：

你单位寄来的往来款项对账单已收到，经核对无误。

××公司（签章）

年　月　日

图7-1　"往来款项对账单"的基本格式及内容

## 任务三　核算财产清查结果业务

### 一、财产清查结果处理的原则和步骤

财产清查结果是企业在对相关财产进行清查后，确认的账面结存数与盘点结存数之间的盘盈或者盘亏情况，即账实不符。财产清查结果处理则是从会计账务的角度，对以上清查差异进行后续的处理，使两者在清查后保持一致。

#### （一）财产清查结果处理的原则

对财产清查中发现的盘盈、盘亏结果，以及往来款项中出现的账实不符情况，应根据对应资产的不同类别，按照有关规定进行账务处理。

1. 对盘盈资产的处理原则

对于流动资产的盘盈，应冲减清查当期的管理费用。对于固定资产的盘盈，应作为前期差错进行以前年度损益调整。

2. 对盘亏资产的处理原则

对于流动资产的盘亏，分如下三种情况处置：

①属于自然损耗产生的定额内合理损耗的计入当期管理费用。

②属于超定额短缺的，能够确定过失人的，由过失人赔偿，属于保险责任范围的，应向保险公司索赔，扣除过失人赔偿、保险公司赔付及残料价值回收部分后，仍存在的差额，计入当期管理费用。

③属于自然灾害等造成的非常损失，扣除保险公司赔偿及残料价值回收后，差额部分计入当期的营业外支出。对于固定资产的盘亏，计入清查当期的营业外支出。

3. 对往来款项的处理原则

对于确实无法收回的应收款项，应冲减已经提取的坏账准备。对于确实无法偿付给债权人的应付款项，应转作企业的营业外收入。

**（二）财产清查结果处理的步骤**

1. 核准盈亏金额，提出处理意见

财产清查结束后，相关人员要核准盈亏数量和金额，查明盈亏的性质和原因，据实提出处理意见，形成书面报告交单位负责人或者有关部门。

2. 调整相关账簿，做到账实相符

会计人员根据清查中编制的，各相关人员已签章的“实存账存对比表”，编制记账凭证登记“待处理财产损溢”等相关账簿，做到账实相符。

3. 接到批复意见后，核销“待处理财产损溢”

根据批复意见的处理要求，分不同情况编制记账凭证，将盘盈、盘亏事项计入对应的损益账户。

## 二、财产清查结果的账务处理

**（一）账户设置**

针对财产清查的盘盈、盘亏情况，财务部门主要通过“待处理财产损溢”账户进行相关账务记录。该账户虽属于资产类账户，但可同时用于核算在财产清查过程中查明的盘盈、盘亏事项，以及后续处理情况。

该账户借方登记各项财产的盘亏或者毁损数，以及各项盘盈财产经批准后的核销数。盘亏、毁损的各种材料、产成品、商品、生物资产、固定资产等，借记“待处理财产损溢”账户，贷记“原材料”、“库存商品”、“消耗性生物资产”和“固定资产”等账户。材料、产成品、商品采用计划成本（或售价）核算的，还应同时结转成本差异（或商品进销差价）。涉及增值税的，还应进行相应处理。

该账户贷方登记除固定资产外的各项资产的盘盈，以及盘亏或者毁损资产经批准核销后的转销数。盘盈的各种材料、产成品、商品、生物资产等，借记“原材料”、“库存商品”和“消耗性生物资产”等科目，贷记“待处理财产损溢”账户（盘盈固定资产通过以前年度损益调整处置）。

企业的财产损溢应查明原因，在期末结账前处理完毕，处理后该账户应无余额。该账户可按盘盈盘亏的资产种类和项目进行明细核算。

企业在财产清查中查明的有关债权债务的坏账收入或者坏账损失，经确认批准后，按照有关会计分录直接转销，不需要通过“待处理财产损溢”账户核算。

微课：财产清查账务处理

（二）账务处理举例

【例7-2】有诚公司在财产清查中，发现甲材料盘盈10吨，每吨单价为1 000元。尚未报经批准。

分析：甲材料盈余，应借记“原材料——甲材料”账户，同时，盘盈在批准之前应记入“待处理财产损溢——待处理流动资产损溢”账户贷方。会计分录如下：

借：原材料——甲材料 10 000
　　贷：待处理财产损溢——待处理流动资产损溢 10 000

【例7-3】承【例7-2】，经查明，盘盈的甲材料系计量仪器不准而产生的溢余，批准冲减管理费用。根据批准处理意见，进行会计处理。

分析：原材料盘盈经批准，应冲减管理费用，从“待处理财产损溢——待处理流动资产损溢”账户借方转出。会计分录如下：

借：待处理财产损溢——待处理流动资产损溢 10 000
　　贷：管理费用 10 000

【例7-4】有诚公司在财产清查中，发现乙材料盘亏500克，账面成本为5 000元，增值税税率为13%，处置意见尚未报批。

分析：乙材料盘亏，应贷记“原材料——乙材料”账户，同时，盘亏在批准前应记入“待处理财产损溢——待处理流动资产损溢”账户的借方。会计分录如下：

借：待处理财产损溢——待处理流动资产损溢 5 650
　　贷：原材料——乙材料 5 000
　　　　应交税费——应交增值税（进项税额转出） 650

【例7-5】承【例7-4】，经查明，盘亏的乙材料中，10%属于定额内自然损耗，40%属于自然灾害，50%属于保管员李某失职，应由其赔偿。

分析：10%定额内损耗按规定计入管理费用；40%因自然灾害的损耗如无保险则计入营业外支出；50%由责任人赔偿部分，未实际赔偿，记为其他应收款。会计分录如下：

借：管理费用 565
　　营业外支出 2 260
　　其他应收款——李某 2 825
　　贷：待处理财产损溢——待处理流动资产损溢 5 650

【例7-6】因暴雨袭击，有诚公司库存商品损失1 000件，计120 000元。

借：待处理财产损溢——待处理流动资产损溢 120 000
　　贷：库存商品 120 000

【例7-7】承【例7-6】，上述库存商品损失，经过保险公司勘验现场，同意理赔100 000元，尚未收款。处理残值估价500元，入材料库。

借：原材料——残料 500
　　其他应收款——财产保险公司 100 000

借：营业外支出——盘亏损失　　19 500
　　贷：待处理财产损溢——待处理流动资产损溢　　120 000

【例7-8】有诚公司在2019年12月财产清查中盘亏蒸汽机一台，原账面价值12 000元，已提折旧5 000元，已办理保险5 000元，保险公司勘验后，同意理赔，尚未收款。

（1）审批前，编制凭证，调整账面记录。

借：待处理财产损溢——待处理固定资产损溢　　7 000
　　累计折旧　　5 000
　　贷：固定资产——蒸汽机　　12 000

（2）审批后，根据批复意见，结转入账。

借：营业外支出——盘亏损失　　2 000
　　其他应收款——保险公司　　5 000
　　贷：待处理财产损溢——待处理固定资产损溢　　7 000

【例7-9】有诚公司在财产清查中发现账外设备1台，估价5 000元，八成新。

（1）审批前，编制凭证，调整账面记录。

借：固定资产——设备　　4 000
　　贷：以前年度损益调整　　4 000

（2）审批后，根据批复意见，结转入账，所得税税率25%。

借：以前年度损益调整　　4 000
　　贷：应交税费——应交所得税　　1 000
　　　　盈余公积——法定盈余公积　　300
　　　　利润分配——未分配利润　　2 700

知识链接：财产清查与会计监督

2003年年初，中国航天科工集团柳州长虹机器制造公司审计处在进行公司2002年年报审计中，发现一个反常现象：公司2001年、2002年的民品销售收入分别为4 563万元、5 323万元，呈上升趋势；财务反映的废旧物资销售数量分别为863吨、510吨，废旧物资销售的收入分别是78万元、45万元，呈下降趋势，与生产和销售规模增长呈负相关状态。经重点审计，发现物资处处长等四人擅自截留、出售废旧物资81.5吨，款额为91 200元，造成损失14 000元。

案件反映的内容中，除公司内部串谋等行为使各项控制失灵外，与公司各项物资的回收、登记等流程管理不严密，清查不到位，账务处理懈怠、会计监督失效也有很大关系。

# 项目测试

姓名________ 学号________ 成绩________

一、单项选择题

1. 实地盘存制的优点是（ ）。
A. 有利于财产物资的管理
B. 可以简化核算
C. 能及时提供财产物资的收、发、存信息
D. 不必进行定期盘点

2. 采用直接转销法核算坏账损失时，应借记的科目是（ ）。
A. 营业外支出 B. 管理费用 C. 坏账准备 D. 应收账款

3. 财产物资的经管人员变动时，对这部分财产物资进行的清查属于（ ）。
A. 全面清查 B. 局部清查 C. 定期清查 D. 资产评估

4. 采用永续盘存制，平时对财产物资的记录是（ ）。
A. 只登记收入 B. 只登记发出
C. 既要登记收入，又要登记发出 D. 既不登记收入，又不登记发出

5. 现金清查采用的方法是（ ）。
A. 实地盘点 B. 抽样盘点 C. 估算 D. 推算

6. 企业财产物资的盘存制度有（ ）。
A. 实地盘存制 B. 收付实现制 C. 应收应付制 D. 平行登记制

7. 库存原材料因受自然灾害等非常原因发生损失，应列入（ ）账户的借方。
A. 管理费用 B. 营业外支出 C. 财务费用 D. 其他业务成本

8. 实地盘存制和永续盘存制的主要区别是（ ）。
A. 盘点的方法不同 B. 盘点的目标不同
C. 盘点的工具不同 D. 盘亏处理结果不同

9. 一般而言，单位撤销、合并时要进行（ ）。
A. 定期清查 B. 全面清查 C. 局部清查 D. 实地清查

10. 对于现金的清查，应将其结果及时填列到（ ）。
A. 盘存单 B. 实存账存对比表
C. 现金盘点报告表 D. 对账单

11. 银行存款的清查方法是（ ）。
A. 日记账与总分类账核对 B. 日记账与收付款凭证核对
C. 日记账与对账单核对 D. 总分类账与收付款凭证核对

12. 对于大量成堆难于清点的财产物资，应采用的清查方法是（ ）。
A. 实地盘点法 B. 抽样盘点法 C. 查询核对法 D. 技术推算法

13. 在记账无误的情况下，造成银行对账单与银行存款日记账不一致的原因是（ ）。
A. 应付账款 B. 应收账款 C. 未达账项 D. 外埠存款

14. 实存账存对比表是调整账面记录的（　　）。

A. 记账凭证　　B. 转账凭证　　C. 原始凭证　　D. 累计凭证

15. 下列各项清查应采用询证核对法的是（　　）。

A. 原材料　　B. 应付账款　　C. 实收资本　　D. 短期投资

16. 对于盘亏的固定资产，按照规定程序批准后，应按盘亏固定资产的净值借记的会计科目是（　　）。

A. 待处理财产损溢　　B. 营业外支出

C. 累计折旧　　D. 固定资产清理

17. 对于盘盈的固定资产的净值应贷记的会计科目是（　　）。

A. 以前年度损益调整　　B. 营业外支出

C. 管理费用　　D. 待处理财产损溢

18. 采用实地盘存制，平时账簿记录中不能反映（　　）。

A. 财产物资的购进业务　　B. 财产物资的减少数额

C. 财产物资的增加数和减少数　　D. 财产物资的盘盈数

19. 核销存货盘盈时，应贷记的会计科目是（　　）。

A. 管理费用　　B. 营业外收入

C. 待处理财产损溢　　D. 其他业务收入

20. 对债权债务的清查应采用的方法是（　　）。

A. 询证核对法　　B. 实地盘点法　　C. 技术推算法　　D. 抽样盘存法

二、多项选择题

1. 未达账项是指企业和银行（　　）。

A. 一方已登记入账，另一方未登记入账造成不一致的账项

B. 双方均未入账的账项

C. 由于结算凭证传递的时间先后而造成双方账面金额不一致

D. 一方记账错误而造成双方账面金额不一致。

2. 下列各项清查属于不定期清查的有（　　）。

A. 更换财产保管人员时　　B. 发生非常损失时

C. 年终决算时　　D. 企业负责人离任时

3. 财产清查按其清查的时间分为（　　）。

A. 定期清查　　B. 不定期清查　　C. 全面清查　　D. 局部清查

4. 财产清查的对象一般包括（　　）。

A. 交易性金融资产　　B. 债权债务

C. 财产物资　　D. 无形资产

5. 存货的清查可以采用的方法有（　　）。

A. 实地盘点　　B. 对账单　　C. 技术推算法　　D. 查询

6. 按财产清查的范围大小，可分为（　　）。

A. 定期清查　　B. 全面清查　　C. 局部清查　　D. 不定期清查

7. 企业财产物资的盘存制度有（　　）。

A.实地盘存制　B.收付实现制　C.权责发生制　D.永续盘存制

8.下列各项中，属于使企业银行存款日记账余额大于银行对账单余额的未达账项的有（　　）。

A.企业先付款记账而银行未付款未记账的款项

B.银行先收款记账而企业未收款未记账的款项

C.银行先付款记账而企业未付款未记账的款项

D.企业先收款记账而银行未收款未记账的款项

9.企业（　　）应进行全面清查。

A.年终决算后　B.清产核资时

C.关停并转时　D.更换现金出纳时

10.财产清查按照清查的执行单位不同，可分为（　　）。

A.内部清查　B.全面清查　C.外部清查　D.不定期清查

11."银行存款余额调节表"是（　　）。

A.原始凭证　B.盘存表的表现形式

C.只起到对账作用　D.调整账面记录的原始依据

12.常用的财产清查方法包括（　　）。

A.实地盘点法　B.技术推算法　C.函证核对法　D.抽样盘点法

13.下列关于财产清查的表述中，不正确的有（　　）。

A."现金盘点报告表""银行存款余额调节表"不能作为调整账簿记录的原始凭证

B.银行存款可以采用实地盘点法

C."盘存单"需经盘点人员和实物保管人员共同签章方能有效

D.往来款项的清查一般采用与对方对账的方法

14.采用实地盘点法进行清查的项目有（　　）。

A.固定资产　B.产成品　C.银行存款　D.库存现金

15.核对账目法适用于（　　）。

A.固定资产清查　B.银行存款清查

C.短期借款清查　D.应付账款清查

三、判断题

1.为了加强财产物资的管理，应大力推广使用实地盘存制。（　　）

2.企业与开户银行核对账目，如果双方数字不一致，说明一定至少有一方记账出现错误。（　　）

3.盘盈的存货经批准可以冲减管理费用。（　　）

4.财产清查是指通过一定的方法查明各项财产物资账存与实存是否一致的一种专门方法。（　　）

5.对往来结算款项的清查可以采用查询法，亦可采用对账单法。（　　）

6.固定资产盘盈，经批准前应计入待处理财产损溢账户。（　　）

7.对在银行存款清查时出现的未达账项，可编制银行存款余额调节表来调整，该表是调节账面余额的原始凭证。（　　）

8.实地盘存制是平时根据会计凭证在账簿中登记各种财产物资的增加数和减少数，在期末再通过盘点实物，来确定各种财产数量，并据以确定账实是否相符的一种盘存制度。（ ）

四、业务题

1.有诚公司2019年6月末银行存款日记账余额为104 000元，银行送来的对账单上的余额为100 000元，经逐笔核对发现有以下未达账项：

（1）企业于月末收到其他单位的转账支票15 000元，尚未到银行办理进账。企业已收，银行未收。

（2）银行代企业支付电话电报费2 000元，但企业尚未收到付款通知而未入账。银行已付，企业未付。

（3）企业委托银行代收外地销货款12 000元，银行已入账，但企业尚未收到收款通知而未入账。银行已收，企业未收。

（4）企业于月末开出转账支票1 000元，持票人尚未到银行办理转账手续，银行未入账。企业已付，银行未付。

要求：根据以上资料编制“银行存款余额调节表”（见表7-8）。

表7-8 银行存款余额调节表

编制单位： 2019年6月30日 单位：元

| 项目 | 金额 | 项目 | 金额 |
|---|---|---|---|
| 银行存款日记账余额 | | 银行对账单余额 | |
| 加：银行已收，企业未收<br>减：银行已付，企业未付 | | 加：企业已收，银行未收<br>减：企业已付，银行未付 | |
| 调节后的存款余额 | | 调节后的存款余额 | |

2.某企业年终财产清查时发现以下问题：

（1）盘盈A材料10万元，经批准冲减管理费用；

（2）由于洪水导致B材料盘亏20万元，原进项税额2.6万元，经批准计入营业外支出；

（3）由于保管不善变质导致C材料损失30万元，原进项税额3.9万元，经批准计入管理费用；

（4）由于自然灾害导致D材料损失40万元，原进项税额5.2万元，经批准计入营业外支出；

（5）由于管理不善，E材料被盗损失50万元，原进项税额6.5万元，经批准计入管理费用。

要求：编制相关会计分录。

项目测试及答案

# 项目八
# 编制会计报表

# 项目八 编制会计报表

## ◇ 学习目标

1. 重点掌握财务会计报告的概念、构成和编报要求；
2. 理解和掌握资产负债表、利润表的作用、结构、编制方法及各表内项目的填列方法；
3. 了解财务会计报告的分类；
4. 了解现金流量表、所有者权益变动表的作用和结构。

# 任务一　认知财务会计报告

## 一、财务会计报告的概念及作用

财务会计报告是指企业对外提供的反映企业特定日期的财务状况和某一会计期间的经营成果和现金流量等会计信息的文件。

微课：认知财务会计报告

财务会计报告是为满足会计信息使用者的需要，在日常会计核算的基础上，按照一定的表格形式编制会计报表，总括、综合地反映企业单位的经济活动过程和结果，为有关方面进行管理和决策提供科学、准确的会计信息。

财务会计报告的作用具体表现为：

其一，向财务会计报告使用者提供真实、公允的信息。财务会计报告是企业对外提供的反映企业财务状况和经营成果的信息，能够满足投资人、债权人的经济决策信息需求。

其二，为政府等宏观调控部门提供企业经营管理的各类信息，便于更好地发挥各类政府部门的经济监督和调控作用，有利于落实和考核企业领导人经济责任的履行情况。

其三，能够为企业内部各级管理人员全面了解企业经营状况、加强管理、提高经济效益提供可靠的资料。

## 二、财务会计报告的构成

财务会计报告包括由会计报表及其附注和其他应当在财务会计报告中披露的相关信息和资料。企业对外提供的财务会计报告的内容、会计报表种类和格式、会计报表附注的主要内容等，均由企业会计准则做出规范。

### （一）会计报表

会计报表是企业根据日常的会计核算资料归集、加工和汇总后形成的，用来综合反映企业某一特定日期的财务状况和某一会计期间的经营成果和现金流量等情况的书面文件。它是会计核算的最终成果，是财务会计报告的主体。会计报表至少应当包括资产负债表、利润表、现金流量表、所有者权益变动表等报表。

### （二）会计报表附注

会计报表附注是指对在会计报表中列示项目所作的进一步说明，以及对未能在这些报表中列示项目的说明等。它主要是为了便于会计报表使用者理解会计报表的内容，而对会计报表的编制基础、编制依据、编制原则和方法及主要项目等所作的解释和补充说明。会计报表附注是会计报表的有机组成部分，由若干附表和对有关项目的文字性说明组成。

**（三）其他应当在财务报表中披露的相关信息和资料**

财务会计报告中其他应当披露的相关信息和资料，具体可以根据有关法律、法规的规定和企业外部信息使用者的需求而定。如企业可以在财务报告中披露其承担的社会责任、可持续发展能力等信息。这些信息尽管属于非财务信息，无法包括在财务会计报表中，但与使用者的决策也是相关的。

## 三、财务会计报告的分类

**（一）按照所反映的资金运动形态分类，财务会计报告可分为静态报告和动态报告**

1.静态报告

静态报告是综合企业某一特定时期资产、负债和所有者权益状况的报告，例如资产负债表。

2.动态报告

动态报告是综合反映企业一定会计期间的经营情况或现金流量情况的报告，例如利润表和现金流量表。

**（二）按照编制的时间分类，财务会计报告可以分为月度会计报告、季度会计报告、半年度会计报告和年度会计报告**

其中，月度、季度和半年度会计报告统称为中期会计报告。

**（三）按照编制的会计主体不同，财务会计报告可分为个别报表和合并报表**

1.个别报表

个别报表是仅反映单个企业的财务数据，在单个会计核算的空间主体范围内，依据自身的核算资料，加工编制而成的，反映会计主体单位财务状况和经营成果的报告。

2.合并报表

以整个企业集团为一个会计主体，以组成企业集团的母公司和子公司的个别会计报表为基础，抵销个别会计报表有关项目的数额而编制的会计报表。

**（四）按照编制的报送对象分类，财务会计报告可分为外部报告和内部报告**

1.外部报告

外部报告是为满足企业外部投资人、债权人、宏观调控部门对会计信息的需要，按国家统一的会计准则制度要求编制的报告。

2.内部报告

内部报告是为满足企业内部管理的会计要求而编制的，不需对外披露的报告。其报告的种类、格式、指标体系和编报要求由企业自行规定。

## 四、财务会计报告的编报要求

财务会计报告作为传递企业信息的基本形式，为确保其提供的信息能够准确、真实、及时反映企业经营状况和经营成果，尽可能地满足有关方面经济决策的需要，企业在编制财务会计报告时应满足“真实可靠、相关可比、全面完整、编报及时、便于理解”等基本要求。

**（一）真实可靠**

真实可靠是对企业会计信息的最基本的质量要求。为了保证财务会计报告所提供的信息真实可靠，数据正确，在编制财务会计报告前，应对各种会计账簿、表册、财产等进行认真审核和清查，以保证账证相符、账账相符、账实相符。在此基础上根据登记完整、核对无误的会计账簿记录和其他相关资料编制财务会计报告，做到数字真实、计算准确、内容完整，保证财务会计报告所提供的信息真实、可靠。

### （二）相关可比

财务会计报告所提供的信息必须与信息使用者决策需要的信息相关，同时要有助于使用者在不同企业之间及同一企业不同期间之间进行横向和纵向的比较分析。为此，企业在编制财务会计报告时，应当以持续经营为基础，根据实际发生的交易或者事项，按照企业会计准则的规定进行确认和计量；报告项目的列报应当在各个会计期间保持一致，不得随意变更；当期财务会计报告的列报，至少应当提供所列报项目上一可比会计期间的比较数据，以及与理解当期财务会计报告相关的说明。

### （三）全面完整

会计报告，一方面要求按规定的项目和内容进行编报，另一方面要求能充分反映企业经营活动的全面整体情况。因此，各企业编制和报送的财务会计报告，应当按照规定的格式和内容进行编报，在编报的财务会计报告中，凡要求填报的指标和项目，不得在编报的形式上，漏填漏列，任意取舍。

企业对外提供的财务会计报告应当依次编定页数，加具封面、装订成册、加盖公章。封面上应当注明：企业名称、企业统一代码、组织形式、地址、报告所属年度或者月份、报出日期，并由企业负责人和主管会计工作的负责人、会计机构负责人（会计主管人员）签名并盖章；设置总会计师的企业，还应当由总会计师签名并盖章。

### （四）编报及时

财务会计报告必须及时编报，才有利于财务会计报告的使用，达到编报的目的。不能及时传送给信息使用者，即便是最真实可靠和全面完整的财务会计报告，也没有实际的使用价值。企业应在保证质量的前提下，在规定的期限内编制完毕，并按规定时限进行报送。月度财务会计报告应当于月度终了后6天内（节假日顺延，下同）对外提供；季度财务会计报告应当于季度终了后15天内对外提供；半年度财务会计报告应当于年度中期结束后60天内（相当于两个连续的月度）对外提供；年度财务会计报告应当于年度终了后4个月内对外提供。

### （五）便于理解

财务会计报告的编制还应当具有可理解性，可以便于普通的会计信息使用者理解使用。可理解性是所有信息为使用者接受的前提，如果财务会计报告难以理解，则使用者不可能或者很难从中获取有助于决策的信息。可理解要求在编制财务会计报告时，应当按照国家统一规范的会计报表格式和项目内容，准确、明晰地列示相关数字；所编列的会计报表之间、会计报表各项目之间，凡具有对应关系的数字应当对应一致；会计报表中本期与上期的有关数字应当相互衔接；会计报表附注和其他需要说明的事项应当做出真实、完整、清楚的说明。

知识链接：《企业财务会计报告条例》

为规范企业财务报告，保证财务报告的真实、完整，根据《中华人民共和国会计法》，国务院于2000年6月21日颁布了《企业财务会计报告条例》。该条例共分6章46条，分别从财务会计报告的基本要求、财务会计报告的构成、财务会计报告的编制、财务会计报告的对外提供和法律责任等方面进行了规范。

## 任务二 编制资产负债表

### 一、资产负债表的概念及作用

微课：编制资产负债表

资产负债表是反映企业某一特定日期财务状况的报表。资产负债表是根据“资产 = 负债 + 所有者权益”这一会计基本等式，按照一定的分类标准和顺序，将企业一定日期的资产、负债和所有者权益项目予以适当的排列编制而成的。它用资产、负债和所有者权益三个会计要素构成及其数量关系，反映一个会计主体在某一特定时点的静态状况，主要提供有关企业财务状况方面的信息。

资产负债表的具体作用在于：

其一，披露企业某一特定日期的资产总额和构成情况。表明企业掌握的经济资源的数量及其分布情况，表明企业运用其经济资源的能力。

其二，披露企业某一特定日期的负债总额和构成情况。表明企业未来需要用多少资产或劳务清偿债务。

其三，披露企业某一特定日期的所有者权益总额和构成情况。表明企业所有者在资产中所占的份额，了解所有者权益的构成情况。

其四，能够通过对三个会计要素的构成及关系分析，分析检查企业资产、负债和所有者权益的构成是否合理；了解企业的偿债能力和支付能力；通过分析比较前后期项目变化，了解企业资金变化，资本的保值、增值情况，了解企业财务状况的变动趋向等。

### 二、资产负债表的结构和内容

资产负债表依照基本会计等式“资产 = 负债 + 所有者权益”的平衡原理来设计排列格式及构成项目。通常采用报告式和账户式两种，如图8-1所示。

#### （一）报告式资产负债表

报告式资产负债表采取上下结构，垂直排列资产、负债和所有者权益三类反映财务状况的会计要素项目，上半部分列示资产项目，下半部分列示负债和所有者权益项目。具体排列形式又有两种：一是按“资产 = 负债 + 所有者权益”的原理排列；二是按“资产 – 负债 = 所有者权益”的原理排列。

#### （二）账户式资产负债表

账户式资产负债表，采取左右结构，平行排列资产、负债和所有者权益三类反映财务状况的会计要素项目。账户式资产负债表是按“资产 = 负债 + 所有者权益”会计等式各项

资产负债表（报告式）

| |
|---|
| 资产： |
| 流动资产 |
| 长期投资 |
| 固定资产 |
| 无形资产 |
| 负债： |
| 流动负债 |
| 长期负债 |
| 所有者权益： |
| 实收资本 |
| 资本公积 |
| 盈余公积 |
| 未分配利润 |

资产负债表（账户式）

| | |
|---|---|
| 资产： | 负债： |
| 流动资产 | 流动负债 |
| 长期投资 | 长期负债 |
| 固定资产 | |
| 无形资产 | 所有者权益： |
| | 实收资本 |
| | 资本公积 |
| | 盈余公积 |
| | 未分配利润 |
| 资产总计 | 负债和所有者权益总计 |

图8-1　资产负债表格式

目的方向和方位特征设计的，左半部分列示资产项目，右半部分列示负债和所有者权益项目，左、右方项目的金额合计数相等。账户式资产负债表具体格式内容参见表8-1。

表8-1　　资产负债表（账户式）　　会企01表

编制单位：　　____年__月__日　　单位：元

| 资产 | 期末余额 | 上年年末余额 | 负债和所有者权益（或股东权益） | 期末余额 | 上年年末余额 |
|---|---|---|---|---|---|
| 流动资产： | | | 流动负债： | | |
| 货币资金 | | | 短期借款 | | |
| 交易性金融资产 | | | 交易性金融负债 | | |
| 衍生金融资产 | | | 衍生金融负债 | | |
| 应收票据 | | | 应付票据 | | |
| 应收账款 | | | 应付账款 | | |
| 应收款项融资 | | | 预收款项 | | |
| 预付款项 | | | 合同负债 | | |
| 其他应收款 | | | 应付职工薪酬 | | |
| 存货 | | | 应交税费 | | |
| 合同资产 | | | 其他应付款 | | |
| 持有待售资产 | | | 持有待售负债 | | |
| 一年内到期的非流动资产 | | | 一年内到期的非流动负债 | | |
| 其他流动资产 | | | 其他流动负债 | | |
| 流动资产合计 | | | 流动负债合计 | | |
| 非流动资产： | | | 非流动负债： | | |
| 债权投资 | | | 长期借款 | | |
| 其他债权投资 | | | 应付债券 | | |
| 长期应收款 | | | 其中：优先股 | | |
| 长期股权投资 | | | 永续债 | | |

续表

| 资产 | 期末余额 | 上年年末余额 | 负债和所有者权益（或股东权益） | 期末余额 | 上年年末余额 |
|---|---|---|---|---|---|
| 其他权益工具投资 | | | 租赁负债 | | |
| 其他非流动金融资产 | | | 长期应付款 | | |
| 投资性房地产 | | | 预计负债 | | |
| 固定资产 | | | 递延收益 | | |
| 在建工程 | | | 递延所得税负债 | | |
| 生产性生物资产 | | | 其他非流动负债 | | |
| 油气资产 | | | 非流动负债合计 | | |
| 使用权资产 | | | 负债合计 | | |
| 无形资产 | | | 所有者权益（或股东权益）： | | |
| 开发支出 | | | 实收资本（或股本） | | |
| 商誉 | | | 其他权益工具 | | |
| 长期待摊费用 | | | 其中：优先股 | | |
| 递延所得税资产 | | | 永续债 | | |
| 其他非流动资产 | | | 资本公积 | | |
| 非流动资产合计 | | | 减：库存股 | | |
| | | | 其他综合收益 | | |
| | | | 专项储备 | | |
| | | | 盈余公积 | | |
| | | | 未分配利润 | | |
| | | | 所有者权益（或股东权益）合计 | | |
| 资产总计 | | | 负债和所有者权益（或股东权益）总计 | | |

资产负债表，无论采用报告式格式，还是账户式格式，表中的具体项目均是按其项目分类的经济性质及其流动性设计的；资产按流动性排列，流动性大的在先，流动性小的在后，分为流动资产和非流动资产。权益分为负债和所有者权益两部分，按求偿权先后顺序排列。负债则按偿还期限长短排列，分为流动负债和非流动负债；而所有者权益则按永久程度的高低排列，永久程度高的在先，低的在后，分为实收资本（股本）、资本公积、盈余公积和未分配利润。

## 三、资产负债表的编制

### （一）资产负债表中的“上年年末余额”和“期末余额”

《企业财务会计报告条例》规定：年度、半年度会计报表至少应当反映两个年度或者相关两个期间的比较数据。为此，企业需要提供比较资产负债表，所以，资产负债表各项目需要分为“上年年末余额”和“期末余额”两栏分别填列。

具体填列时，资产负债表根据试算平衡表或者总账各科目及明细账余额分类归集编制。资产负债表各项目要按照上年年末余额和期末余额作两列数据列示，应在查对与分析资产、负债和所有者权益类账户及有关明细账户的上期期末余额和本期期末余额，以及其他有关数据的基础上编制。

表中“上年年末余额”栏内各项目数字，应根据上年年末资产负债表“期末余额”栏内所列数字填列。如果本年度资产负债表规定的各个项目的名称和内容同上一年度不相一致，应对上年年末资产负债表各项目的名称和数字按本年度的规定进行调整，按调整后的数字填入本表“上年年末余额”栏内。

表中“期末余额”是指某一会计期末的数字，即月末、季末、半年末和年末的数字。资产负债表各项目“期末余额”栏内的数字可通过以下几种方式取得：

1.根据总账余额直接填列

资产项目中的“递延所得税资产”，负债项目中的“短期借款”“应付职工薪酬”“应交税费”等，以及所有者权益项目中的“实收资本”“资本公积”“盈余公积”，根据其总账期末余额直接填列。总账余额为零，无须填列。

【例8-1】有诚公司12月相关账户余额如下：“短期借款”总账贷方余额500 000元，“应交税费”总账贷方余额348 871.64元，“实收资本”总账贷方余额8 000 000元，“盈余公积”总账贷方余额1 945 000元。

在填列资产负债表时，将上述账户余额直接填列到相关项目中即可。

2.根据几个总账余额直接计算填列

“货币资金”项目，需要根据“库存现金”、“银行存款”和“其他货币资金”三个总账的期末余额合计数填列。

“其他应付款”项目，应根据“应付利息”“应付股利”“其他应付款”总账期末余额的合计数填列。

【例8-2】有诚公司12月末的“库存现金”总账借方余额2 227.02元，“银行存款”总账借方余额2 772 019.65元，“其他货币资金”账户没有发生业务。则12月份资产负债表中“货币资金”项目应该填列三者的合计金额2 774 246.67元。

【例8-3】有诚公司12月末的“应付利息”总账贷方余额9 875元，“应付股利”总账贷方余额782 000元，“其他应付款”总账贷方余额200元，所以“其他应付款”项目应填列的金额为三个总账余额的合计金额792 075元。

3.根据明细账余额计算填列

（1）“应付账款”项目，反映资产负债表日以摊余成本计量的，企业因购买材料、商品和接受服务等经营活动应支付的款项。该项目应根据“应付账款”和“预付账款”科目所属的相关明细科目的期末贷方余额合计数填列。

【例8-4】有诚公司12月末“应付账款”总账贷方余额800 000元，其中，“应付账款——A公司”贷方余额900 000元，“应付账款——B公司”借方余额100 000元，“预付账款”总账借方余额600 000元，其中，“预付账款——C公司”借方余额1 000 000元，“预付账款——D公司”贷方余额400 000元。

“应付账款”项目＝“应付账款——A公司”贷方余额900 000＋“预付账款——D公司”贷方余额400 000

=1 300 000（元）

（2）“预收款项”项目，需要根据“应收账款”“预收账款”明细账户的期末贷方余额计算填列。

【例8-5】有诚公司12月末“应收账款”总账借方余额500 000元，其中：“应收账款——A公司”贷方余额100 000元，“应收账款——B公司”借方余额500 000元。“预收账款”总账贷方余额150 000元，其中：“预收账款——E公司”贷方余额250 000元，“预收账款——F公司”借方余额100 000元。

“预收款项”项目 = “应收账款”明细账贷方余额 + “预收账款”明细账贷方余额

= “应收账款——A公司”贷方余额100 000 + “预收账款——E公司”贷方余额250 000

=350 000（元）

4. 根据总分类账户和明细分类账户的期末余额分析计算填列

“未分配利润”项目，应根据“本年利润”账户和“利润分配”账户的余额分析计算填列。

每年1—11月份，“未分配利润”项目应该填列的金额=“利润分配”中未分配利润明细账余额+“本年利润”总账余额-“利润分配”中本年度提取的法定盈余公积与提取任意盈余公积余额之和。

每年12月末，根据“利润分配”总账账户余额直接填列。

【例8-6】有诚公司11月末“实收资本”总账贷方余额13 000 000元，“本年利润”总账贷方余额7 000 000元，“利润分配——未分配利润”贷方余额1 050 000元，“利润分配——提取法定盈余公积”借方余额700 000元，“利润分配——提取任意盈余公积”借方余额350 000元。

11月末资产负债表中“未分配利润”项目 = “未分配利润”1 050 000 + “本年利润”7 000 000 − “提取法定盈余公积”700 000 − “提取任意盈余公积”350 000

=7 000 000（元）

5. 根据总分类账户的期末余额减去其备抵账户余额的净额填列

资产负债表中被调整项目需要根据其账户的期末余额（或期末余额之和）减去其备抵账户余额的净值填列。

（1）“应收账款”项目，应根据“应收账款”科目的期末余额，减去“坏账准备”科目中相关坏账准备期末余额后的金额分析填列。

【例8-7】有诚公司12月末“应收账款”总账借方余额400 000元，其中“应收账款——A公司”贷方余额100 000元，“应收账款——B公司”借方余额500 000元，“预收账款”总账贷方余额150 000元，其中，“预收账款——E公司”贷方余额250 000元，“预收账款——F公司”借方余额100 000元，“坏账准备——应收账款坏账准备”贷方余额2 500元。

“应收账款”项目 = “应收账款——B公司”借方余额500 000 + “预收账款——F公司”借方余额100 000 − “坏账准备——应收账款坏账准备”贷方余额2 500

=597 500（元）

（2）“预付款项”项目，根据“预付账款”和“应付账款”所属明细账的借方余额合计数，减去“坏账准备”账户中预付账款坏账准备期末余额后的金额填列。

【例8-8】有诚公司12月末“应付账款”总账贷方余额800 000元，其中，“应付账款——A公司”贷方余额900 000元，“应付账款——B公司”借方余额100 000元，“预付账款”总账借方余额600 000元，其中，“预付账款——C公司”借方余额1 000 000元，“预付账款——D公司”贷方余额400 000元，“坏账准备——预付账款坏账准备”贷方余额5 500元。

$$“预付款项”项目=\frac{“预付账款——C公司”}{借方余额1\,000\,000}+\frac{“应付账款——B公司”}{借方余额100\,000}-\frac{“坏账准备——预付账款坏账准备”}{贷方余额5\,500}=1\,094\,500（元）$$

（3）“其他应收款”项目，应根据“应收利息”、“应收股利”和“其他应收款”账户的期末余额合计数，减去“坏账准备”账户中相关明细账期末余额后的金额填列。

【例8-9】12月末，有诚公司“应收利息”总账借方余额9 005元，“应收股利”总账借方余额790 000元，“其他应收款”总账借方余额1 000元，“坏账准备——其他应收款”坏账准备贷方余额5元。

$$“其他应收款”项目=\frac{“应收利息”总账}{借方余额9\,005}+\frac{“应收股利”总账}{借方余额790\,000}+\frac{“其他应收款”总账}{借方余额1000}-\frac{“坏账准备——其他应收款”}{贷方余额5}=800\,000（元）$$

（4）“存货”项目，应根据“在途物资”“原材料”“周转材料”“库存商品”“生产成本”等总账期末余额的合计数减去“存货跌价准备”账户余额后的净额填列。

【例8-10】有诚公司2019年12月31日“生产成本”借方余额50 000元，“原材料”借方余额30 000元，“委托代销商品”借方余额40 000元，“工程物资”借方余额10 000元，“存货跌价准备”贷方余额3 000元。

$$“存货”项目=\frac{“生产成本”}{借方余额50\,000}+\frac{“原材料”}{借方余额30\,000}+\frac{“委托代销商品”}{借方余额40\,000}-\frac{“存货跌价准备”}{贷方余额3\,000}=117\,000（元）$$

（5）“固定资产”项目，应根据“固定资产”总账期末余额，减去“累计折旧”和“固定资产减值准备”总账期末余额后的金额，以及“固定资产清理”总账期末余额填列。

【例8-11】有诚公司“固定资产”总账借方余额6 240 000元，“累计折旧”总账贷方余额3 621 500元，其他相关账户没有发生业务。

$$“固定资产”项目=\frac{“固定资产”总账}{借方余额6\,240\,000}-\frac{“累计折旧”总账}{贷方余额3\,621\,500}=2\,618\,500（元）$$

（6）“在建工程”项目，应根据“在建工程”总账期末余额，减去“在建工程减值准备”总账期末余额后的金额，以及“工程物资”总账期末余额，减去“工程物资减值准备”总账期末余额后的金额填列。

（7）“无形资产”项目，应根据“无形资产”总账期末余额，减去“累计摊销”总账期末余额后的金额填列。

【例8-12】“无形资产”总账借方余额450 000元，“累计摊销”总账贷方余额90 000元。

$$“无形资产”项目=\frac{“无形资产”总账}{借方余额450\,000}-\frac{“累计摊销”总账}{贷方余额90\,000}=360\,000（元）$$

**（二）资产负债表中各项目的填列方法**

（1）“货币资金”项目，反映企业库存现金、银行存款、外埠存款、银行汇票存款、银行本票存款、信用证保证金存款等的合计数。本项目应根据“库存现金”、“银行存款”和“其他货币资金”账户的期末余额合计填列。

（2）“交易性金融资产”项目，反映企业购入的各种能随时变现并准备随时变现的股票、债券和基金投资。本项目应根据“交易性金融资产”账户的期末余额填列。

（3）“应收账款”项目，反映资产负债表日以摊余成本计量的、企业因销售商品、提供服务等经营活动应收取的款项。该项目应根据“应收账款”明细账中借方余额之和，再减去应收账款坏账准备期末余额后的金额填列。

（4）“预付款项”项目，反映企业预付给供应单位的款项。本项目应根据“预付账款”账户所属各明细账的期末借方余额合计填列。如“预付账款”账户所属有关明细账期末有贷方余额的，应在资产负债表“应付账款”项目内填列。如“应付账款”账户所属明细账有借方余额的，也应包括在本项目内。

（5）“其他应收款”项目，反映企业对其他单位和个人的应收和暂付的款项，应根据“应收利息”、“应收股利”和“其他应收款”账户的期末余额合计数，减去“坏账准备”账户中相关明细账期末余额后的金额填列。

（6）“存货”项目，反映企业期末库存、在途和加工中的各项存货的价值，包括各种材料、商品、在产品、半成品、包装物、低值易耗品等。本项目应根据“在途物资”（或者“材料采购”）、“原材料”、“库存商品”、“委托加工物资”、“生产成本”等账户的期末余额合计，减去“存货跌价准备”账户期末余额后的金额填列。材料采用计划成本核算，以及库存商品采用计划成本核算的企业，还应按加或者减材料成本差异后的金额填列。

（7）“其他流动资产”项目，反映企业除以上流动资产项目以外的其他流动资产，本项目应根据有关账户的期末余额填列。如其他流动资产价值较大的，应在会计报表附注中披露其内容和金额。

（8）“长期股权投资”项目，反映企业不准备在1年内（含1年）变现的各种股权性质的投资的可收回金额。本项目应根据“长期股权投资”账户的期末余额，减去“长期股权投资减值准备”账户余额后的金额填列。

（9）“固定资产”项目，反映企业的各种固定资产的净值。融资租入的固定资产，其原价及已提折旧也包括在内。融资租入的固定资产原价应在会计报表附注中另行反映。该项目应根据“固定资产”总账期末余额，减去“累计折旧”和“固定资产减值准备”总账期末余额后的金额，以及“固定资产清理”总账期末余额填列。

（10）“在建工程”项目，反映企业期末各项未完工程的实际支出，包括交付安装的设备价值，未完建筑安装工程已经耗用的材料、工资和费用支出，预付出包工程的价款，已经建筑安装完毕但尚未交付使用的工程等的可收回金额。该项目应根据“在建工程”总账期末余额，减去“在建工程减值准备”总账期末余额后的金额，以及“工程物资”总账期末余额，减去“工程物资减值准备”总账期末余额后的金额填列。

（11）“无形资产”项目，反映企业各项无形资产的期末可收回金额。本项目应根据“无形资产”账户的期末余额减去“无形资产减值准备”账户期末余额后的金额填列。

（12）“开发支出”项目，反映企业自行研究开发无形资产在期末尚未完成开发阶段的无形资产的价值。本项目应根据“开发支出”账户的期末余额填列。

（13）“长期待摊费用”项目，反映企业尚未摊销的摊销期限在1年以上（不含1年）的各种费用。如租入固定资产改良支出、摊销期限在1年以上（不含1年）的其他待摊费用。本项目应根据“长期待摊费用”账户的期末余额减去1年以内（含1年）摊销的数额后的金额填列。

（14）“其他非流动资产”项目，反映企业除以上资产以外的长期资产。本项目应根据有关账户的期末余额填列。如其他长期资产价值较大的，应在会计报表附注中披露其内容和金额。

（15）“短期借款”项目，反映企业借入尚未归还的1年期以内（含1年）的借款。本项目应根据“短期借款”账户的期末余额填列。

（16）“应付账款”项目，反映企业购买原材料、商品和接受劳务供应等而应付给供应单位的款项。本项目应根据“应付账款”和“预付账款”账户所属各有关明细账户的期末贷方余额合计填列。如期末“应付账款”账户所属各有关明细账户有借方余额，应在资产负债表“预付款项”项目填列。

（17）“预收款项”项目，反映企业预收购买单位的账款。本项目应根据“预收款项”和“应收账款”账户所属各有关明细账户的期末贷方余额合计填列。如期末“预收款项”账户所属有关明细账户有借方余额的，应在资产负债表余额“应收账款”项目内填列。如期末“应收账款”账户所属明细账户有贷方余额的，也应包括在本项目内。

（18）“应付职工薪酬”项目，反映企业应付未付的职工薪酬。应付职工薪酬包括应付职工的工资、奖金、津贴和补贴、职工福利费和医疗保险费、养老保险费等各种保险费以及住房公积金等。本项目应根据“应付职工薪酬”账户期末贷方余额填列。如“应付职工薪酬”账户期末有借方余额，以“-”号填列。

（19）“应交税费”项目，反映企业期末未交、多交或者未抵扣的各种税金和其他费用。本项目应根据“应交税费”账户的期末贷方余额填列。如“应交税费”账户期末为借方余额，应以“-”号填列。

（20）“应付票据”项目，反映资产负债表日以摊余成本计量的、企业因购买材料、商品和接受服务等开出、承兑的商业汇票，包括银行承兑汇票和商业承兑汇票。该项目应根据“应付票据”科目的期末余额填列。

（21）“其他应付款”项目，反映企业所有应付和暂收其他单位和个人的款项。本项目应根据“应付利息”“应付股利”“其他应付款”总账期末余额的合计数填列。

（22）“其他流动负债”项目，反映企业除以上流动负债以外的其他流动负债。本项目应根据有关账户的期末余额填列。如其他流动负债价格较大的，应在会计报表附注中披露其内容及金额。

（23）“长期借款”项目，反映企业借入尚未归还的1年期以上（不含1年）的借款本息。本项目应根据“长期借款”账户减去将在1年内到期的长期借款金额填列。

（24）“应付债券”项目，反映企业发行的尚未偿还的各种长期债券的本息。本项目应根据“应付债券”账户的期末余额填列。

（25）“预计负债”项目，反映企业预计负债的期末余额。本项目应根据“预计负债”账户的期末余额填列。

（26）“其他非流动负债”项目，反映企业除以上非流动负债项目以外的其他非流动负债。本项目应根据有关账户的期末余额填列。如其他非流动负债价值较大的，应在会计报表附注中披露其内容和金额。

上述非流动负债各项目中将于1年内（含1年）到期的非流动负债，应在“1年内到期的非流动负债”项目内单独反映。上述非流动负债各项目均应根据有关账户期末余额减去将于1年内（含1年）到期的非流动负债后的金额填列。

（27）“实收资本（或股本）”项目，反映企业各投资者实际投入的资本（或股本）总额。本项目应根据“实收资本（或股本）”账户的期末余额填列。

（28）“资本公积”项目，反映企业资本公积的期末余额。本项目应根据“资本公积”账户的期末余额填列。

（29）“盈余公积”项目，反映企业盈余公积的期末余额。本项目应根据“盈余公积”账户的期末余额填列。

（30）“未分配利润”项目，反映历年未分配的利润或亏损，应根据“本年利润”账户和“利润分配”账户的余额分析计算填列，未弥补的亏损，在本项目内以“-”号填列。

**（三）资产负债表编制举例**

【例8-13】2020年3月31日，有诚公司相关账户余额见表8-2。根据表8-2编制有诚公司2020年第一季度的资产负债表（见表8-3）。

表8-2 账户余额表

编报单位：有诚公司 2020年3月31日 单位：元

| 账户名称 | 借方余额 | 贷方余额 |
|---|---|---|
| 库存现金 | 65 000.00 | |
| 银行存款 | 2 605 753.55 | |
| 交易性金融资产 | 28 656.00 | |
| 应收票据 | 105 338.00 | |
| 应收账款 | 630 032.68 | |
| 预付账款 | 24 350.00 | |
| 其他应收款 | 1 536.00 | |
| 材料采购 | 55 000.00 | |
| 原材料 | 758 035.00 | |
| 生产成本 | 4 555 000.00 | |
| 库存商品 | 3 225 136.00 | |
| 长期股权投资 | 850 000.00 | |
| 固定资产 | 35 560 310.00 | |
| 累计折旧 | | 17 766.00 |
| 固定资产减值准备 | | 25 124.50 |
| 无形资产 | 16 405.20 | |
| 长期待摊费用 | 20 303.52 | |
| 短期借款 | | 6 508 000.00 |
| 应付票据 | | 271 000.00 |
| 应付账款 | | 860 210.00 |
| 应付职工薪酬 | | 260 000.00 |
| 应交税费 | | 320 100.45 |
| 长期借款 | | 5 600 655.00 |
| 实收资本（或股本） | | 33 000 000.00 |
| 资本公积 | | 630 000.00 |
| 盈余公积 | | 350 000.00 |
| 未分配利润 | | 658 000.00 |
| 合计 | 48 500 855.95 | 48 500 855.95 |

表8-3　　资产负债表　　会企01表

编报单位：有诚公司　　2020年3月31日　　单位：元

| 资产 | 期末余额 | 上年年末余额 | 负债和所有者权益（或股东权益） | 期末余额 | 上年年末余额 |
|---|---|---|---|---|---|
| 流动资产： | | | 流动负债： | | |
| 货币资金 | 2 670 753.55 | | 短期借款 | 6 508 000.00 | |
| 交易性金融资产 | 28 656.00 | | 交易性金融负债 | | |
| 衍生金融资产 | | | 衍生金融负债 | | |
| 应收票据 | 105 338.00 | | 应付票据 | 271 000.00 | |
| 应收账款 | 630 032.68 | | 应付账款 | 860 210.00 | |
| 应收款项融资 | | | 预收款项 | | |
| 预付款项 | 24 350.00 | | 合同负债 | | |
| 其他应收款 | 1 536.00 | | 应付职工薪酬 | 260 000.00 | |
| 存货 | 8 593 171.00 | | 应交税费 | 320 100.45 | |
| 合同资产 | | | 其他应付款 | | |
| 持有待售资产 | | | 持有待售负债 | | |
| 一年内到期的非流动资产 | | | 一年内到期的非流动负债 | | |
| 其他流动资产 | | | 其他流动负债 | | |
| 流动资产合计 | 12 053 837.23 | | 流动负债合计 | 8 219 310.45 | |
| 非流动资产： | | | 非流动负债： | | |
| 债权投资 | | | 长期借款 | 5 600 655.00 | |
| 其他债权投资 | | | 应付债券 | | |
| 长期应收款 | | | 其中：优先股 | | |
| 长期股权投资 | 850 000.00 | | 永续债 | | |
| 其他权益工具投资 | | | 租赁负债 | | |
| 其他非流动金融资产 | | | 长期应付款 | | |
| 投资性房地产 | | | 预计负债 | | |
| 固定资产 | 35 517 419.50 | | 递延收益 | | |
| 在建工程 | | | 递延所得税负债 | | |
| 生产性生物资产 | | | 其他非流动负债 | | |
| 油气资产 | | | 非流动负债合计 | 5 600 655.00 | |
| 使用权资产 | | | 负债合计 | 13 819 965.45 | |
| 无形资产 | 16 405.20 | | 所有者权益（或股东权益）： | | |
| 开发支出 | | | 实收资本（或股本） | 33 000 000.00 | |
| 商誉 | | | 其他权益工具 | | |
| 长期待摊费用 | 20 303.52 | | 其中：优先股 | | |
| 递延所得税资产 | | | 永续债 | | |
| 其他非流动资产 | | | 资本公积 | 630 000.00 | |
| 非流动资产合计 | 36 404 128.22 | | 减：库存股 | | |
| | | | 其他综合收益 | | |
| | | | 专项储备 | | |
| | | | 盈余公积 | 350 000.00 | |
| | | | 未分配利润 | 658 000.00 | |
| | | | 所有者权益（或股东权益）合计 | 34 638 000.00 | |
| 资产总计 | 48 457 965.45 | | 负债和所有者权益（或股东权益）总计 | 48 457 965.45 | |

# 任务三　编制利润表

## 一、利润表的意义和作用

微课：编制利润表

利润表是反映企业在一定会计期间经营成果的报表。经营成果是指一个企业在一定时期的营业收入、营业费用和经过配比而计算出来的净收益，它说明企业在某一时期的净收益数额及其形成情况，据以分析企业的经济效益及盈利能力，评价企业的经营管理绩效，判断资本保值、增值情况。利润表是根据收入确认原则和配比原则编制的。

利润表的具体作用主要表现在以下几个方面：

其一，可以总括反映企业在一定会计期间的收入实现情况和费用耗费情况。

其二，可以总括反映企业在一定会计期间的营业利润、利润总额和净利润的构成要素情况。

其三，报表使用者可根据该表所提供的具体内容，分析评价企业的经营成果，考核利润计划的完成情况，评价投资者投资的价值和报酬。

其四，为财务管理人员及领导者提供财务预测资料，可以对企业未来的经营状况、获利能力及潜力进行预测，了解企业在未来一定时期的盈利趋势。

## 二、利润表的格式和内容

### （一）利润表的格式

利润表的基本结构是根据“收入 - 费用 = 利润”平衡公式设计的。按照利润表各具体项目内容排列方式的不同，利润表的格式在国际上通常采用单步式和多步式两种。

单步式利润表通常采用左右对照的账户式结构，即把表格分为左、右两个部分：左边反映企业各种收入、收益类项目，右边列示各种费用、支出类项目，左边总额减去右边总额即为企业利润数额。有时，单步式利润表也可垂直式列示，即将收入、收益项目列在上半部分，费用及支出项目列在下半部分。

多步式利润表一般采用上下加减的报告式结构，利润数额的计算采取多个步骤逐项列示。多步式利润表的优点是注意收入与费用支出配比的层次性，明确揭示了利润各构成要素之间的内在联系。因此，我国企业的利润表均采用多步式，具体包括五部分内容：营业收入，营业利润，利润总额，净利润，每股收益。多步式利润表的具体内容与格式见表8-4。

### （二）利润表的内容

利润表是根据会计恒等式“收入 - 费用 = 利润”设计而成的，它主要反映以下几方面的内容：

（1）营业收入 = 主营业务收入 + 其他业务收入

（2）营业成本 = 主营业务成本 + 其他业务成本

（3）营业利润 = 营业收入 - 营业成本 - 税金及附加 - 销售费用 - 管理费用 - 研发费用 - 财务费用 - 资产减值损失 - 信用减值损失 + 其他收益 ± 投资损益 ± 净敞口套期损益 ± 公允价值变动损益 ± 资产处置损益

表8-4　　　　　　　　　　　　利润表　　　　　　　　　　　　会企 02 表

编制单位：　　　　　　　　　　____年__月　　　　　　　　　　单位：元

| 项目 | 本期金额 | 上期金额 |
|---|---|---|
| 一、营业收入 | | |
| 减：营业成本 | | |
| 税金及附加 | | |
| 销售费用 | | |
| 管理费用 | | |
| 研发费用 | | |
| 财务费用 | | |
| 其中：利息费用 | | |
| 利息收入 | | |
| 加：其他收益 | | |
| 投资收益（损失以“-”号填列） | | |
| 其中：对联营企业和合营企业的投资收益 | | |
| 以摊余成本计量的金融资产终止确认收益（损失以“-”号填列） | | |
| 净敞口套期收益（损失以“-”号填列） | | |
| 公允价值变动收益（损失以“-”号填列） | | |
| 信用减值损失（损失以“-”号填列） | | |
| 资产减值损失（损失以“-”号填列） | | |
| 资产处置收益（损失以“-”号填列） | | |
| 二、营业利润（亏损以“-”号填列） | | |
| 加：营业外收入 | | |
| 减：营业外支出 | | |
| 三、利润总额（亏损总额以“-”号填列） | | |
| 减：所得税费用 | | |
| 四、净利润（净亏损以“-”号填列） | | |
| （一）持续经营净利润（净亏损以“-”号填列） | | |
| （二）终止经营净利润（净亏损以“-”号填列） | | |
| 五、其他综合收益的税后净额 | | |
| （一）不能重分类进损益的其他综合收益 | | |
| 1. 重新计量设定受益计划变动额 | | |
| 2. 权益法下不能转损益的其他综合收益 | | |
| 3. 其他权益工具投资公允价值变动 | | |
| 4. 企业自身信用风险公允价值变动 | | |
| …… | | |
| （二）将重分类进损益的其他综合收益 | | |
| 1. 权益法下可转损益的其他综合收益 | | |
| 2. 其他债权投资公允价值变动 | | |
| 3. 金融资产重分类计入其他综合收益的金额 | | |
| 4. 其他债权投资信用减值准备 | | |
| 5. 现金流量套期储备 | | |
| 6. 外币财务报表折算差额 | | |
| …… | | |
| 六、综合收益总额 | | |
| 七、每股收益： | | |
| （一）基本每股收益 | | |
| （二）稀释每股收益 | | |

（4）利润总额（或亏损）（反映企业一定时期内全部经济活动的最终结果）
= 营业利润 + 营业外收入 - 营业外支出

（5）净利润（或净亏损）（反映企业实际拥有、可供企业自行支配的权益）
= 利润总额 - 所得税费用

### 三、利润表的编制方法

#### （一）利润表中的“本期金额”和“上期金额”

为了反映两个年度或者相关两个期间的比较数据，企业需要提供比较利润表。所以，利润表各项目需要分为“本期金额”和“上期金额”两栏分别填列。

“本期金额”应填本年1月至填报截止所属月份的累计数，“上期金额”应填去年同期数。如果上年度利润表与本年度利润表的项目名称和内容不相一致，应对上年度利润表项目的名称和数字按本年度的规定进行调整，填入本表“上期金额”栏。

#### （二）利润表中各项目的填列方法

利润表中各项目的金额，一般是根据有关账户的本期发生额来填列的。“本期金额”栏内各项数字，根据以下方法填列：

（1）“营业收入”项目，反映企业经营业务所取得的收入总额。本项目应根据“主营业务收入”账户和“其他业务收入”账户的发生额合计填列。

（2）“营业成本”项目，反映企业经营业务发生的实际成本。本项目应根据“主营业务成本”账户和“其他业务成本”账户的发生额合计填列。

（3）“税金及附加”项目，反映企业经营业务应负担的消费税、城市维护建设税、资源税、土地增值税和教育费附加等。本项目应根据“税金及附加”账户的发生额分析填列。

（4）“销售费用”项目，反映企业在销售商品和商品流通企业在购入商品等过程中发生的费用。本项目应根据“销售费用”账户的发生额分析填列。

（5）“管理费用”项目，反映企业发生的管理费用。本项目应根据“管理费用”账户的发生额分析填列。

（6）“研发费用”项目，根据管理费用下“研发费用”明细科目的发生额分析填列。

（7）“财务费用”项目，反映企业发生的财务费用。本项目应根据“财务费用”账户的发生额分析填列。

（8）“资产减值损失”项目，反映企业因资产减值而发生的损失。本项目应根据“资产减值损失”账户的发生额分析填列。

（9）“公允价值变动收益”项目，反映企业资产因公允价值变动而发生的收益。本项目应根据“公允价值变动收益”账户的发生额分析填列。

（10）“投资收益”项目，反映企业以各种方式对外投资所取得的收益。本项目应根据“投资收益”账户的发生额分析填列。如为投资损失，以“-”号填列。

（11）“营业外收入”项目，反映企业发生的与其经营活动无直接关系的各项收入。本项目应根据“营业外收入”账户的发生额分析填列。

（12）“营业外支出”项目，反映企业发生的与其经营活动无直接关系的各项支出。本项目应根据“营业外支出”账户的发生额分析填列。

（13）“所得税费用”项目，反映企业按规定从本期损益中减去的所得税。本项目应根据

“所得税费用”账户的发生额分析填列。

（14）“净利润”项目，反映企业实现的净利润。如为净亏损，以“-”号填列。

（15）“基本每股收益”和“稀释每股收益”项目，反映企业根据《企业会计准则第34号——每股收益》计算的两种每股收益指标的金额。

（三）利润表编制举例

【例8-14】2020年3月31日，有诚公司相关损益类账户余额见表8-5。根据表8-5编制有诚公司2020年3月的利润表（见表8-6）。

表8-5　损益类账户余额表

编报单位：有诚公司　2020年3月31日　单位：元

| 账户名称 | 借方余额 | 贷方余额 |
|---|---|---|
| 主营业务收入 | | 33 850 000.00 |
| 主营业务成本 | 12 403 553.35 | |
| 税金及附加 | 4 054 500.00 | |
| 销售费用 | 640 035.65 | |
| 管理费用 | 8 155 335.50 | |
| 财务费用 | 72 850.00 | |
| 资产减值损失 | 65 536.00 | |
| 投资收益 | | 1 530 000.00 |
| 营业外收入 | | 580 545.00 |
| 营业外支出 | 556 000.00 | |
| 所得税费用 | 2 503 183.63 | |

表8-6　利润表　会企02表

编报单位：有诚公司　2020年3月31日　单位：元

| 项目 | 本期金额 | 上期金额 |
|---|---|---|
| 一、营业收入 | 33 850 000.00 | |
| 减：营业成本 | 12 403 553.35 | |
| 税金及附加 | 4 054 500.00 | |
| 销售费用 | 640 035.65 | |
| 管理费用 | 8 155 335.50 | |
| 研发费用 | | |
| 财务费用 | 72 850.00 | |
| 其中：利息费用 | | |
| 利息收入 | | |
| 加：其他收益 | | |
| 投资收益（损失以“-”号填列） | 1 530 000.00 | |
| 其中：对联营企业和合营企业的投资收益 | | |

续表

| 项目 | 本期金额 | 上期金额 |
|---|---|---|
| 以摊余成本计量的金融资产终止确认收益（损失以“-”号填列） | | |
| 净敞口套期收益（损失以“-”号填列） | | |
| 公允价值变动收益（损失以“-”号填列） | | |
| 信用减值损失（损失以“-”号填列） | | |
| 资产减值损失（损失以“-”号填列） | -65 536.00 | |
| 资产处置收益（损失以“-”号填列） | | |
| 二、营业利润（亏损以“-”号填列） | 9 988 189.50 | |
| 加：营业外收入 | 580 545.00 | |
| 减：营业外支出 | 556 000.00 | |
| 三、利润总额（亏损总额以“-”号填列） | 10 012 734.50 | |
| 减：所得税费用 | 2 503 183.63 | |
| 四、净利润（净亏损以“-”号填列） | 7 509 550.87 | |
| （一）持续经营净利润（净亏损以“-”号填列） | | |
| （二）终止经营净利润（净亏损以“-”号填列） | | |
| 五、其他综合收益的税后净额 | | |
| （一）不能重分类进损益的其他综合收益 | | |
| 1.重新计量设定受益计划变动额 | | |
| 2.权益法下不能转损益的其他综合收益 | | |
| 3.其他权益工具投资公允价值变动 | | |
| 4.企业自身信用风险公允价值变动 | | |
| …… | | |
| （二）将重分类进损益的其他综合收益 | | |
| 1.权益法下可转损益的其他综合收益 | | |
| 2.其他债权投资公允价值变动 | | |
| 3.金融资产重分类计入其他综合收益的金额 | | |
| 4.其他债权投资信用减值准备 | | |
| 5.现金流量套期储备 | | |
| 6.外币财务报表折算差额 | | |
| …… | | |
| 六、综合收益总额 | | |
| 七、每股收益： | | |
| （一）基本每股收益 | | |
| （二）稀释每股收益 | | |

# 任务四　编制现金流量表

## 一、现金流量表的意义和作用

现金流量表是反映企业一定会计期间现金和现金等价物流入和流出情况的报表。现金流量表是以现金为基础编制的财务状况变动表，它以现金的流入和流出反映企业在一定期间内的经营活动、投资活动和筹资活动的动态情况；反映企业现金流入和流出的全貌，表明企业获取现金和现金等价物的能力。

微课：编制现金流量表

现金流量表对会计信息使用者的作用在于：

其一，能说明企业一定期间内现金流入和流出的原因。

其二，能说明和评价企业的支付能力、偿债能力和周转能力。

其三，能分析企业未来获取现金的能力。

其四，能分析企业投资和理财活动对经营成果和财务状况的影响，可以从现金流量的角度了解净利润的质量，据以预测企业未来现金流量，为分析和判断企业的财务前景提供信息。

## 二、现金流量表的编制基础

编制现金流量表的基础是现金及现金等价物。按照收付实现制的原则编制，将权责发生制下的盈利信息调整为收付实现制下的现金流量信息。

现金是指企业库存现金和可以随时用于支付的存款，主要包括库存现金、银行存款、其他货币资金。

现金等价物是指企业持有的期限短、流动性强、易于转换为已知金额现金、价值变动风险很小的投资。现金等价物虽然不是现金，但其支付能力和变现能力与现金的差别不大，可视为现金。

现金流量表中所称的现金流量，是指某一段时期内企业现金流入、流出的数量。现金流量从产生的原因上看，分为经营活动、投资活动和筹资活动引起的现金流量。

经营活动是指企业投资活动和筹资活动以外的所有交易或者事项。各类企业由于行业特点不同，对经营活动的认定存在一定差异。工商企业经营活动主要包括销售商品、提供劳务、购买商品、接受劳务、支付税费等；银行类金融企业的经营活动主要包括吸收存款、发放贷款、同业存放、同业拆借等；证券类金融企业的经营活动主要包括自营证券、代理承销证券、代理兑付证券，代理买卖证券等。通过经营活动产生的现金流量，可以说明企业经营活动对现金流入和流出的影响程度，判断企业在不对外筹资的情况下，是否能够维持生产经营、债务偿还、支付股利等。

投资活动是指企业长期资产的购建和不包括在现金等价物范围内的投资及其处理活动。投资活动既包括实物资产投资，也包括金融资产投资。企业长期资产是指固定资产、无形资产、在建工程、其他资产等持有期限在1年或者一个经营周期以上的资产。投资活动具体包括取得或者收回投资，构建和处置固定资产、无形资产和其他长期资产等。通过投资活动产生的现金流量，可以分析企业通过投资活动获得现金的能力，以及投资产生的现金净流量。

筹资活动包括吸收投资、发行股票、分配利润、取得和偿还银行贷款、发行和偿还公司债券等。通过筹资活动产生的现金流量，可以分析企业通过筹资获取现金的能力，判断筹资活动对企业现金流量净额的影响程度。

## 三、现金流量表的格式和内容

在通常情况下，现金流量表应当分别按照现金流入和现金流出项目总额列报，从而全面揭示企业现金流量的方向、规模和结构。按我国《企业会计准则第31号——现金流量表》的规定，现行的现金流量表为报告式格式。其具体格式见表8-7。

表8-7　　现金流量表　　会企03表

编制单位：　　年　月　　单位：元

| 项目 | 本期金额 | 上期金额 |
|---|---|---|
| 一、经营活动产生的现金流量： | | |
| 销售商品、提供劳务收到的现金 | | |
| 收到的税费返还 | | |
| 收到其他与经营活动有关的现金 | | |
| 经营活动现金流入小计 | | |
| 购买商品、接受劳务支付的现金 | | |
| 支付给职工以及为职工支付的现金 | | |
| 支付的各项税费 | | |
| 支付其他与经营活动有关的现金 | | |
| 经营活动现金流出小计 | | |
| 经营活动产生的现金流量净额 | | |
| 二、投资活动产生的现金流量： | | |
| 收回投资收到的现金 | | |
| 取得投资收益收到的现金 | | |
| 处置固定资产、无形资产和其他长期资产收回的现金净额 | | |
| 处置子公司及其他营业单位收到的现金净额 | | |
| 收到其他与投资活动有关的现金 | | |
| 投资活动现金流入小计 | | |
| 购建固定资产、无形资产和其他长期资产支付的现金 | | |
| 投资支付的现金 | | |
| 取得子公司及其他营业单位支付的现金净额 | | |
| 支付其他与投资活动有关的现金 | | |
| 投资活动现金流出小计 | | |
| 投资活动产生的现金流量净额 | | |
| 三、筹资活动产生的现金流量： | | |
| 吸收投资收到的现金 | | |
| 取得借款收到的现金 | | |
| 收到其他与筹资活动有关的现金 | | |
| 筹资活动现金流入小计 | | |

续表

| 项目 | 本期金额 | 上期金额 |
| --- | --- | --- |
| 偿还债务支付的现金 | | |
| 分配股利、利润或偿付利息支付的现金 | | |
| 支付其他与筹资活动有关的现金 | | |
| 筹资活动现金流出小计 | | |
| 筹资活动产生的现金流量净额 | | |
| 四、汇率变动对现金及现金等价物的影响 | | |
| 五、现金及现金等价物净增加额 | | |
| 加：期初现金及现金等价物余额 | | |
| 六、期末现金及现金等价物余额 | | |

## 四、现金流量表的编制方法

### （一）直接法和间接法

直接法是指按现金收入和现金支出的主要类别直接反映企业经营活动产生的现金流量，如销售商品、提供劳务收到的现金，购买商品、接受劳务支付的现金等就是按现金收入和支出的类别直接反映的。在直接法下，一般是以利润表中的营业收入为起算点，调节与经营活动有关项目的增减变动，然后计算出经营活动产生的现金流量。

间接法是指以净利润为起算点，调整不涉及现金的收入、费用、营业外收支等有关项目，剔除投资活动、筹资活动对现金流量的影响，据此计算出经营活动产生的现金流量。由于净利润是按照权责发生制原则确定的，且包括了与投资活动和筹资活动相关的收益和费用，将净利润调节为经营活动现金流量，实际上就是将按权责发生制原则确定的净利润调整为现金净流入，并剔除投资活动和筹资活动对现金流量的影响。

采用直接法编制现金流量表，便于分析企业经营活动产生的现金流量的来源和用途，预测企业现金流量的未来前景；采用间接法编制现金流量表，便于将净利润与经营活动所产生的现金流量净额进行比较，了解净利润与经营活动产生的现金流量差异的原因，从现金流量的角度分析净利润的质量。所以，《企业会计准则第31号——现金流量表》规定企业应当采用直接法编报现金流量表，同时，要求在附注中提供以净利润为基础调节到经营活动现金流量的信息。

### （二）工作底稿法和T形账户法

1.工作底稿法

工作底稿法编制现金流量表，是以工作底稿为手段，以资产负债表和利润表数据为基础，对每一项目进行分析并编制调整分录，从而编制现金流量表。其基本程序如下：

第一步，将资产负债表的期初余额和期末余额过入工作底稿的期初余额和期末余额栏。

第二步，对当期业务进行分析并编制调整分录。编制调整分录时，要以利润表项目为基础，从“营业收入”开始，结合资产负债表项目逐一进行分析。在调整分录中，有关现金和现金等价物的事项，并不直接借记或者贷记“库存现金”项目，而是分别记入“经营活动产生的现金流量”“投资活动产生的现金流量”“筹资活动产生的现金流量”等有关项目。

第三步，将调整分录过入工作底稿中的相应部分。

第四步，核对调整分录，借方、贷方合计数均已经相等，资产负债表项目期初余额加减调整分录中的借贷金额以后，也等于期末余额。

第五步，根据工作底稿中的现金流量表项目部分，编制正式的现金流量表。

2.T形账户法

采用T形账户法编制现金流量表，是以T形账户为手段，以资产负债表和利润表数据为基础，对每一项目进行分析并编制调整分录，从而编制现金流量表。其基本程序如下：

第一步，为所有的非现金项目（包括资产负债表项目和利润表项目）分别开设T形账户并将各自的期末、期初变动数过入各相关账户。如果项目的期末余额大于期初余额，则将差额过入和项目余额相同的方向；反之，过入相反的方向。

第二步，开设一个大的“现金及现金等价物”T形账户，每边分为经营活动、投资活动和筹资活动三个部分，左边记现金流入，右边记现金流出。与其他账户一样，过入期末、期初变动数。

第三步，以利润表项目为基础，结合资产负债表分析每一个非现金项目的增减变动，并据此编制调整分录。

第四步，将调整分录过入各T形账户，并进行核对，该账户借、贷相抵后的余额与原先过入的期末、期初变动数应当一致。

第五步，根据大的“现金及现金等价物”T形账户编制正式的现金流量表。

### 五、现金流量表附注

为了更全面地反映企业现金流量变动情况，还要求企业通过现金流量表附注披露现金流量的更详细的信息。现金流量表附注包括现金流量表补充资料披露、当期取得或者处置子公司及其他营业单位的有关信息，以及企业还需披露的现金和现金等价物的相关信息等。

## 项目测试

姓名________ 学号________ 成绩________

一、单项选择题

1.反映企业一定时期经营成果的报表是（　　）。

A.利润表　　B.资产负债表

C.财务状况变动表　　D.现金流量表

2.资产负债表的下列项目需根据几个总账账户余额合计填列的是（　　）。

A.短期借款　　B.固定资产

C.交易性金融资产　　D.其他应收款

3.资产负债表中资产项目的排列顺序是（　　）。

A.相关性大小　　B.流动性强弱　　C.可比性高低　　D.重要性大小

4.所有者权益各项目在资产负债表中自上而下排列的顺序是（　　）。

A.实收资本、资本公积、盈余公积、未分配利润

B.实收资本、盈余公积、资本公积、未分配利润

C.资本公积、盈余公积、未分配利润、实收资本

D.盈余公积、资本公积、未分配利润、实收资本

5.下列关于财务报表的描述中，正确的是（　　）。

A.反映企业的财务状况、经营成果和现金流量

B.向财务报表使用者提供可靠信息、有助于财务报表使用者对不同企业财务状况进行判断和评价

C.职工薪酬发放表、利润分配表属于财务报表

D.所有者权益变动表是反映实收资本和资本公积当期的增减变动情况的报表

6.下列选项中，不属于资产负债表项目的是（　　）。

A.货币资金　　B.原材料　　C.实收资本　　D.固定资产

7.在科目汇总表核算程序下，会计报表的编制依据是（　　）。

A.原始凭证　　B.记账凭证

C.科目汇总表　　D.总分类账及明细分类账

8.依照我国会计准则的要求，资产负债表采用的格式为（　　）。

A.报告式　　B.账户式　　C.财务状况式　　D.多步式

9.依照我国会计准则的要求，利润表采用的格式为（　　）。

A.报告式　　B.账户式　　C.单步式　　D.多步式

10.资产负债表是反映企业（　　）财务状况的会计报表。

A.某一特定日期　　B.一定时期内　　C.某一年份内　　D.某一月份内

11.在下列会计报表中，属于反映企业对外的静态报表的是（　　）。

A.利润表　　B.成本报表　　C.现金流量表　　D.资产负债表

12.所有者权益变动表是（　　）。

A.利润表的附表　　B.资产负债表的附表

C.现金流量表的附表　　D.会计报表的主表

13."应收账款"科目所属明细科目如有贷方余额，应在资产负债表（　　）项目中反映。

A.预付账款　　B.预收账款　　C.应收账款　　D.应付账款

14.编制会计报表时，以"资产＝负债＋所有者权益"这一会计等式作为编制依据的会计报表是（　　）。

A.利润表　　B.资产负债表　　C.现金流量表　　D.所有者权益变动表

15.按照会计报表反映的经济内容分类，资产负债表属于（　　）。

A.财务状况报表　　B.经营成果报表　　C.对外报表　　D.月度报表

二、多项选择题

1.下列各项属于流动资产的有（　　）。

A.其他应收款　　B.预付账款　　C.存货　　D.预收账款

2.下列各项资产负债表项目需要计算填列的有（　　）。

A.货币资金　　B.固定资产　　C.存货　　D.坏账准备

3.资产负债表中存货项目应根据（　　）等账户的余额计算填列。

A.原材料　B.周转材料　C.库存商品　D.生产成本

4.下列各项属于流动负债项目的有（　　）。

A.预收账款　B.应付账款　C.应付债券　D.其他应付款

5.利润表可提供的重要信息有（　　）。

A.主营业务收入　B.应交税费　C.资产总额　D.净利润

6.在利润表中，应列入“税金及附加”项目中的有（　　）。

A.消费税　B.城市维护建设税　C.资源税　D.教育费附加

7.利润表提供的信息包括（　　）。

A.实现的营业收入　B.发生的营业成本

C.资产减值损失　D.利润或亏损总额

8.下列各项属于对外会计报表的有（　　）。

A.资产负债表　B.利润表　C.现金流量表　D.所有者权益变动表

9.下列各项属于资产负债表中的流动资产项目的有（　　）。

A.货币资金　B.应收票据　C.应收账款　D.固定资产

10.下列各项属于营业利润构成要素的有（　　）。

A.营业收入　B.营业成本

C.税金及附加　D.管理费用和销售费用

三、判断题

1.资产负债表反映企业某一会计期间的动态财务状况。（　　）

2.企业的利润总额减去所得税后的金额即是净利润。（　　）

3.资产负债表中货币资金项目是根据现金和银行存款账户本期发生额合计填列的。（　　）

4.企业的营业利润等于产品销售利润加上其他业务利润。（　　）

5.企业应定期根据会计凭证汇总编制会计报表。（　　）

6.利润表是反映企业月末、季末和年末取得的利润或发生的亏损情况的报表。（　　）

7.资产负债表的“期末余额”栏各项目主要是根据总账或有关明细账期末贷方余额直接填列。（　　）

8.利润表中的“营业成本”项目，是反映企业销售产品和提供劳务等主要经营业务的各项销售费用和实际成本。（　　）

项目测试及答案

# 项目九
# 确定账务处理程序

# 项目九 确定账务处理程序

## ◇ 学习目标

1. 了解各种账务处理程序的基本特点、优缺点及适用范围；
2. 理解各种账务处理程序的账务处理过程；
3. 熟悉各种账务处理程序下凭证账簿的设置；
4. 能够采用记账凭证账务处理程序和科目汇总表账务处理程序处理经济业务的全过程。

# 任务一　认知账务处理程序

## 一、账务处理程序的含义

账务处理程序也称会计核算组织程序或会计核算形式，是指会计凭证、会计账簿、会计报表相结合的方式。它包括：会计凭证和账簿的种类、格式，会计凭证与账簿之间的联系方法，由原始凭证到编制记账凭证、登记明细分类账和总分类账、编制会计报表的工作程序和方法等。

微课：认知账务处理程序

企业每日发生的各类交易或者事项，需要经过一定的会计处理才能完成由业务信息向会计信息的转变。从理论上看，这一过程包括了确认、计量、记录和报告过程，即交易或者事项的处理是以会计的初始确认为起点；确认后的交易或者事项需采用特定的方式予以计量；通过以借贷记账法为代表的复式记账方法完成记录，记入以账簿为表现形式的特定会计资料；会计期末，经过再确认和计量，将企业当期的所有会计信息列报于财务会计报告中，完成对外报告。这一流程在会计的实际工作中通过填制会计凭证、登记会计账簿和编制财务会计报告来具体实现。

在实务中，可供企业选择使用的证、账、表种类繁多，格式多样。企业需要根据自身的业务特点、人员和会计机构状况，选择适用的证、账、表构成，并合理安排各环节，使之成为一个既相互独立又紧密联结的整体。不同的企业，所采用的格式和工作流程不尽相同，进而形成了各不相同的账务处理程序。

## 二、账务处理程序的设计意义

账务处理程序的建立是会计活动的基础性工作，也是进行交易或者事项处理的必要前提。建立合理的账务处理程序对于提升企业的会计工作水平有着显著意义。

### （一）有利于规范会计工作组织，提升部门和人员的合作

企业交易或者事项的会计处理是一个系统性工作，需要企业内部各部门之间、会计机构各岗位之间、会计机构所有工作人员之间的有机配合，规范、合理的账务处理流程，可以将上述事项中的会计凭证、人员衔接进行有序的组织，使各项工作职责明确、操作规范，防止和减少工作中的错弊，及时做好交易或者事项各个环节的处理工作。

### （二）有利于保证会计信息质量，促进会计目标和职能的实现

会计工作的最终结果是提供以证、账、表为载体的会计信息，而科学、合理的处理程序可以使会计信息的生成过程处于严密的系统控制中，为信息质量提供有效的制度保障。高质量的会计信息则可以使会计工作更好地服务于信息使用者，便于使用者作出科学的决策，使

会计能够在对外提供相关信息和对内加强企业自身经营管理的过程中，发挥自身的各项职能。

**（三）有利于提高会计工作效率，节约会计处理成本**

借助有效的处理程序，可以将会计日常工作进行有序的分解、组合，各环节分工明确，从而在提高各环节效率的基础上，提升会计工作的整体效率，并提升会计信息处理的时效性。效率的提升还体现在成本节约方面，会计工作的成本既有人、财、物方面，以证、账、表印刷为代表的显性成本，也有账务处理时间方面的隐性成本。合理的账务处理程序设计，在节约开支的同时，也有助于提高会计信息处理效率，降低时间成本，进而提高整个社会的工作效率。

# 任务二　使用记账凭证账务处理程序

微课：记账凭证账务处理程序

此程序是指对发生的经济业务事项，都要根据原始凭证或者原始凭证汇总表编制记账凭证，然后直接根据记账凭证逐笔登记总分类账的一种会计核算组织程序。

## 一、凭证、账簿设置

在此程序下，记账凭证设置可以采用通用记账凭证，也可以采用收、付、转专用记账凭证。

账簿的设置一般有总分类账、明细分类账和日记账。总分类账按财政部要求的一级科目设置，采用三栏式结构；明细账根据企业自身经营管理需要自主设置，依据记录的内容可采用三栏式、数量金额式及多栏式等；日记账通常使用标准三栏式结构，分库存现金日记账和银行存款日记账设置。

## 二、基本流程

（1）根据原始凭证或者原始凭证汇总表填制记账凭证。

（2）根据记账凭证及所附的原始凭证或者原始凭证汇总表逐笔登记明细分类账。

（3）根据记账凭证（收款、付款凭证）序时、逐笔登记库存现金日记账和银行存款日记账。

（4）根据记账凭证登记总分类账。

（5）期末，各账户分别结出余额，并将总分类账余额与所属明细分类账余额核对相符。

（6）根据核对无误的总分类账、明细分类账的相关数据编制会计报表。

上述基本流程如图9-1所示。

## 三、优缺点评析

（1）记账凭证账务处理程序是最基本的核算程序，组织程序简单明了，易于掌握和推行。

（2）总账反映详细。

（3）总账和明细账都是逐笔登记，记账工作繁重。

总结：记账凭证账务处理程序易于实施和掌握，适用于规模不大、业务量少、记账凭证不多的企业。

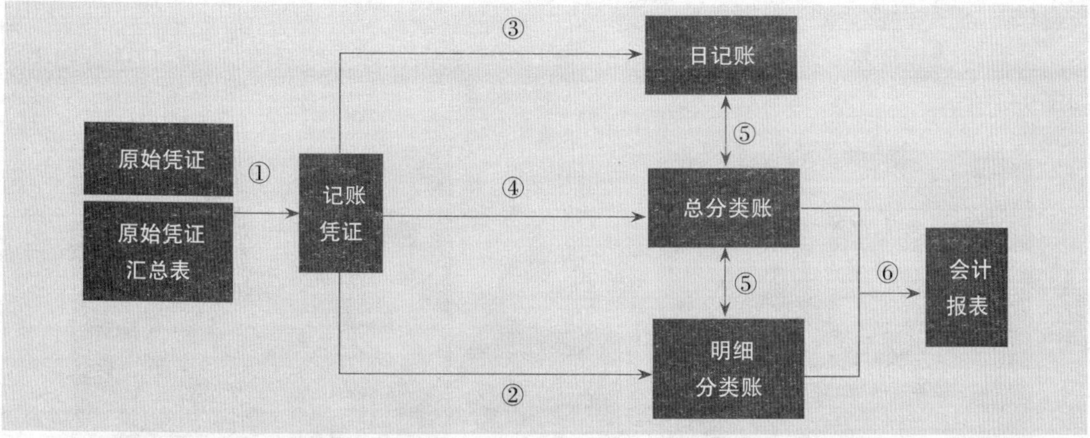


图9-1　记账凭证账务处理程序的基本流程

# 任务三　使用汇总记账凭证账务处理程序

此程序是指定期将全部记账凭证按收款凭证、付款凭证和转账凭证分别归类变成汇总记账凭证，再根据汇总记账凭证登记总账的一种会计核算组织程序。相比记账凭证账务处理程序，此程序的主要区别在于需要对记账凭证进行定期汇总处理，期末再根据汇总记账凭证登记总账，所以此账务处理程序的前提是会计日常工作中必须应用收、付、转专用记账凭证。

微课：汇总记账凭证账务处理程序

## 一、汇总记账凭证的编制

在日常工作中，将记账凭证区分为现金收款、现金付款、银行存款收款、银行存款付款和转账五类。

### （一）汇总收款凭证及其编制方法

汇总收款凭证按“库存现金”“银行存款”借方分别设置，按对应贷方科目进行归类，如图9-2所示。

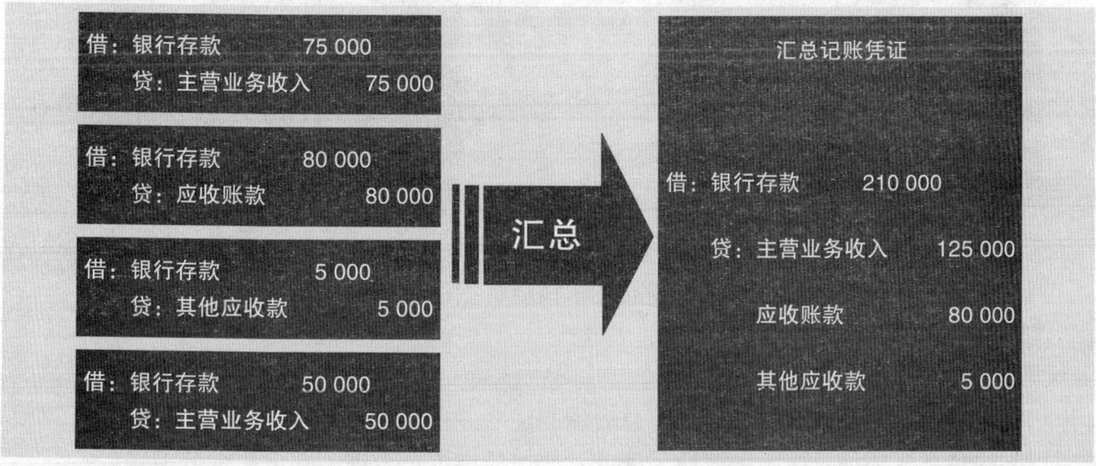


图9-2　汇总收款凭证

（二）汇总付款凭证及其编制方法

汇总付款凭证按“库存现金”“银行存款”贷方分别设置，按对应借方科目进行归类，如图9-3所示。

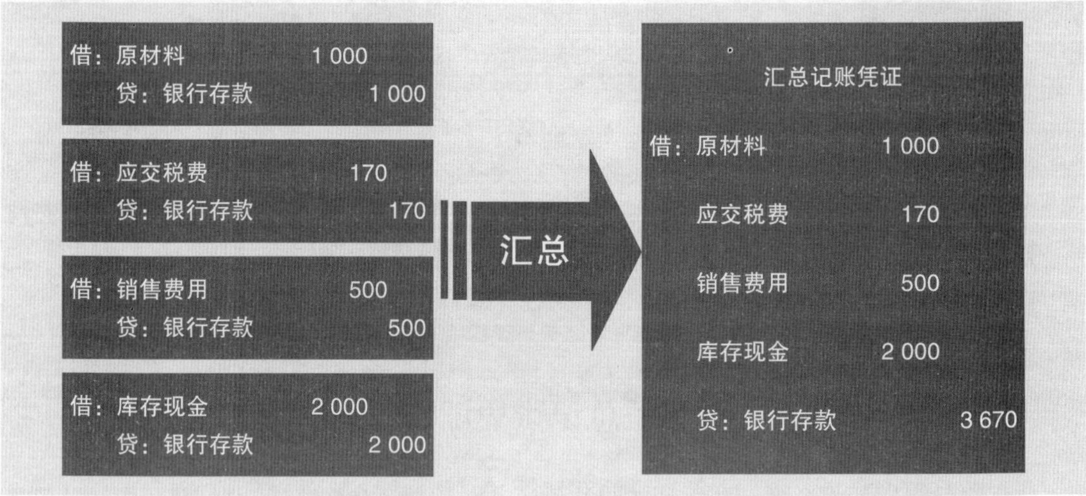


图9-3 汇总付款凭证

（三）汇总转账凭证及其编制方法

汇总转账凭证按每一贷方科目分别设置，尽可能保持“一贷一借”或“一贷多借”，避免“一借多贷”或“多借多贷”。也就是说，在编制的过程中贷方账户必须唯一，借方账户可一个或多个，如图9-4所示。

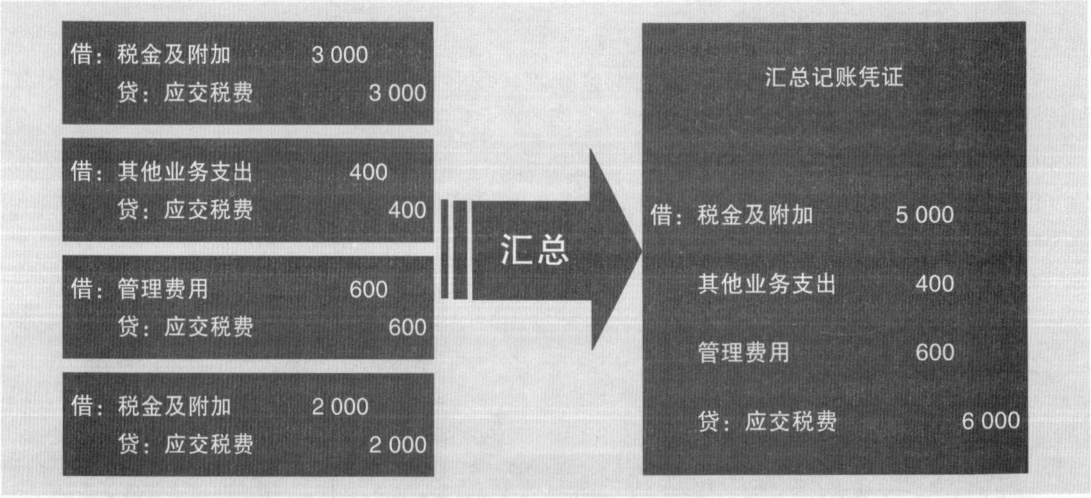


图9-4 汇总转账凭证

对汇总记账凭证统一编号，经有关人员审核后，据以登记总分类账。

## 二、基本流程

（1）根据原始凭证或者原始凭证汇总表填制记账凭证。

（2）根据记账凭证及所附的原始凭证或者原始凭证汇总表逐笔登记明细分类账。

（3）根据记账凭证（收款、付款凭证）序时、逐笔登记库存现金日记账和银行存款日记账。

（4）定期根据收款凭证、付款凭证和转账凭证分别填制汇总收款凭证、汇总付款凭证和汇总转账凭证。

（5）期末，根据汇总记账凭证登记对应的总分类账。

（6）期末，各账户分别结出余额，并将总分类账余额与所属明细分类账余额核对相符。

（7）根据核对无误的总分类账、明细分类账的相关数据编制会计报表。

上述基本流程如图9-5所示。

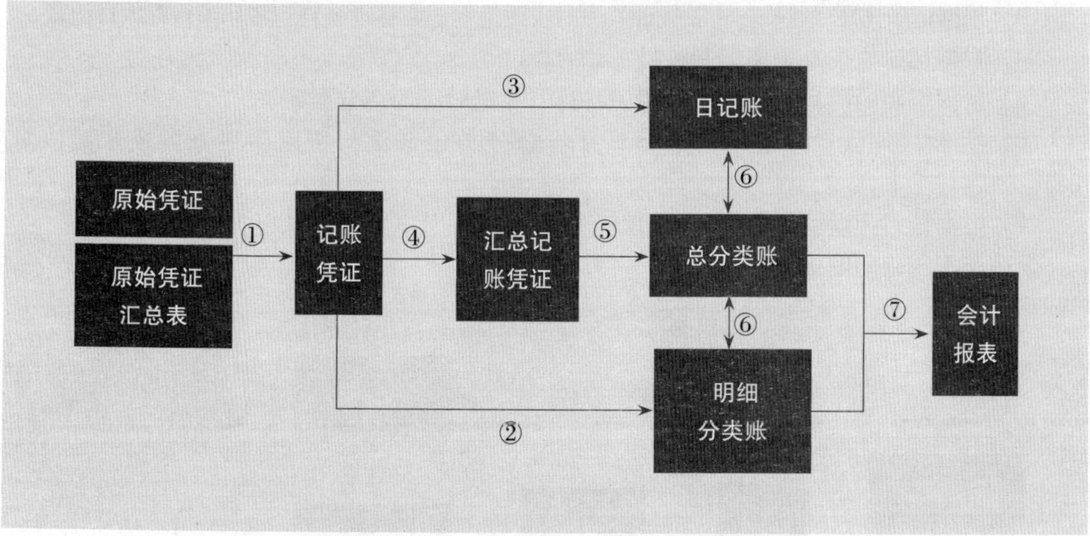


图9-5　汇总记账凭证账务处理程序的基本流程

### 三、优缺点评析

（1）总账只在期末根据汇总记账凭证登记，无论数量和频次都被极大简化。

（2）科目对应关系明了，业务的来龙去脉清晰，便于核算账目和账户管理。

（3）需定期编制汇总记账凭证，对会计人员的专业能力要求较高。

总结：汇总记账凭证账务处理程序，适用于经营规模大、经济业务多、记账凭证数量多的大中型企业。

## 任务四　使用科目汇总表账务处理程序

此程序是指借助科目汇总表，定期将会计期间内所有的记账凭证按相同科目（账户）加以汇总，然后据以登记总分类账的账务处理程序。此程序对日常工作中的记账凭证没有特别要求，通用记账凭证或者专用记账凭证均可。

微课：科目汇总表账务处理程序

### 一、科目汇总表的编制

将一定时期内的全部记账凭证，按科目归类汇总其借方发生额和贷方发生额。根据业务量的差异，可以按月、按旬编制，也可以根据凭证数量编制。从本质上看，科目汇总表是一张特殊的记账凭证，为登记总账而编制，主要表现在以下两个方面：

（1）同一科目汇总后的借、贷方发生额，不一定有联系，仅用来登记总分类账。

（2）表内最后的所有科目借方发生额合计，等于所有科目贷方发生额合计，这也是检验汇总表编制正误的重要依据。

## 二、基本流程

（1）根据原始凭证或者原始凭证汇总表填制记账凭证。

（2）根据记账凭证及所附的原始凭证或者原始凭证汇总表逐笔登记明细分类账。

（3）根据记账凭证（收款、付款凭证）序时、逐笔登记库存现金日记账和银行存款日记账。

（4）根据记账凭证，定期编制科目汇总表。

（5）依据编制的科目汇总表中的相关科目，登记对应的总分类账。

（6）期末，各账户分别结出余额，并将总分类账余额与所属明细分类账余额核对相符。

（7）根据核对无误的总分类账、明细分类账的相关数据编制会计报表。

上述基本流程如图9-6所示。

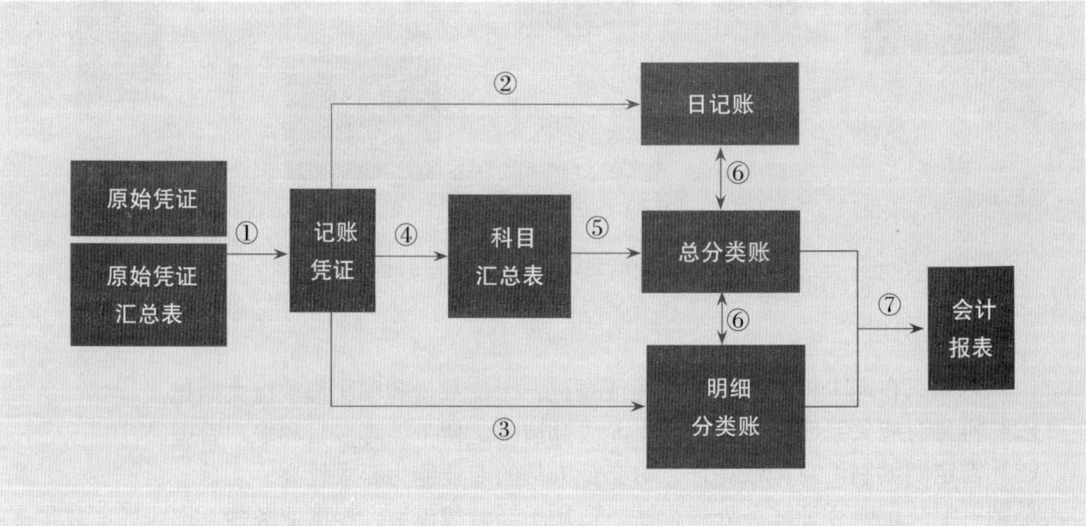


图9-6　科目汇总表账务处理程序的基本流程

## 三、优缺点评析

（1）简化了登记总分类账的手续，减少了登账的工作量。

（2）编制的科目汇总表仅反映科目自身的增减变动汇总情况，不能有效反映账户的对应关系，无法直观反映各账户间的往来关系。

总结：科目汇总表账务处理程序适用于经营规模大、经济业务多、记账凭证数量多的大中型企业。

要特别说明的是，上述几种账务处理程序都是指手工状态下，为提高工作效率而进行的工作安排。随着会计信息化的建设，为实现自我校验和数据汇总，围绕总分类账、明细分类账重复登账形成的工作流程，已无必要，各种会计核算软件已可以完美实现由凭证到账簿和会计报表的快速处理。

知识链接："账"的历史

据初步考证，"账"字源于明代后期，且最初用于民间而非官厅，在频繁的商品交往与货币收受支付关系处理中，人们对货币越来越重视，并从中领悟到它的重要作用，"账"字正是在经济环境发生重要变化与人们思想相应发生变化基础上产生的。"账"字先在商界流传，后来也开始在一些通俗小说中出现，但至今未发现"账"字在明代官方文件中出现，只是在清代有较多应用。在清代"帐"与"账"并行应用的过程中，"帐"一直占据主导地位，而对"账"字的用处则很有局限性。

资料来源：郭道扬.帐（账）应用考析［J］. 会计研究，1998（11）.

# 项目测试

姓名________　学号________　成绩________

一、单项选择题

1.不能反映各科目的对应关系，不便于分析和检查经济业务的来龙去脉，不便于查对账目的是（　　）。

A.记账凭证账务处理程序　　B.汇总记账凭证账务处理程序

C.日记账账务处理程序　　D.科目汇总表账务处理程序

2.科目汇总表的汇总范围是（　　）。

A.全部科目的借、贷方发生额和余额

B.全部科目的借、贷方余额

C.全部科目的借、贷方发生额

D.汇总收款凭证、汇总付款凭证、汇总转账凭证的合计数

3.下列各项属于科目汇总表账务处理程序缺点的是（　　）。

A.不便于理解　　B.增加了登记总分类账的工作量

C.不便于检查核对账目　　D.不便于进行试算平衡

4.记账凭证账务处理程序下，不能作为登记明细分类账依据的是（　　）。

A.原始凭证　　B.汇总原始凭证

C.记账凭证　　D.记账凭证汇总表

5.记账凭证账务处理程序是指对发生的经济业务事项，先根据原始凭证或汇总原始凭证填制记账凭证，再直接根据（　　）逐笔登记总分类账的一种账务处理程序。

A.原始凭证　　B.原始凭证汇总表

C.记账凭证　　D.会计凭证

6.规模较小、业务量较少的单位适用（　　）。

A.记账凭证账务处理程序　　B.汇总记账凭证账务处理程序

C.多栏式日记账账务处理程序　　D.科目汇总表账务处理程序

7.汇总记账凭证账务处理程序和科目汇总表账务处理程序的主要不同点是（　　）。

A.登记日记账的依据不同　　B.编制记账凭证的依据不同
C.登记总分类账的依据不同　　D.编制汇总记账凭证的依据不同

8.下列各项不属于汇总记账凭证账务处理程序步骤的是（　　）。
A.根据原始凭证编制汇总原始凭证
B.根据各种记账凭证编制有关汇总记账凭证
C.根据各种汇总记账凭证登记总分类账
D.根据各种记账凭证编制科目汇总表

9.汇总收款凭证是按科目的（　　）进行设置的。
A.借方　　B.贷方　　C.借方或贷方　　D.借方和贷方

10.规模较大、经济业务量较多的单位适用的账务处理程序是（　　）。
A.记账凭证账务处理程序　　B.汇总记账凭证账务处理程序
C.多栏式日记账账务处理程序　　D.日记账账务处理程序

11.在各种不同账务处理程序中，不能作为登记总账依据的是（　　）。
A.记账凭证　　B.汇总记账凭证　　C.汇总原始凭证　　D.科目汇总表

12.会计凭证和会计账簿的种类、格式，会计凭证与账簿之间的联系方法指的是（　　）。
A.凭证组织　　B.账簿组织　　C.记账程序　　D.报表组织

13.下列各项不属于科目汇总表账务处理程序步骤的是（　　）。
A.根据原始凭证、汇总原始凭证和记账凭证，登记各种明细分类账
B.根据各种记账凭证编制汇总记账凭证
C.根据科目汇总表登记总分类账
D.期末根据总分类账和明细分类账的记录，编制会计报表

14.根据科目汇总表登记总分类账，在能够进行发生额试算平衡的同时也能起到的作用是（　　）。
A.简化报表的编制　　B.简化明细分类账工作
C.清晰反映科目之间的对应关系　　D.简化登记总分类账工作

15.科目汇总表编制的依据是（　　）。
A.记账凭证　　B.原始凭证　　C.原始凭证汇总表　　D.各种总账

二、多项选择题

1.下列各项关于科目汇总表账务处理程序与汇总记账凭证账务处理程序共同之处的表述中，正确的有（　　）。
A.都适用于规模较大、业务量较多的企业
B.可以减少总分类账登记工作量
C.可以保持会计科目之间对应关系
D.可以进行发生额试算平衡

2.下列各项关于科目汇总表账务处理程序的优缺点与适用范围的表述正确的有（　　）。
A.将记账凭证通过科目汇总表汇总后登记总分类账，大大减轻了登记总账的工作量
B.通过编制科目汇总表，可以对发生额进行试算平衡，从而及时发现错误，保证记账工作质量
C.科目汇总表能反映账户之间的对应关系，有利于根据账簿记录检查和分析交易或事项的来龙去脉，便于查对账目

D.适用于业务量多的大、中型企业

3.根据总账的登记依据对账务处理程序进行分类，下列各项正确的有（　　）。

A.记账凭证账务处理程序　　B.汇总记账凭证账务处理程序

C.科目汇总表账务处理程序　　D.一般账务处理程序

4.下列各项属于企业填制记账凭证依据的有（　　）。

A.汇总记账凭证　　B.科目汇总表

C.原始凭证　　D.汇总原始凭证

5.下列各项属于记账凭证账务处理程序优点的有（　　）。

A.简单明了、易于理解　　B.总分类账可较详细地记录经济业务发生情况

C.便于进行会计科目的试算平衡　　D.减轻了登记总分类账的工作量

6.下列各项说法正确的有（　　）。

A.汇总记账凭证分为汇总收款凭证、汇总付款凭证和汇总转账凭证

B.汇总记账凭证是按每个科目设置，并按设置科目一方的对应科目进行汇总

C.汇总记账凭证账务处理程序是根据汇总记账凭证登记总分类账

D.汇总记账凭证账务处理程序适用于规模较大、经济业务较多的单位

7.以记账凭证为依据，按有关账户的贷方设置，按借方账户归类的有（　　）。

A.汇总收款凭证　B.汇总转账凭证　　C.汇总付款凭证　　D.科目汇总表

8.账簿组织包括（　　）。

A.会计凭证、会计账簿的种类及格式　　B.会计凭证与账簿之间的联系方法

C.会计机构及会计岗位的设置　　D.会计工作人员的职责

9.在科目汇总表账务处理程序下，月末应与总分类账进行核对的是（　　）。

A.库存现金日记账　　B.明细分类账

C.银行存款日记账　　D.备查账

10.下列各项属于记账凭证的有（　　）。

A.转账凭证　　B.收款凭证

C.科目汇总表　　D.汇总记账凭证

11.汇总记账凭证一般分为（　　）。

A.汇总收款凭证　　B.汇总付款凭证

C.原始凭证汇总表　　D.汇总转账凭证

12.下列各项有关科目汇总表账务处理程序的表述中，正确的有（　　）。

A.减少了登记总分类账的工作量

B.可做到试算平衡

C.不能反映账户之间的对应关系，不便于查核账目

D.是最简单的账务处理程序

13.科目汇总表账务处理程序下不需要编制（　　）。

A.科目汇总表　　B.汇总收款凭证

C.汇总付款凭证　　D.记账凭证

14.下列各项不属于汇总记账凭证账务处理程序缺点的有（　　）。

A.总分类账中无法清晰地反映科目之间的对应关系

项目测试及答案

B.登记总分类账的工作量较大

C.编制汇总记账凭证的程序比较繁琐

D.当转账凭证较多时，编制汇总转账凭证的工作量较大

15.对于汇总记账凭证账务处理程序，下列各项说法错误的有（　）。

A.登记总账的工作量大

B.不能体现账户之间的对应关系

C.明细账与总账无法核对

D.当转账凭证较多时，汇总转账凭证的编制工作量较大

三、判断题

1.科目汇总表账务处理程序是会计核算中最基本的账务处理程序，其他账务处理程序都是在这种账务处理程序的基础上发展、演变形成的。（　）

2.科目汇总表账务处理程序的优点之一是编制汇总记账凭证的程序比较简单。（　）

3.科目汇总表账务处理程序的缺点之一是，在科目汇总表，不反映各科目的对应关系。（　）

4.科目汇总表只反映各个会计科目的本期借方发生额和本期贷方发生额，不反映各个会计科目的对应关系。（　）

5.记账凭证账务处理程序是最基本的账务处理程序，其他账务处理程序都是在此基础上发展形成的，其优点就是登记账簿的工作量小。（　）

6.记账凭证账务处理程序的特点是直接根据记账凭证逐笔登记总分类账，是基本的账务处理程序。（　）

7.科学、合理地选择适合本单位的账务处理程序有利于保证会计记录的完整性和正确性，增强会计信息的可靠性。（　）

8.汇总记账凭证账务处理程序是直接根据记账凭证逐笔登记总分类账的一种账务处理程序。（　）

9.汇总记账凭证账务处理程序的缺点之一是按每一贷方科目编制汇总转账凭证，不利于会计核算的日常分工。（　）

10.在汇总记账凭证账务处理程序中，登记总分类账时，应根据汇总付款凭证的合计数，记入“库存现金”或者“银行存款”总分类账户的借方，根据汇总付款凭证各贷方科目的合计数分别计入有关总分类账户的贷方。（　）

11.在不同的账务处理程序下，财务报表的编制依据不同。（　）

12.汇总收款凭证是按贷方科目设置，按借方科目归类，定期汇总编制的。（　）

13.科目汇总表账务处理程序的优点之一是具有试算平衡的作用，有利于保证总账登记的正确性。（　）

14.记账凭证账务处理程序、汇总记账凭证账务处理程序和科目汇总表账务处理程序的一般步骤中都包括根据记账凭证编制科目汇总表。（　）

15.汇总记账凭证账务处理程序的优点之一是按每一贷方科目编制汇总转账凭证，有利于会计核算的日常分工。（　）

# 项目十
# 规范会计工作

# 项目十 规范会计工作

### ◇ 学习目标

1.了解会计准则的含义和发展过程；
2.掌握我国会计准则的体系结构；
3.了解我国会计工作管理体制的分工；
4.掌握单位会计工作管理的主要内容；
5.掌握会计从业资格的要求；
6.掌握会计职业道德的构成；
7.了解会计档案的管理要求；
8.了解会计信息化发展对会计工作的影响。

## 任务一　认知我国会计规范体系

### 一、中国会计法律制度体系

会计法律制度是国家权力机关和行政机关制定的，用来调整会计关系的各种法律、法规、规章和规范性文件的总称，是调整会计关系的法律规范。会计机构和会计在办理会计事务过程中，以及国家在管理会计工作过程中发生的经济关系统称为会计关系，处理这些关系，就需要用会计法律制度来规范。根据我国的法律、法规体系架构，目前我国会计法律制度主要由会计法律、会计行政法规、会计部门规章和地方性会计法规构成。

#### （一）会计法律

会计法律包括《中华人民共和国会计法》（以下简称《会计法》）和《中华人民共和国注册会计师法》（以下简称《注册会计师法》）。前者于1985年1月21日第六届全国人大常委会第九次会议通过，1993年、1999年和2017年分别进行了修订，目前实施的是根据2017年11月4日第十二届全国人民代表大会常务委员会第三十次会议《关于修改〈中华人民共和国会计法〉等十一部法律的决定》第二次修正；后者由中华人民共和国第八届全国人民代表大会常务委员会第四次会议于1993年10月31日通过，自1994年1月1日起施行，2014年8月31日第十二届全国人民代表大会常务委员会第十次会议通过修订稿。

《会计法》制定的目的是规范和加强会计工作，保障会计人员依法行使职权，发挥会计工作在维护社会主义市场经济秩序、加强经济管理、提高经济效益中的作用。全文五十二条，分别为：总则，会计核算，公司、企业会计核算的特别规定，会计监督，会计机构和会计人员，法律责任，附则。

《注册会计师法》规定了注册会计师的考试和注册、业务范围和规则、会计师事务所、注册会计师协会、法律责任等内容，是注册会计师及其行业行为规范的最高准则。

#### （二）会计行政法规

会计行政法规是指由国务院制定并发布，或者由国务院有关部门拟订并经国务院批准发布，调整经济生活中某些方面会计关系的法律规范，会计行政法规的制定依据是《会计法》，目前实施的行政法规主要包括《总会计师条例》和《企业财务会计报告条例》两部。

《企业财务会计报告条例》由国务院于2000年6月21日以第287号令颁布并于2001年1

月1日起实施，规定了企业财务会计报告的构成、编制、对外提供、法律责任等内容。

《总会计师条例》是国务院于1990年12月31日以第72号令发布并自发布之日起实施，对总会计师的地位、作用、职责、权限、任免与奖惩等进行了规范，特别规定了全民所有制大、中型企业要设置总会计师。总会计师是单位行政领导成员，凡设置总会计师的单位在单位行政领导成员中，不设与总会计师职权重叠的副职。

### （三）会计部门规章

会计部门规章是指国家主管会计工作的行政部门即财政部，以及其他相关部委，根据法律和国务院的行政法规决定、命令，在本部门的权限范围内制定的、调整会计工作中某些方面内容的国家统一的会计准则、制度和规范性文件，包括会计核算和监督制度、会计机构和会计人员管理制度，以及会计工作管理制度三大类。

会计核算和监督制度主要包括企业会计准则、《企业会计准则应用指南》、《企业会计制度》、《政府会计制度》和《小企业会计准则》等。

会计机构和会计人员管理制度主要包括《代理记账管理办法》和《会计人员继续教育规定》等。

会计工作管理制度主要包括《会计基础工作规范》、《会计档案管理办法》、《会计电算化工作规范》和《会计电算化管理办法》等。

### （四）地方性会计法规

地方性会计法规是指由省、自治区、直辖市人民代表大会或者常务委员会，在与《宪法》、会计法律、行政法规和国家统一的会计准则、制度不相抵触的前提下，根据本地区情况制定发布的，关于会计核算、会计监督、会计机构和会计人员，以及会计工作管理的规范性文件。

## 二、会计准则的概念与发展

### （一）会计准则的含义

关于会计准则的概念，在理论界有着较多的争议，尚缺乏统一的意见。本书采用葛家澍教授的界定，即会计准则是在财务会计处理和编制财务报表时，用来作为标准，要求会计人员和报表提供者自觉遵守的规则。财务会计准则产生于美国，早期的会计准则被称为“公认会计原则”（Generally Accepted Accounting Principle，GAAP）。1972年3月，美国注册会计师协会（AICPA）下属的“惠特委员会”提出了一份题为《财务会计准则的制定》的研究报告，该报告用“会计准则”替代了“会计原则”，同时该报告建议成立新的独立于AICPA的会计准则机构。因此，1973年，AICPA所属的会计原则委员会（APB）被财务会计准则委员会（FASB）所取代，并开始发布“财务会计准则报告（SFAS）”。受美国的影响，英国也用“财务报告准则”取代了“会计原则”，日本和澳大利亚等国家也纷纷制定了本国的会计准则。

### （二）会计准则的产生

会计准则的产生与20世纪以来市场经济快速发展的背景密切相关，股份制公司大量涌现成为会计准则产生的前提，而经济危机治理需求则是会计准则产生的催化剂。

市场经济发展到一定阶段，企业组织形式发生了巨大的变化，由单一的独资企业和有限责任公司发展到股份分散、资本主要从社会筹集的股份有限公司，由此导致所有权和经营权的分离。而在资本市场中，由于股份的极度分散，企业监督的社会成本高昂，导致中小股东无法承受，转而只能通过公开披露的财务会计报告对公司进行了解，在公司发展不利的预期下则通过“用脚投票”的方式规避风险，从而间接约束经营者。这种对会计信息的社会需求，强化了对报表可比性的要求，进而促进了会计准则的产生。

经济的快速发展则使投资急剧增长，甚至出现了严重的投机行为，由于缺乏行之有效的法律，使得许多公司提供虚假的会计报表，通过从资本中支付股利来吸引投资者，从而导致了1929—1933年的经济危机。危机使人们更加认识到会计信息真实性、相关性和可比性的重要，美国国会于1933年和1934年分别通过了《证券法》和《证券交易法》，并成立了证券交易委员会（SEC）来负责上市证券公司的监管，同时国会责成SEC进行会计准则的制定。所以，“准则的制定可被视为是对资本市场上失败的信息提供做出的反应。”

### （三）会计准则的发展

1.美国的发展情况

会计准则产生于美国，并在美国得到了有效发展。其发展大致经历了三个阶段：一是20世纪30年代初到50年代末的研究形成阶段；二是20世纪50年代末到70年代初的公认阶段；三是20世纪70年代至今的完善与提高阶段。在这一过程中，FASB作为一个相对独立的民间组织，成为美国公认会计原则的正式制定机构，其所制定的会计准则在美国上市公司中得到普遍应用，并对其他国家和国际化组织产生广泛的影响，其数量和质量均被认为是世界首位。

2.其他国家和地区的发展情况

20世纪40年代以后，一些经济发达的资本主义国家（如英国、加拿大和澳大利亚等）均根据自己国家的情况，相继成立了会计准则制定机构，制定和发布会计准则，以指导和规范本国的会计实务，确保企业向会计信息使用者提供相对统一、可比的会计信息。

20世纪70年代以来，世界经济一体化成为必然趋势，为适应这一发展，1973年由美国、英国、澳大利亚、加拿大、法国、德国、日本、荷兰和墨西哥9国的16个主要会计职业团体，在伦敦共同发起成立了国际会计准则委员会（IASC），由其制定和发布国际会计准则（IAS），以协调世界各国会计准则之间的差异。在IASC成立的40多年时间里，国际会计准则经历了协调、制定和国际化三个发展阶段，取得了十分显著的成果。2000年年底，IASC改组为国际会计准则理事会（IASB），成为一个吸收金融界、证券界广泛参与，有独立基金支持的法人团体，增加了准则制定的透明度和公开性。

迄今为止，IASB及其前身发布的各项准则被许多国家基本或者完全采用，还有一些国家参照后制定本国的会计准则，如欧盟（EU）、英国、澳大利亚、新西兰和俄罗斯等国家和组织，均积极表态支持与国际财务报告准则接轨，并以实际行动加以证明。

## 三、我国会计准则体系的建设

我国在20世纪80年代初期引入了“会计准则”“会计标准”“会计原则”等术语，当时学术界较多地使用“会计原则”的概念。1989年年初，“中国会计学会”会计原则与“基本会计理论研究组”在上海召开了我国第一次会计准则会议。这次会议达成了一个共识：会计原则和会计准则的内容、作用大致相近，建议以后使用“会计准则”一词，同时该研究组也改名为“会计理论与会计准则组”。

1992年11月，财政部发布了第一个企业会计准则，之后经过了十几年的反复，到2006年2月15日，修订发布《企业会计准则——基本准则》和38项具体会计准则，2006年10月30日发布了《企业会计准则应用指南2006》，规定这些准则从2007年起先在股份有限公司施行，标志着我国会计准则体系正式建立。制定和实施会计准则是社会主义市场经济建设的根本要求，也是企业扩大改革、建立现代企业制度的需要，更重要的是我国会计开始从默默无闻转向在世界舞台崭露头角。

从1997年财政部发布第一个具体会计准则《关联方关系及其交易的披露》开始，到2006年发布完整的会计准则体系，共经历了10年时间，中间还零星出台了16个具体会计准则，有些会计准则更经历了两次修订。总体上说，我国制定和实施会计准则的经验在逐步积累，成果也越来越引人注目。作为一个重要的发展中国家，中国会计准则建设的成就举世瞩目，2006年的会计准则得到了国内外的广泛关注。“这标志着适应我国市场经济发展进程、与国际财务报告准则趋同的企业会计准则体系正式建立。企业会计准则体系的发布是改革开放20多年以来我国会计改革的经验总结和升华。”（刘玉廷）财政部会计司为检验新会计准则的实施效果，曾在2008年对上市公司2007年年报进行了专项分析，认为“企业会计准则体系较好地实现了新旧转换和平稳实施”。

自2011年以来，国际会计准则理事会先后发布、修订了公允价值计量、合并财务报表等一系列准则，发起了国际财务报告准则的新一轮变革。为保持我国会计准则与国际财务准则的持续趋同，适应我国社会主义市场经济发展，2014年伊始，财政部修订了《企业会计准则——基本准则》《企业会计准则第2号——长期股权投资》《企业会计准则第9号——职工薪酬》《企业会计准则第30号——财务报表列报》《企业会计准则第33号——合并财务报表》《企业会计准则第37号——金融工具列报》等，发布了《企业会计准则第39号——公允价值计量》、《企业会计准则第40号——合营安排》和《企业会计准则第41号——在其他主体中权益的披露》，2017年，财政部发布《企业会计准则第42号——持有待售的非流动资产、处置组和终止经营》，进一步完善了企业会计准则体系，提高了我国企业财务报表列报质量和会计信息透明度。

知识链接：会计变革

近20年来，会计有四次重大变革。第一次变革，实行会计电算化，这次变革让会计工作变得轻松，会计人员被极大精简；第二次变革，统一分行业的会计制度，会计语言得到了统一；第三次变革，推行电子发票；第四次变革，引入人工智能。

第一次变革：会计电算化

做不平账，这已成了会计人遥远的记忆。自从有了电算化，再粗心的会计也不至于借贷方不平。在手工账时代，结账时一次性把报表做平可不是件轻松的事。于是，结账时对账工作要耗费大量的时间，因为某个会计粗心大意，漏登一笔科目明细账，或者记错了科目，又或者点错了小数位，都需要会计人员一点点排查出来。而会计电算化不仅让计算机取代了钢笔，也让财务软件取代了手工账，从此会计工作变得轻松，会计人员第一次被极大精简。

第二次变革：统一会计制度

企业会计制度并轨是我国会计史上的里程碑，从此分行业会计制度被取消，会计语言得到了统一。我曾参与由杨世忠教授主编的《2001企业会计制度并轨操作指南》一书的编写，对并轨较为了解。工作十年后，我对并轨的现实意义有了两点很深的体会：(1)从此会计打破了壁垒，成为通识性工作，人才可自由地跨行业流动；(2)会计信息有了相同的口径，增加了可读性与可比性。

第三次变革：推行电子发票

电子发票来了，对会计领域有何影响呢？①假发票可能会绝迹，会计圈的职业骗子们要失业了；②会计核算有可能不再需要纸质单据的流转，会计人员审核单据可实现电子化；③审计可以突破抽查的局限，以人工智能完成基础审计工作，审计结果可能会更精准；④税务稽查可以由抽查过渡为全查，由线下过渡为线上。

第四次变革：引入人工智能

最近阿尔法狗（Alpha Go）的完美表现必然会推进人工智能走近工作圈，据悉德勤会计师事务所已引入人工智能到审计领域。未来有无可能实现会计做账全智能化呢？技术上完全可行。例如，报销费用只需在系统中输入报销信息，会计分录即可自动生成；再如，生产制造，从采购开始，领料、分摊、结转、入库，也能根据前端记录自动生成凭证。

越是流程清晰，会计核算越容易实现自动化。未来的会计核算将很少需要人的判断和操作。通过标准化的流程，人工智能化就能进行账务处理了。需要会计人做的就是在一开始把规则制定好。把定好的规则输入到计算机中，后续系统将按照设定好的规则把所有的账务处理好。

现在移动办公平台与财务软件对接已不存在障碍，只待二次开发后，移动办公平台的审批就能自动生成会计凭证了，到时费用报销、采购、销售、生产成本结转的会计分录均可由系统自动生成，一旦集团型企业实行财务集成系统变革，会计记账会成为历史。从这个角度看，传统核算会计在大企业终将式微。

资料来源：袁国辉.二十年来会计的四次重大变革［EB/OL］.（2017-02-14）.http：//www.360doc.com/content/17/0212/17/16534268_628484547.shtml.

# 任务二　了解会计人员职业道德

## 一、会计人员

### （一）会计人员的设置

会计人员是具备从业资格、直接从事会计工作的人员。各单位应建立健全会计机构，配备数量和素质都相当的、具备从业资格的会计人员，这是各单位做好会计工作，充分发挥会计职能作用的重要保证。会计人员的构成和工作内容与单位的会计岗位设置密切相关。

在单位内部，无论是否有单独的会计机构，都需要指定会计负责人（也称会计主管人员，是一个单位内具体负责会计工作的中层领导人员）。在单位负责人的领导下，会计机构负责人（会计主管人员）负有组织、管理本单位所有会计工作的责任。

各类单位会计人员的配备与会计工作岗位密切相关，各单位配备的会计人员数量和类别取决于单位特点、规模、业务繁简、管理需要及核算组织形式等因素，会计人员的工作素养则依据单位经济业务的复杂程度，在单位内部人员管理和配置方面，将各类不同任职条件的会计人员进行有机组合，既要满足工作内容的需要，又要避免出现高职低就，形成人才浪费。

**（二）会计岗位情况**

根据财政部发布的《会计基础工作规范》和有关制度的要求，会计工作岗位一般分为：总会计师（或行使总会计师职权）岗位；会计机构负责人（会计主管人员）岗位；出纳岗位；稽核岗位；资本、基金核算岗位；收入、支出、债权债务核算岗位；工资核算、成本核算、财务成果核算岗位；财产物资的收发、增减核算岗位；总账岗位；对外财务会计报告编制岗位；会计电算化岗位；会计档案管理岗位等。

对于会计档案管理岗位，在会计档案正式移交之前，属于会计岗位；正式移交档案管理部门后，不再属于会计岗位。

需要注意的是，下列岗位虽然与财会工作联系密切，但不属于会计岗位：医院门诊收费员、住院处收费员、药房收费员、药品库房记账员、商场收款（银）员；单位内部审计、社会审计、政府审计工作等岗位。

**（三）会计职责和权限**

根据《会计基础工作规范》的要求，会计职责和权限分别由如下内容构成：

1.会计职责

（1）进行会计核算；

（2）实行会计监督；

（3）拟订本单位会计事务处理的具体办法；

（4）参与拟订经济计划、业务计划，考核、分析预算、财务计划执行情况；

（5）办理其他相关的会计业务。

2.会计权限

（1）会计人员有权要求本单位有关部门、人员认真执行国家批准的计划预算，遵守国家财经纪律和财务会计制度；如有违反，有权拒绝付款、拒绝报销或执行，并向本单位领导或上级有关部门报告。

（2）会计人员有权参与本单位制定定额、对外签订经济合同，参加有关生产、经营管理会议和业务会议。

（3）会计人员有权监督、检查本单位有关部门的财务收支、资金使用和财产保管、收发、计量、检验等情况。

## 二、会计专业职务与专业技术资格

**（一）会计专业技术资格考试**

目前，我国对会计专业职务采取的主要思路是从考试或者考评结合方式取得会计专业技术资格证书的人员中聘任，考聘分离，考取相应技术资格只是后续聘任的必要条件之一。

我国对会计人员专业技术资格的考试制度始于20世纪90年代中期，初级、中级会计专业技术资格实行全国统一考试制度，高级会计师实行考评结合。2004年8月20日，财政部、人事部（现人力资源和社会保障部）联合发布了会计专业技术资格考试科目调整及有关问题通知，从2005年起，会计专业技术中级资格考试科目确定为中级会计实务、财务管理和经济法三科；初级资格考试科目为初级会计实务和经济法基础两科。其中，中级资格考试单科成绩2年滚动有效，初级资格须在1年内全部合格。考试科目全部合格者，取得相应级别的技术资格证书。

**（二）会计专业职务及条件**

1986年4月10日，中央职称改革工作领导小组转发了《会计专业职务试行条例》，对会计专业职务任职条件、基本职责、会计专业职务设置和聘任作了明确规定。2019年人力资源和社会保障部发布了《关于深化会计人员职称制度改革的指导意见》，进一步明确了会计专业职务是区别会计人员业务技能的技术等级。初级职称只设助理级，高级职称分设副高级和正高级，形成初级、中级、高级层次清晰、相互衔接、体系完整的会计人员职称评价体系。初级、中级、副高级和正高级职称名称依次为助理会计师、会计师、高级会计师和正高级会计师。

会计人员各级别职称分别与事业单位专业技术岗位等级相对应。正高级对应专业技术岗位一至四级，副高级对应专业技术岗位五至七级，中级对应专业技术岗位八至十级，初级对应专业技术岗位十一至十三级。

会计人员职称评价基本标准条件：

（1）遵守《中华人民共和国会计法》和国家统一的会计制度等法律法规。

（2）具备良好的职业道德，无严重违反财经纪律的行为。

（3）热爱会计工作，具备相应的会计专业知识和业务技能。

（4）按照要求参加继续教育。

（5）会计人员参加各层级会计人员职称评价，除必须达到上述标准条件外，还应分别具备以下基本条件：

1.助理会计师的基本条件

（1）基本掌握会计基础知识和业务技能。

（2）能正确理解并执行财经政策、会计法律法规和规章制度。

（3）能独立处理一个方面或某个重要岗位的会计工作。

（4）具备国家教育部门认可的高中毕业（含高中、中专、职高、技校）以上学历。

2.会计师的基本条件

（1）系统掌握会计基础知识和业务技能。

（2）掌握并能正确执行财经政策、会计法律法规和规章制度。

（3）具有扎实的专业判断和分析能力，能独立负责某领域会计工作。

（4）具备博士学位；或具备硕士学位，从事会计工作满1年；或具备第二学士学位或研究生毕业，从事会计工作满2年；或具备大学本科学历或学士学位，从事会计工作满4年；或具备大学专科学历，从事会计工作满5年。

3.高级会计师的基本条件

（1）系统掌握和应用经济与管理理论、财务会计理论与实务。

（2）具有较高的政策水平和丰富的会计工作经验，能独立负责某领域或一个单位的财务会计管理工作。

（3）工作业绩较为突出，有效提高了会计管理水平或经济效益。

（4）有较强的科研能力，取得一定的会计相关理论研究成果，或主持完成会计相关研究课题、调研报告、管理方法或制度创新等。

（5）具备博士学位，取得会计师职称后，从事与会计师职责相关工作满2年；或具备硕士学位，或第二学士学位或研究生毕业，或大学本科学历或学士学位，取得会计师职称后，从事与会计师职责相关工作满5年；或具备大学专科学历，取得会计师职称后，从事与会计师职责相关工作满10年。

4.正高级会计师的基本条件

（1）系统掌握和应用经济与管理理论、财务会计理论与实务，把握工作规律。

（2）政策水平高，工作经验丰富，能积极参与一个单位的生产经营决策。

（3）工作业绩突出，主持完成会计相关领域重大项目，解决重大会计相关疑难问题或关键性业务问题，提高单位管理效率或经济效益。

（4）科研能力强，取得重大会计相关理论研究成果，或其他创造性会计相关研究成果，推动会计行业发展。

（5）一般应具有大学本科及以上学历或学士以上学位，取得高级会计师职称后，从事与高级会计师职责相关工作满5年。

省级高端会计人才培养工程毕业学员，视同具备前述第1至第4项标准条件，满足第5项条件，即可申报评审正高级会计师职称。全国高端会计人才培养工程毕业学员，按程序由正高级职称评审委员会认定取得正高级会计师职称。

## 三、会计职业道德

### （一）会计职业道德的功能和作用

会计职业道德是指在会计职业活动中应当遵循的体现会计职业特征的，调整会计职业关系的职业行为准则和规范。由于会计职业活动在整个社会经济运行中具有较高的覆盖率，因此会计职业道德具有一定的稳定性和广泛的社会性。同时，由于会计职业的特殊性，与各单位的资金活动密切联系，因而会计职业道德具有一定的强制性，会计职业道德的功能在于揭示对人自身生存、发展和完善的功效，在具体的指导、评价过程中，较多地关注公众利益。

会计职业道德具有指导、评价和教化三个主要功能。指导功能是促使会计人员自愿选择有利于消除各种矛盾、调整相互关系的会计行为，改善会计领域内个人与国家、个人与单位、个人与个人之间的关系，促使会计人员协调一致，保证会计工作正常、稳定、高效地运行；评价功能是指会计职业道德能够通过“评价—命令”方式，激发会计人员的内在积极性和主动性，促进会计人员自我肯定、自我发展、自我完善，推动会计人员的会计行为从“现有行为”向“应有行为”的转化，从而实现会计领域各种会计关系的调节；教化功能基于道德的劝善戒恶，借助舆论影响人的道德良心和情感，进而在形成会计职业道德风尚的过程中，影响会计人员的职业道德观念和行为，培养起践行会计职业道德行为的自觉性和主动性。

会计职业道德的作用主要体现在以下四个方面，第一，是规范会计行为的基础。通过对会计人员工作动机的根本性引导，进而树立会计人员正确的职业观念，建立良好的职业品行，从而达到规范会计行为的目的。第二，是实现会计目标的重要保证。由于会计职业具有技术性和协调经济利益的双重特性，从而要求会计人员在实现会计目标的过程中保持中立，并坚守准则和职业操守，满足服务对象对会计信息的正确决策要求。第三，是对会计法律制度的重要补充。法律只是规定了人在特定活动中的行为准则下限，人们现实中的很多行为很难都由法律作出规定。在会计工作中，会计人员的工作热情与心态更多源于内在的道德约束，不宜上升到法律界定，所以职业道德素养将与相关法律互为补充。第四，是提高会计人员职业素养的内在要求。会计职业的专业性和技术性随着外部环境的变迁日益提升，迫使从业人员相应提升和更新自己的专业能力，而这种自我提升更需要内在职业道德素养的有力支持，更进一步加强自我修养。

**（二）会计职业道德规范的内容**

会计职业道德规范是指在一定社会经济条件下，对会计职业行为及职业活动的具体要求或明文规定。我国会计职业道德规范的主要内容包括如下八个方面：

1.爱岗敬业

爱岗敬业是指忠于职守的事业精神，它是会计职业道德的基础。爱岗敬业是爱岗和敬业的总称。其中，爱岗就是会计人员应该热爱自己的本职工作，安心于本职岗位，稳定、持久地在会计领域耕耘；敬业就是会计人员要充分认识本职工作在社会经济活动中的地位和作用，认识本职工作的社会意义和道德价值，在职业活动中具有高度的劳动热情和创造性，以强烈的事业心、责任感从事会计工作。爱岗和敬业互为前提，相辅相成，爱岗是敬业的基础，敬业是爱岗的升华。

2.诚实守信

诚实守信是做人的基本准则，是人们在古往今来的交往中产生出的最基本的道德规范，也是会计职业道德的精髓。诚实是指言行和内心思想一致，不弄虚作假，做老实人、说老实话、办老实事；守信就是遵守自己所作出的承诺，信守诺言，保守秘密。诚实与守信具有内在的因果联系，有诚无信，道德品质得不到推广和延伸；有信无诚，信就失去了根基，德就失去了依托。中国现代会计学之父潘序伦认为，“诚信”是会计职业道德的重要内容，“信以立志，信以守身，信以处事，信以待人，毋忘‘立信’，当必有成”。

3.廉洁自律

廉洁就是不贪污钱财，不收受贿赂，保持清白；自律指按照一定的标准自我约束、自我控制，规范自己言行和思想的过程。自律的核心就是用道德观念自觉抵御不良欲望和诱惑，所以自律是廉洁的保证，廉洁是自律的基础。由于会计工作与资金密切联系的固有特点，所以廉洁自律是会计职业道德的前提，也是会计职业道德的内在要求。而且，在实际工作中，会计人员只有先做到了廉洁自律，才能有底气去约束他人，充分发挥会计管理监督的职能。

4.客观公正

客观是指按事物的本来面目去反映，不掺杂个人的主观意愿，也不为他人意见所左右；公正就是平等、公正和正直，没有偏失。对于会计职业活动而言，客观包括真实性和可靠性两层含义，真实性要求以实际发生的经济活动为依据进行会计后续处理，可靠性要求会计核算准确、凭证合法。由于世上没有绝对的公正，所以这里的客观公正只能是一个相对理念，是会计职业道德所追求的理想目标。

5.坚持准则

坚持准则是会计职业道德的核心，它是指会计人员在处理业务过程中，要严格按照会计法律制度办事，不为主观或者他人意志所左右。这里的“准则”不仅仅指会计准则，泛指会计法律、法规、国家统一的会计制度，以及与会计工作相关的法律制度。会计人员在办理业务的过程中，如果遇到道德冲突，要先依据相关准则对发生的事件作出“是”“非”判断，维护国家、社会公众的利益和正常的经济秩序。

6.提高技能

会计人员必须不断地提高自己的职业技能。这既是会计人员的义务，也是在职业活动中做到客观公正、坚持准则的基础，是参与管理的前提。会计人员可以通过学习、培训和实践等途径，持续提高会计职业技能，以达到和维持足够的专业胜任能力。会计人员要提高技能，既要自身具有不断提高会计专业技能的意识和愿望，也要有勤学苦练的精神和科学的方法。

7.参与管理

会计管理是企业管理的重要组成部分，在企业管理中具有十分重要的作用，没有会计人员的积极参与，企业的经营管理和决策就会出现失误，但会计工作的性质决定了会计人员在企业管理活动中，更多的是从事间接管理活动。想要更好地参与管理，会计人员既要熟悉服务对象的经营活动和业务流程，同时自身也要努力钻研业务，熟悉财经法规和相关制度，为参与管理打下基础。

8.强化服务

会计工作虽不是“窗口”行业，但工作涉及面广，强调与其他部门的协作配合，且工作本身政策性强，容易与其他部门及服务对象发生利益冲突和意见分歧，强化服务就要求会计人员具有文明的服务态度、强烈的服务意识。强化服务的关键是提高服务质量，强化服务的结果就是奉献社会，是职业道德的归宿点。

知识链接：安然公司破产案

2001年10月16日，美国安然公司公布其第三季度亏损6.38亿美元；11月29日，安然公司向美国证券交易委员会承认，自1997年以来，共虚报利润5.86亿美元。12月2日，安然公司向纽约破产法院申请破产保护，创有史以来最大宗的破产申请纪录和最快的破产速度。从会计的角度看安然事件，在美国先进会计准则要求下，此事件主要不是会计标准和会计人员的专业水平问题，而是如何坚守职业道德的问题，不论公司财务会计人员，还是社会审计人员都应坚守职业道德底线，保持职业尊严，做高尚的会计人。

## 任务三　掌握会计档案管理

### 一、会计档案的含义

会计档案是指记录和反映经济业务事项的重要历史资料和证据，是单位在进行会计核算等过程中接收或者形成的，记录和反映单位经济业务事项的，具有保存价值的文字、图表等各种形式的会计资料，包括通过计算机等电子设备形成、传输和存储的电子会计档案。会计档案从内容看一般应当包括会计凭证、会计账簿、财务会计报告，以及其他会计资料等会计核算的专业资料。会计档案对于单位总结经济工作，指导单位的生产经营管理、查验经济财务问题、防止贪污舞弊、研究发展战略等具有重要的作用，因此各单位必须加强会计档案管理，确保会计档案资料的安全和完整，为日后的查阅和利用提供有力的保证。

会计档案的具体构成包括：①会计凭证类：原始凭证、记账凭证、汇总凭证以及其他会计凭证等。②会计账簿类：总账、明细账、日记账、固定资产卡片账、辅助账簿和其他会计账簿。③财务会计报告类：月度、季度、年度财务会计报告，包括资产负债表、利润表、现金流量表和所有者权益变动表，报表附注及文字说明，其他财务会计报告。④其他会计资料：银行存款余额调节表、银行对账单、纳税申报表、会计档案移交清册、会计档案保管清册、会计档案销毁清册、会计档案鉴定意见书及其他具有保存价值的会计资料。

单位可以利用计算机、网络通信等信息技术手段管理会计档案。采用电子计算机进行会计核算的单位，应当保存打印出的纸质会计档案。具备采用磁带、磁盘、光盘、微缩胶片等磁性介质保存会计档案条件的，由国务院业务主管部门统一规定，并报财政部、国家档案局备案。根据《会计档案管理办法》第八条的要求，下列情况下的电子档案可以仅保管电子档案：①形成的电子会计资料来源真实有效，由计算机等电子设备形成和传输。②使用的会计核算系统能够准确、完整、有效接收和读取电子会计资料，能够输出符合国家标准归档格式的会计凭证、会计账簿、会计报表等会计资料，设定了经办、审核、审批等必要的审签程序。③使用的电子档案管理系统能够有效接收、管理、利用电子会计档案，符合电子档案的长期保管要求，并建立了电子会计档案与相关联的其他纸质会计档案的检索关系。④采取有效措施，防止电子会计档案被篡改。⑤建立电子会计档案备份制度，能够有效防范自然灾害、意外事故和人为破坏的影响。⑥形成的电子会计资料不属于具有永久保存价值或者其他重要保存价值的会计档案。

## 二、会计档案的管理要求

### （一）会计档案的归档和查阅

1.整体要求

企业每年形成的会计档案，应当由会计机构按照归档要求，负责整理立卷归档，包括由电子数据打印形成的纸质文档及电子档案本身。由于会计工作的特殊性，需要在工作中反复查阅以往业务的原始资料，所以会计档案的归档管理实行分段处置。当年形成的会计档案，在会计年度终了后，可暂由企业会计机构保管1年，期满后，应当由会计机构编制移交清册，移交本单位档案机构统一保管。因工作需要确需推迟移交的，应当经单位档案管理机构同意。单位会计管理机构临时保管会计档案最长不超过3年。临时保管期间，会计档案的保管应当符合国家档案管理的有关规定，且出纳人员不得兼管会计档案。

单位会计管理机构在办理会计档案移交时，应当编制会计档案移交清册，并按照国家档案管理的有关规定办理移交手续。纸质会计档案移交时应当保持原卷的封装。电子会计档案移交时应当将电子会计档案及其源数据一并移交，且文件格式应当符合国家档案管理的有关规定。特殊格式的电子会计档案应当与其读取平台一并移交。单位档案管理机构接收电子会计档案时，应当对电子会计档案的准确性、完整性、可用性、安全性进行检测，符合要求的才能接收。

2. 会计凭证的装订和归档

年度终了，要对年度内形成档案的会计凭证进行整理和装订，把所有应归档的会计凭证收集齐全，对各类记账凭证按序分类，同时清点凭证附件，补充遗漏资料，检查凭证中应当签章的内容是否有遗漏，对应签未签的内容找相关人员补充完整；摘除工作中临时固定用的订书钉、曲别针等金属物，最后将凭证按序号顺序排列，并按适当厚度整理成册，以备装订。装订时，要将凭证封面折叠整齐，如使用科目汇总表，应将其置于本册凭证第一张凭证之前在实际工作中，通常在待装订凭证的左侧打眼、引线，将封面折页后用胶水靠装订线粘好。完成装订的凭证外观应当四边齐整，棱角分明，坚固完整。

凭证应当合理填写外包装信息，包括封面、卷脊。封面各记事栏是事后检索的重要依据，包括启用日期、单位名称、凭证张数、保管期限等，按实、按要求填写即可。按全部凭证册数填写"本月共×册，本册是第×册"，凭证号按实际装订情况填写"自第×号至第×号"。关于记账凭证及原始凭证的总页数，要按册内凭证实际清点加计的情况准确填写。最后会计主管人员和装订人员在相应位置签章，并在装订封口处加盖骑缝章。卷脊处一般填写"××××年××月凭证"，编号与封面案卷号一致，可采用分数方式标示。

装订好的凭证通常按年份统一编制流水号，卷号与记账凭证册数编号应当一致，然后加装硬质档案盒，由专人负责保管。

3. 会计账簿的装订和归档

对于不同质地的账册，在整理归档时，要进行不同的处理。订本账要检查账册的扉页是否填写完整，目录是否对应，年末封账手续是否完成；活页账在检查扉页无误后，抽掉账夹和空白页，在各账页对应位置补登总页数和分页数，补充完整目录页。依据整理、分册完成的活页账加装封面和封底，按照封面、扉页、目录、账页及封底的顺序排序后，装订成册。

装订完毕的账册需要按年顺序编号，通常为总账、库存现金日记账、银行存款日记账、固定资产明细账、低值易耗品明细账及其他明细账等。装订好的账册要详细填写封面和卷脊，封面包括单位名称、会计年度、账簿名称、账簿编号和起讫页次等，卷脊主要有所属年度、账簿名称、编号、保管期限等。相关人员要在档案适当位置处签章。

装订并编号完成的账册最后加装硬质档案盒，由专人负责保管。

4. 财务会计报告的整理

财务会计报告一般是按月报、季报、年报分别整理、装订和立卷，其中年终决算报告要单独立卷，季报和月报可视具体数量情况全年一卷或者多卷。月（季）度财务会计报告，由会计主管人员负责保存。年终要将全年的财务会计报告按时间顺序整理，装订成册，登记《会计档案目录》，逐项写明财务会计报告的名称、页数、归档日期等，顺序依次是封面、财务情况说明书、财务会计报告和封底。

经会计机构负责人审核盖章后，由主管财务会计报告的人员负责装入硬质档案盒归档。

5. 其他会计资料的整理

其他会计资料通常是财务部门日常工作中形成的成本、利润计划，收支计划、经济活动分析报告等，一些重要的经济合同也随同正式会计档案进行收集整理。会计档案的收集要规范化，卷脊、封面的内容按统一项目印制、填写，封面、档案盒、袋要统一尺寸。

### （二）会计档案的保管期限和查阅要求

1.会计档案的保管期限

会计档案的保管期限分为永久、定期两类，定期会计档案的保管期限一般分为10年和30年。会计档案的保管期限从会计年度终了后的第一天算起。

企业和其他经济组织会计档案的保管期限见表10-1。

表10-1　企业和其他经济组织会计档案的保管期限

| 序号 | 档案名称 | 保管期限 | 备注 |
|---|---|---|---|
| 一 | 会计凭证 | | |
| 1 | 原始凭证 | 30年 | |
| 2 | 记账凭证 | 30年 | |
| 二 | 会计账簿 | | |
| 3 | 总账 | 30年 | |
| 4 | 明细账 | 30年 | |
| 5 | 日记账 | 30年 | |
| 6 | 固定资产卡片 | | 固定资产报废清理后保管5年 |
| 7 | 其他辅助性账簿 | 30年 | |
| 三 | 财务会计报告 | | |
| 8 | 月度、季度、半年度财务会计报告 | 10年 | |
| 9 | 年度财务会计报告 | 永久 | |
| 四 | 其他会计资料 | | |
| 10 | 银行存款余额调节表 | 10年 | |
| 11 | 银行对账单 | 10年 | |
| 12 | 纳税申报表 | 10年 | |
| 13 | 会计档案移交清册 | 30年 | |
| 14 | 会计档案保管清册 | 永久 | |
| 15 | 会计档案销毁清册 | 永久 | |
| 16 | 会计档案鉴定意见书 | 永久 | |

2.会计档案的查阅

根据《会计档案管理办法》的要求，“单位应当严格按照相关制度利用会计档案，在进行会计档案查阅、复制、借出时履行登记手续，严禁篡改和损坏。单位保存的会计档案一般不得对外借出。确因工作需要且根据国家有关规定必须借出的，应当严格按照规定办理相关手续。会计档案借用单位应当妥善保管和利用借入的会计档案，确保借入会计档案的安全完整，并在规定时间内归还。”所以，各单位应当建立、健全会计档案的借用管理制度，一般应设置专门的查阅位置，阅毕归还时应认真清点，防止遗漏。

此外，《会计档案管理办法》还规定，会计档案及其复制件需要携带、寄运或者传输至境外的，应当按照国家有关规定执行。

### （三）会计档案的销毁

当会计档案达到规定期限后，就可以在审查、鉴别并经过必要的审批程序后予以销毁。会计档案保管期满后需要销毁时，由本单位档案保管部门提出销毁意见，会同财会部门共同鉴定审查后，进入销毁程序。其中下列会计档案不得销毁：①保管未满期档案。②涉及未了结债权、债务的原始凭证。③涉及土地、房产产权转让的契约、图纸、证券、收支凭证、特殊政策证明等。④涉及外事的凭证。⑤涉及历史遗留问题、具有重要参考价值的原始凭证等。⑥项目建设期间的建设单位的满期会计档案。

电子会计档案的销毁还应当符合国家有关电子档案的规定，并由单位档案管理机构、会计管理机构和信息系统管理机构共同派员监销。

保管期满、符合销毁条件的会计档案，需经如下程序完成销毁：

（1）由本单位档案机构会同会计机构提出销毁意见，编制会计档案销毁清册，列明销毁会计档案的名称、卷号、册数、起讫年度和档案编号、应保管期限、已保管期限、销毁时间等内容。

（2）单位负责人在会计档案销毁清册上签署意见。

（3）销毁会计档案时，应由档案机构和会计机构共同派员监销。此外，国家机关销毁会计档案时，应当由同级财政部门、审计部门派员参加监销；财政部门销毁会计档案时，应当由同级审计部门派员监销；各级主管部门销毁会计档案时，应由同级财政部门、审计部门派员监销。

（4）监销人在销毁会计档案前，应当按照会计档案销毁清册所列内容清点核对所要销毁的会计档案。销毁后，应当在会计档案销毁清册上签名盖章，并将监销情况报告本单位负责人。

## 项目测试

姓名________　学号________　成绩________

一、单项选择题

1. 我国主管全国会计工作的机构是（　　）。

A. 国务院　　B. 全国人大常委会

C. 财政部　　D. 审计署

2. 下列各项中，属于会计法律的是（　　）。

A.《中华人民共和国会计法》　　B.《总会计师条例》

C.《会计基础工作规范》　　D.《企业会计制度》

3. 下列各项中，不属于会计档案的是（　　）。

A. 库存现金日记账　　B. 总分类账

C. 购货发票　　D. 财务预算

4. 年度财务报告、会计档案保管清册、会计档案销毁清册保管期限为（　　）。

A. 5年　　B. 15年　　C. 永久　　D. 20年

5. 具体会计准则是根据（　　）制定的。

A.会计法　　B.基本会计准则　　C.会计制度　　D.财务制度

6.会计工作的组织形式，在实际工作中通常是（　　）。

A.定期核算、不定期核算　　B.单独核算、汇总核算

C.合并核算、独立核算　　D.全面核算、局部核算

7.会计监督职责主要体现在对于不真实、不合法的原始凭证、会计人员可以（　　）。

A.予以退回，要求按规定更正补充　　B.将原始凭证作废

C.不予受理　　D.向单位负责人报告

8.为了防止差错和舞弊，记账人员与经济业务事项和会计事项的相关人员之间应当（　　）。

A.职务分离　　B.对各职务岗位人员赋予相应的职权

C.既要职务分离又要相互制约　　D.不同职务人员相互制约

9.地方行政区域内的会计工作应由（　　）管理。

A.县级以上地方各级人民政府　　B.市级以上地方各级人民政府

C.国务院财政主管部门　　D.县级以上地方各级人民政府财政部门

10.下列岗位虽然与财会工作联系密切，但不属于会计岗位的是（　　）。

A.稽核岗位　　B.资本、基金核算岗位

C.收入、支出、债权债务核算岗位　　D.单位内部审计岗位

二、多项选择题

1.下列各项中，属于会计账簿种类的有（　　）。

A.总账　　B.明细账　　C.日记账　　D.其他辅助性账簿

2.下列各项属于会计职业道德规范的有（　　）。

A.为民理财　　B.忠实职守　　C.廉洁自律　　D.强化服务

3.下列各项中，属于会计规范性文件的有（　　）。

A.《企业财务会计报告条例》　　B.《会计基础工作规范》

C.《总会计师条例》　　D.《会计档案管理办法》

4.下列各项中，属于需要每年更换会计账簿的有（　　）。

A.　总分类账　　B.　日记账　　C.　多数明细账　　D.　备查账簿

5.下列各项中，属于会计信息质量要求的有（　　）。

A.　权责发生制　　B.　持续经营　　C.　真实性　　D.　实质重于形式

6.根据内部牵制制度的要求，出纳人员不得兼任的工作有（　　）。

A.办理现金收付和银行结算业务　　B.保管企业会计档案

C.兼任稽核　　D.登记应收应付款项总账与明细账

7.会计人员的工作岗位一般可分为（　　）。

A.会计主管、稽核、总账报表　　B.资金核算、财产物资核算

C.会计档案保管　　D.成本费用核算、出纳

8.新会计准则体系包含的内容有（　　）。

A.基本会计准则　　B.具体会计准则

C.会计法　　D.会计准则应用指南

9.会计人员职业道德的内容包括（　　）。

A.爱岗敬业、诚实守信　　B.客观公正、坚持准则

C.廉洁自律、参与管理　　D.提高技能、强化服务

10.下列各项属于我国会计职称的有（　　）。

A.助理会计师　B.会计员　C.正高级会计师　D.总会计师

三、判断题

1.根据《会计法》的规定，单位内部会计监督的对象是会计机构和会计人员。（　　）

2.会计职业道德主要依靠会计从业人员的自觉性，具有很强的自律性。（　　）

3.所有保管期满的原始凭证均应按规定程序予以销毁。（　　）

4.会计档案的保管期限分为永久和定期两类，保管期限从会计年度终了后第一天算起。（　　）

5.会计法律制度是国家权力机关和行政机关制定的，用来调整会计关系的各种法律、法规、规章和规范性文件的总称。（　　）

6.我国初级、中级、副高级和正高级职称名称依次为助理会计师、会计师、高级会计师和正高级会计师。（　　）

7.会计人员各级别职称分别与事业单位专业技术岗位等级相对应。正高级对应专业技术岗位一至三级，副高级对应专业技术岗位四至六级。（　　）

8.通过计算机等电子设备形成、传输和存储的电子会计档案不属于会计档案的范畴。（　　）

9.采用电子计算机进行会计核算的单位，不需要打印保存纸质会计档案。（　　）

10.当年形成的会计档案，在会计年度终了后，可暂由企业会计机构保管1年，期满后，应当由会计机构编制移交清册，移交本单位档案机构统一保管。（　　）

项目测试及答案

# 参考文献


［1］岳龙．会计学原理［M］．上海：立信会计出版社，2016．

［2］任延东，景冬梅．基础会计［M］．9版．大连：大连理工大学出版社，2019．

［3］张志康．会计学原理［M］．4版．大连：东北财经大学出版社，2019．

［4］孙万军．会计综合实训［M］．4版．北京：高等教育出版社，2019．

［5］杨保华，陈昌．区块链原理、设计与应用［M］．北京：机械工业出版社，2017．

［6］财政部会计资格评价中心．经济法基础［M］．北京：经济科学出版社，2019．

［7］企业会计准则编审委员会．企业会计准则及应用指南实务详解（2020年版）［M］．北京：人民邮电出版社，2020．